本书受到教育部人文社会科学研究
青年基金(13YJC890004)资助

职业化走向中的
中国体育道德建设

The Construction of Chinese Sports Ethics
in the Direction of Professionalization

曹景川◎著

人民出版社

责任编辑:洪　琼

图书在版编目(CIP)数据

职业化走向中的中国体育道德建设/曹景川 著. —北京:人民出版社,2017.10
ISBN 978－7－01－018623－8

Ⅰ.①职…　Ⅱ.①曹…　Ⅲ.①体育道德-研究-中国　Ⅳ.①G803

中国版本图书馆 CIP 数据核字(2017)第 293735 号

职业化走向中的中国体育道德建设
ZHIYEHUA ZOUXIANGZHONG DE ZHONGGUO TIYU DAODE JIANSHE

曹景川　著

人民出版社 出版发行
(100706　北京市东城区隆福寺街 99 号)

环球东方(北京)印务有限公司印刷　新华书店经销

2017 年 10 月第 1 版　2017 年 10 月北京第 1 次印刷
开本:710 毫米×1000 毫米 1/16　印张:18
字数:300 千字

ISBN 978－7－01－018623－8　定价:59.00 元

邮购地址 100706　北京市东城区隆福寺街 99 号
人民东方图书销售中心　电话 (010)65250042　65289539

序

　　山西师范大学的曹景川先生请我为他的书作序,因为他完成了一项教育部人文社会科学基金的课题,准备成书。我对能完成这类课题的作者都是肃然起敬的,因为这类课题从开题、申报、立项、中期检查、结题到接受审计,每过一道关都需要勇气。近年仅账目报销一事就让无数学者"尽折腰",有些学校的财务部门如同医院一样,办理手续要事先拿号预约,有些导师不得不聘研究生专职办理财务手续,所以我对做课题一事历来视为畏途,敬而远之。当景川先生约我写序时,就没再推辞,心想别再给年轻人添麻烦。

　　我们经常讲的体育道德,其实主要是指竞技体育范畴内的道德问题。我常说一个社会有三种道德不能丧失底线:一是师德,少了师德就等同丢失了民族的未来;二是医德,少了医德就意味着藐视民族的生命;三是司法道德,少了它,国家就沦陷了精神世界和基本价值观。体育道德虽没有以上三者紧要,但同样不可忽视,因为体育社会学的一个基本命题是体育是社会的缩影和折射,社会的道德问题会反映到体育中来,体育中的道德问题也会影响到社会中去。

　　功利与道德常常站在社会的两极。追逐功利,往往会不择手段,忽视道德的存在;遵从道德,缩手缩脚,往往会在瞬间丢失功利,而违反道德,往往会成为沽名钓誉、名利双收的铺垫。职业体育运动员的高额收入与一夜成名的地位,使他们时时站在功利与道德两极之间不得不做极端的选择,功败垂成全在一念之间。

　　对裁判的判决服也不服? 对兴奋剂用也不用? 伤害对手的一脚一肘出也不出? 一场假球打也不打? 有赌博背景的黑哨吹也不吹? ⋯⋯无数体育道德问题拷问着职业体育的运动员、教练员、裁判员、经纪人和体育官员。在一个职业体育刚刚兴起的国家,体育道德体系还不完备,体育道德教育还没有深入人心,职业体育人的体育道德自觉还没有建立起来。当一种良好的道德品质可以获得优渥的报答,败坏的道德操守一定会身败名裂,甚至会被逐出职业体育圈子的机制,即善有善报,恶有恶报的信念还没有建立与成熟起来之前,职业体育的道德就成为一个十分严峻的问题,它不仅关系到职业体育人的生存环境,还关系到职业体育项目本身的前途。中国职业足球长达三十年的煎熬,就隐含了这方面的因素。中国职业篮球、羽毛球与其他一些项目,也已经让我们看出了缺乏职业道德素质的端倪,如果不亡羊补牢,也可能遭遇到与足球同样的命运。而中国女排让我们看到的则是成功的例证:道德是奋进坚守的前提。

就这个意义而言,研究职业体育中的道德问题,就有了重要的学术价值和立竿见影的现实意义。这或许也就是景川先生完成的这个课题要回答大家的问题。

当然,由于中国竞技体育的高度封闭性,使得作者在完成这一课题时具有很大难度,尤其是对职业体育的数据资料的获得难度很大,很多案例不得不取自专业体工队(中国的这类体育组织也具有某些职业体育的性质)。文章在道德、体育道德、公民道德、价值观等方面着墨略多,有待进一步提炼推敲。

认识景川先生是十余年前的事,那时,他还是一位初出茅庐的山西耕读青年,刻苦有冲劲,默默耕耘到了中年,如今读到他这二十余万字的书稿,深感后生可畏,愿他继续努力,再出佳作。

是为序。

卢元镇

2017 年 1 月 8 日①写于北京

---

① 2017 年 1 月 8 日是敬爱的周恩来总理逝世 21 周年纪念日,他是中国的道德楷模,历来关注中国运动员的道德成长。

目　　录

绪　　论

加强社会主义核心价值体系建设,是社会主义文化建设的根本任务。党的十八大报告将"全面提高公民道德素质"列为"加强社会主义核心价值体系建设"的重要内容,同时明确将"道德建设"列入"社会主义核心价值体系",道德建设的重要性得到了空前的强调。

中国的体育事业正处于由传统模式向职业化转变的关键时期,中国体育职业化的程度还处于较低水平。在实践中,从运动员、裁判员到教练员,在不同层面上都呈现出准职业化的状貌,中国体育职业化必是大势所趋。同时更值得注意的是体育高度职业化不仅要求运动员具备高水平的竞技能力,而且应具备高尚的体育道德素养。当前,中国体育道德现状不容乐观,甚至有逐步下滑的趋势,中国体育道德问题已引起国内乃至国际的普遍关注。中国体育在职业化的走向中必须强调体育道德建设,着力培育和践行体育核心价值观,将党的十八大精神贯彻落实到位,在中国体育职业化改革的初级阶段打下良好的基础,为职业化的进一步深入搭建稳固平台。

第一节　体育道德建设研究的缘起

党的十八大报告明确指出:要扎实推进社会主义文化强国建设,并围绕加强社会主义核心价值体系建设、全面提高公民道德素质、丰富人民精神文化生活、增强文化整体实力和竞争力四个方面作出了全面的阐释。报告将社会主义核心价值体系视为引领中国特色社会主义发展方向的兴国之魂。要求深入开展社会主义核心价值体系的学习教育,用社会主义核心价值体系引领社会思潮、凝聚社会共识。报告将全面提高公民道德素质作为最基本的任务,强调要坚持依法治国和以德治国相结合,加强社会公德、职业道德、家庭美德、个人品德教育,弘扬中华传统美德,弘扬时代新风。①

2013 年 12 月 23 日,中共中央办公厅印发了《关于培育和践行社会主义核心价值观的意见》,再次提出要积极培育和践行以"三个倡导"为主要内容的社会主义核心价值观。富强、民主、文明、和谐是国家层面的价值目标,自由、平等、公正、法治是社会层面的价值取向,爱国、敬业、诚信、友善是公民个人层面的价值准则,这 24 个字是社会主义核心价值观的基本内容,为培育和践行社会主义核心价值观提供了基本遵循。② 其与中国特色社会主义发展要求相契合,与中华优秀传统文化和人类文明优秀成果相承接,是我们党凝聚全党全社会价值共识作出的重要论断。同时也展现了对传统优秀文化的传承与发展,描绘出了中国未来的价值内核,凝聚了中国国民的共同理想,得到了全社会的广泛认同。

社会主义核心价值观念的提出重在引导人们建立正确的道德取向,提高道德素养。道德建设是一个永恒的话题,其瞩目于精神层面的建设,对整个社会历史发展进程,具有不可估量的重要价值。"道德建设"作为一个明确的组合概念,进入党和国家层面,最早应是在 1986 年党的十二届六中全会通过的《中共中央关于社会主义精神文明建设指导方针的决议》。之后,国家层面相继出台了一系列相关文件。如 1996 年颁布的《中共中央关于加强社会主义精神文明建设若干重要问题的决议》,2001 年颁布的《公民道德建设实施纲要》。随后,学界对道德建设的概念也展开了热烈讨论:陈江旗认为,道德建设是建立道德观念,形成道德行为的过程,是人们认识道德、实践道德的一种能动自觉的活动,是一个众多层次和要素构成的复杂系统。③ 这个概念提出较早,论述较为抽象复杂,不易被大众接受。王纬在《当代中国社会主义道德建设探

---

① 《胡锦涛在中国共产党第十八次全国代表大会上的报告》,新华网,2012 年 11 月 17 日,http://news.xinhuanet.com/18cpcnc/2012-11/17/c_113711665.html。
② 《关于培育和践行社会主义核心价值观的意见》,《人民日报》2013 年 12 月 24 日。
③ 陈江旗:《社会主义道德建设论》,《高校理论战线》2011 年第 12 期,第 53 页。

析》一文中指出,学术界认为"道德建设"就是指一定国家或阶级为适应其经济、政治、文化发展的需要,在道德领域内进行的一种精神建设或思想建设。①

随着中国社会的转型发展,传统道德观念受到冲击,原有的道德规范体系已不能适应新时期的要求,道德建设面临着巨大的挑战,因此,迫切需要建立新的符合时代潮流的道德规范。同时,党和国家的高度重视,并通过相关政策引导,为道德建设提供了良好的发展契机,如何改变现状,提高国民道德素质成为研究者关注的焦点。然而道德建设从来就不是一个简单的议题,它受多方面因素的影响,尤其在日益市场化的今天其复杂性表现得更为明显。因此,在开展道德建设工作时,必须在把握大局的前提下,有针对性地进行;必须认清当前道德建设的实情,避免盲目自信,脱离实际;必须多种手段并举,形成合力,才能使道德建设的效果更加显著。

体育道德伴随着体育的产生而来,体育道德的形成经历着人类社会道德起源的一般过程,遵循着人类社会道德发展大体一致的规律,但体育道德形成的过程中也结合了体育自身发展的特点。② 体育道德作为调整体育活动过程中人与人之间利益关系的载体,随着人们对其认识的深入而发生变化,社会思潮的涌动与冲击也在考验着人们传统的体育道德观念。当前,一些违背体育道德事件的发生,破坏了体育活动中人与人之间的良性关系,暴露出体育不该出现的丑陋的一面,在阻碍体育事业向前发展的同时,也阻碍了中国社会主义道德建设的进程。因此,把体育道德建设提上日程就成为一项紧迫的任务。

从古至今,任何体育活动都离不开体育道德。体育道德建设是体育领域的上层建筑。不论对任何制度的国度、任何意识形态的民族来说,体育道德建设都是必不可少的。中国正处于由计划经济体制向市场经济体制过渡的重要阶段,并处于日趋完善的阶段。但是,同成熟的市场经济体制相比,还存在着一定的差距。体制的不成熟,增加了观念认识的复杂性,人们对当前体制下事物的认识存在偏差,难以切实理解当前事物,看清事物发展的脉络。就体育领域而言,人们极易被利益驱使,冲昏头脑,看到的是眼前的既得利益,而不考虑

---

① 王纬:《当代中国社会主义道德建设探析》,硕士学位论文,新疆师范大学,2008 年 6 月。
② 赵立军:《体育伦理学》,北京体育大学出版社 2007 年版。

体育未来的发展。

　　体育道德建设在社会各界的共同努力下,已经取得了很大的进步。一方面,随着学界对体育道德的重视,相关研究的相继展开,为体育道德建设打下了坚实的理论基础。研究者从不同的角度对体育道德问题进行了研究,力图分析体育道德失范的原因,进而找到体育道德建设的出路。这方面取得的成就对实践有着很好的指导作用,为后续体育道德建设工作的开展奠定了基础。另一方面,随着人们对体育道德理解的加深,越来越多的体育工作者开始注重自身的道德素养,并在实践中得以呈现。正是运动员、裁判员、教练员等体育参与主体在赛场中所表现出来的爱岗敬业、顽强拼搏、吃苦耐劳、为国争光的体育精神,成为了中国体育崛起的精神脊梁,使中国体育竞技水平得以不断提高,立足于世界体育强国之林。

　　然而,我们在看到体育道德建设取得成果的同时,也要看到其不足之处。已有的体育道德规范体系还不能较好地适应当前的发展形势,存在一定的局限性。由于理论与实践间存在脱节,所以在体育道德建设过程中还存在自相矛盾的情况,不能满足实际需要,使体育道德问题得不到有效的解决。尤其是对职业化程度较高的体育项目来说,体育道德的作用就更加凸显,一旦存在体育道德问题,影响将是不可想象的。往小里说,体现的是参与者自身道德素养不高;往大里说,体现的是一个团体,乃至一个民族、一个国家整体素养较低。

　　近年来,由于一系列体育道德失范事件的发生,体育道德规范问题已成为了人们关注的热点话题,中国的体育道德现状受到全社会乃至全球的普遍关注。虚报年龄、以大充小等年龄"异化现象"频频发生,暴露了运动员群体的道德失范;屡见不鲜的黑哨、默契哨甚至"黑金"现象,让人痛心疾首。① 再加上新闻媒体为吸引大众眼球,夸大报道各种体育道德失范事件,加剧了人们对体育道德的悲观情绪,使人们发出"道德在滑坡"的哀叹,发生在人们身边的种种体育道德失范现象似乎给人以这样的直观感受:道德失范已经成为当下中国体育发展中的一个重要问题。

------

　　① 王冬舟、刘丹:《论中国职业足球认同危机及治理》,《中国体育科技》2009 年第 45 卷第 3 期,第 30—32 页。

基于此,我们必须在新的历史背景下,重新认识中国体育道德建设的水平,从实际出发,以市场经济体制为依托,研究体育道德建设,界定体育道德建设的新意义。上述构成了本研究的出发点,在这些研究的基础上,探寻体育道德建设的思路,展望中国体育道德建设的未来是本书的研究旨归。

第二节　体育道德研究进展

一直以来,体育道德都是学界所密切关注的话题。从文献的积累量可以看出,关于体育道德的研究已经具备了一定的基础,不同时期的学者对体育道德不同侧重点的研究为我们提供了较为全面的观点。当然,由于受到所处时代的制约,研究成果不免带有某些局限,但前人的贡献是不可否认的,我们对体育道德的研究应该在前人研究的基础上,进一步挖掘深层次的、前人没有研究透彻的事物。遵循着对前人研究成果有效参考的前提,深化体育道德的研究是时代的要求,也是研究者应具备的基本品格。

对任何事物的研究,都不能脱离事物的本质。只有从事物的本源出发,才能从根本上把握事物发展规律,才能发现事物发展过程中存在的问题,才能得出符合实际的结论,才能找到解决问题的有效途径。对体育道德的研究亦是如此,最重要的是要理解体育道德到底是什么? 这也就解决了认知的基本问题,在此基础上我们才能更进一步探讨体育道德发展的一系列问题。体育道德是体育伦理学的主要研究对象,体育伦理学是伦理学的一个分支,伦理学脱胎于哲学,是人类智慧的结晶。所以从本质上来说,体育道德应从属于哲学,对体育道德的研究要认清它的学科实质,采用合宜的研究方法,才能有所建树。纵观国内外研究,我们不难发现,总的研究历程与前述是吻合的。

体育道德的研究需要与时代背景相结合,研究成果是属于历史阶段的产物,因此对体育道德的研究在一定程度上揭示了一定阶段的意识形态。在不断的探讨中,东西方体育道德问题研究均取得了一定的发展。但由于东西方所处时代背景与意识形态的不同,体育道德研究的侧重点也会存在差异。但是,总的来说,研究的主要内容是一致的,其主要包括以下几个方面。

一是体育道德基本理论研究。这部分研究是基础,也是最早开展的研究。学界的研究主要集中在对体育道德概念的界定、体育道德的形成与发展、体育道德内涵、体育道德价值与功能等方面。

二是体育道德热点问题研究。热点问题一直是人们关注的问题,对其进行研究有助于规避这种问题,找到更好的解决策略。随着体育给人们的生活带来的影响的加大,体育道德热点问题的负面影响也在增强,当前体育道德的热点问题有:"兴奋剂""假球""黑哨""性侵""归化运动员"等方面。如果不能尽快解决这些问题,必然会影响到体育事业发展的大局。

三是体育道德建设研究。体育道德失范现象频发,举国上下呼吁体育道德建设。因此,体育道德建设成了我们不得不面对的一项工作。对体育道德建设,学者主要提出了以下几方面的建议:第一,加强道德教育,提高整体道德素养;第二,重建体育道德规范体系;第三,完善体育法律法规等。但上述这些建议并不是定论,还需要通过实践来进一步检验其合理性及有效性。

一、国外体育道德研究

目前,中国在体育道德建设方面虽取得了长足的进步,但相对起源、体系、理论等方面而言,国外的研究体系是较为完整的。国外体育道德的研究起源于 20 世纪 60 年代的欧美,相对来说有着久远的历史。由于其体育最早步入职业化轨道,由此引发的体育道德困境也最早引起了欧美学者的关注及研究。这些研究从哲学、伦理学的高度,并结合体育教育学、体育美学等学科对体育道德进行宏观阐释,开创了体育道德研究的先河。第二次世界大战之后,西方国家很快复苏,利用和平时期加快经济发展,在现实社会的推动下,体育伦理学随之产生,许多哲学家、伦理学家开始着手对体育伦理学的研究。

首先,苏联作为第一个社会主义国家,比较注重系统教育,研究侧重于体育道德教育与思想政治间的关系。在体育人才培养方面,强调思想道德的培养,以教育为基本手段,促进运动员的全面提高,进行有针对性的道德、品质教育,在实践中探索有效的道德培养模式。在马列主义的指导下,着重从实际出发,对体育道德教育的重要性、体育道德的原理、范畴以及与思想政治间的关系进行阐述。其代表作有:列宁格勒出版的《运动员道德教育和体育伦理学原理》,此书的出版标志着苏联体育伦理学科的建立。还有尤·弗·申索耶夫著的《体育集体对青年进行共产主义教育的作用》《体育道德教育手册》,阿·依·英罗左夫著的《运动员和体育工作者思想政治和道德教育》《对运动员教育的实践观点》。这部分研究成果主要对体育道德与思想政治的关系进行论述,指出在思想政治工作中道德教育有着巨大的作用。除此之外,部分学者以运动员为主体,运用教育学、心理学的原理,对运动中的个人素养与体育道德间的关系进行分析,并以此确定体育道德行为规范。这部分代表作主要有:勒·兹·沙赫基洛夫撰写的《在运动中个性和意志的训练》,勒·普·波罗兹克娃撰写的《道德品质、动机与运动员的个性结构》,耶·普·舍尔巴科夫列教授撰写的《对运动员意志修养进行临场评价的重要性》,斯古尔维奇教授撰写的《运用社会教育学原理,提高运动员道德品质和思想政治素质》。此外还有,从实践的角度出发,在教学训练中强调道德品质教育。这部分研究主要有:阿·伊·巴巴克夫博士撰写的《对青少年运动员进行道德教育的问题》,姆·格·达夫列特教授撰写的《少年运动员理想道德教育研究》等。

同时,国外学者在体育运动的道德标准与规范方面也作出了卓有成效的研究。美国的体育教授爱德华·西尔撰写的《体育运动中的伦理学决策》一书,强调体育运动中的伦理问题与道德决策的重要性,探讨激烈的竞赛行为中的道德准则及运动员之间的道德和理想等问题,对西方有着深远的影响;法国学者撰写的《为了无暴力体育运动而努力》对体育活动中出现的暴力行为进行了反思,呼吁要树立基本体育道德观念,自觉提高自身道德修养;德国学者撰写的《对体育伦理教育的看法》《良好的体育道德的起源、社会基础和未来》,针对体育商业化的竞争局面,着眼于体育运动发展过程中体育道德的表现形式及对社会产生的巨大影响。英国学者 P.麦金托什撰写的《公正比赛——体育运动中的伦理学》一书,强调比赛的公正性和在体育运动中有特殊意义的道德规范。

另外,20 世纪末期,英国学者编著的《体育中的哲学问题》较为系统地收录了前期的关于体育伦理道德问题的研究成果,并探讨了体育伦理道德对体育行为主体的约束作用。也有相关研究指出体育道德的价值并不仅仅在于竞技赛场,而更应该体现的是一种公平公正、顽强拼搏、自尊自强、团结协作的体育精神。

最后,值得一提的是,当代西方体育道德方面的研究已经在相当程度上走上了理论同实践直接结合的良性轨道,欧美许多国家相继开设了专门性的体育道德伦理网站和体育道德论题的研究团体,如:1992 年,欧洲评议会(CE)提出《公平竞赛欧洲体育伦理纲领》于第七届欧洲体育首脑会议通过,成为规范欧洲体育运动的制度性文件。21 世纪初,由 UK SPORT 主办的研讨会同意了 UKCGE 有关道德议题的划分,共分为公平、体育品行、对个人的保护、反兴奋剂及其他非法行为、共同管理五个方面,这些议题成为 21 世纪初体育道德研究的重点。通过具有针对性的探讨和分析,将体育伦理道德作为一项重要的方向加以研究,旨在进一步规范体育运动中的伦理道德失范现象,促进体育运动的和谐健康发展。

可以看出,国外对体育道德的研究已取得了丰硕成果。其中,最具代表性的是对体育道德与思想政治的关系的研究,其通过深入的分析,探讨在政治生活中体育道德发挥的作用,使体育道德受到充分的重视。同时,注重对青少年道德问题的研究,为培养高尚体育道德打下良好的基础;研究个人意志品质、个性结构以及动机等,通过分析个人素养与体育道德的关系,确立体育道德行为规范。从体育道德产生的根源挖掘其本质与影响,从伦理道德透析体育道德的重要性,立足于体育逐步商业化的现状,对不道德行为进行反思,倡导建立健全体育道德规范体系,提高运动员等的自身觉悟,促进体育事业的进一步发展。①

二、国内体育道德研究

体育道德作为体育学学科的重要研究范畴,已有了较好的积累。新中国成立初期,就有翟国俊的《体育活动参加者和运动员的共产主义道德教育》(北京体育学院),《做一个革命化的运动员》(人民体育出版社)等著作问世。虽然现在看来,这些著作的时代局限性是显然的,但它们所倡导的方向,以及

---

① 王蒲、仇军:《公平竞赛——欧洲体育伦理纲领》,《体育文史》1996 年第 6 期,第 88—92 页。

对于体育道德范畴的重点和阐发之功却不可抹杀。20 世纪 80 年代之后，1982 年国内体育学最高学术刊物《体育科学》连续两期刊登谭华的《论体育道德》和荣高棠的《谈谈体育道德》两篇以体育道德为议题的论文，呈现出新时期体育道德建设的紧迫性。

综合以上整体看来，"社会主义体育道德"的原则、内容、作用已成为 20 世纪 80 年代到 90 年代初体育道德研究的核心议题，王秉尧的《浅谈社会主义体育道德的作用》、林清江的《试论社会主义体育道德》、李万来的《毛泽东体育道德思想的基本特征》等论文具有一定倡导体育道德的代表性。90 年代中期之后，随着市场经济的推进，特别是 1993 年 5 月，国家体委（1998 年改为国家体育总局）颁布《关于深化体育改革的意见》，提出"要逐步将有条件的事业单位推向市场"之后，体育"市场化"走向逐步确立，市场化条件观照下的体育道德开始成为学界研究的热点。李万来的《浅谈社会主义市场经济条件下体育道德面临的问题与出路》、梁建新等的《试论社会主义市场经济条件下体育道德的建设》、邢日光等的《体育道德经济价值探究》、李江的《新形势下加强体育道德教育的思考》、王斌的《对市场经济条件下体育道德失范的探讨》、李颖川等的《职业篮球运动员体育道德问题的探讨》等论文具有代表性。在对现实热切关注，旨在解决体育实践过程中出现的道德问题之外，体育道德的研究也在向纵深角度发展。体育道德同传统文化之间的关联、西方体育道德的发展历程及其可资借鉴的理论内核，使我们对体育道德的分析、探究日益成为当代学界研究的重心，如王斌的《对传统文化视野下的体育道德建设研究》、蒋晓丽等的《体育伦理与体育道德的区别研究》、吴飞的《体育道德主体相关理论》、张勋的《西方体育道德的嬗变》等。

此外，潘靖五的《体育道德研究》（北京体育学院出版社）、李津蕾的《体育道德论》（山西人民出版社）、李道节的《漫话体育道德》（安徽人民出版社）等则是对体育道德问题进行专门性论述的专著。

同时，值得注意的是，21 世纪以来，体育道德领域的研究已经成为体育学专业硕士学位论文的热点选题。比之学界对于体育道德的研究，这些年轻学者的议题更加开阔，除了对当代体育运动中出现的道德问题的反思性描述、寻求解决思路的常规性研究，如万月红的《21 世纪初我国体育道德面临的问题与对策研究》，还有发生学、历史性的描述，如李储涛的《当代中国体育道德危机的发生机制》、周恬的《中国体育道德失范的发展过程、成因及对策研究》，也有更为专门性的从传统文化中寻求体育道德塑造的尝试，如《儒家诚信思想与体育道德》《论儒家伦理在现代竞技体育道德建设中的价值》、陈华耘的《儒家思想与现代竞技体育道德缺失问题研究》；除此之外，更有中西方的比较维度的研究，如徐俊国的《中西方体育道德的融合与互补》和更为基础性的范畴辨析研究，如蒋晓丽的《体育伦理与体育道德的区别研究》。最后还有学者对高科技引发的伦理缺失现象进行反思，如沈克印等的《体育科技与体育伦理理性整合的支点》。随着治理与法治的不断融合，体育法治逐步得到学者的关注，如于善旭的《论法治体育在推进体育治理现代化中的主导地位》。通过文献的检索，综合国内学者对体育道德的研究，可以发现，国内体育道德研究现状主要集中在以下几个方面。

（一）体育道德基本理论研究

体育道德的基本理论研究主要包括：体育道德的起源、内涵、原则、作用等方面。

体育道德的起源是学界最先关注的问题，也是一个关于体育道德的基本问题，学界在此方面有着相当丰硕的研究成果。谭华[1]认为体育道德是直接在人们的体育关系中并在一般道德的影响下形成和发展起来的。首先，体育生活是人们社会生活的一部分。其次，体育的社会职能和地位影响着以体育为职业和经常参加体育活动的人们对生活、对人生的态度。再次，体育活动本身的特点，同人之间的联系和交流，也影响着人们的志趣、爱好和习惯，影响着人们对事物的态度和价值标准。体育道德是一个历史范畴，一定的体育道德是一定时代体育关系的反映，它的内容和形式都随着历史的前进不断发展。

荣雪涛、杨玲莉[2]从哲学角度深思体育道德的起源指出：体育道德是在客观基础与主观前提的双重作用下发展起源的。体育社会关系的形成和发展构成了体育道德起源的客观基础，其主要包括两方面的内容：一是体育活动产生

---

[1] 谭华：《论体育道德》，《体育科学》1982年第3期，第1—8页。
[2] 荣雪涛、杨玲莉：《体育道德起源的哲学审思》，《体育学刊》1997年第4期，第42—45页。

了人们对道德的需要,二是体育活动促成了体育道德的产生和发展,人的体育道德意识的产生及其发展是体育道德产生的主观前提和思想源泉。只有人的存在,竞争规则的延续才成为可能。因此,体育道德源于体育的发展,即是主体对体育活动制约的发展。

冯亚平①通过研讨体育道德的形成及其发展规律认为,体育道德的形成是生产劳动、生产力发展的结果。体育从生产劳动和非生产劳动中产生,生产劳动的发展使体育出现专门化发展趋势,而体育专门化的发展使人们对体育观念的坚守和利益选择产生了差距,为了缩短差距,维持体育发展,于是就形成了体育道德。

孟威、张宇燕②从心理学角度出发,认为体育道德是伴随体育道德认识而出现的一种内心体验。体育运动中的各种事件和参与者的言行凡符合自己的道德认识,就会引起积极的情绪体验,否则就会产生消极的情绪体验。

张宇航、张文斌③认为,体育道德的内涵应该包括几个方面:体育道德是体育职业活动、体育教育活动、体育活动调整人际关系的行为规范的总和,集中体现的是一种利益关系。

吴赣荣、何蜀伟④以 2008 年北京奥运会胜利举办为基准点,对新时期中国体育道德的科学内涵进行了深入探讨,提出新时期体育道德的内涵同样也要有四个方面:体育道德是体育运动发展的基石,是遵循体育发展内在规律的体现,是社会道德体系建设的重要组成部分,应树立人们良好的体育道德观。

梁恒⑤根据马克思主义伦理观,通过对竞技体育中所产生的道德冲突和一些违背体育道德的行为手段的分析,提出在竞技体育中,作出体育行为和选

---

① 冯亚平:《试论体育道德的形成与发展》,《内江师范学院学报》2003 年第 18 期,第 109—111 页。

② 孟威、张宇燕:《略论运动员体育道德修养及其培养》,《南京体育学院学报》2005 年第 19 卷第 3 期,第 127—128 页。

③ 孙宇航、张文斌:《浅谈体育道德的涵义与特点》,《吉林商业高等专科学校学报》2006 年第 3 期,第 32—34 页。

④ 吴赣荣、何蜀伟:《新时期我国体育道德科学内涵探析》,《科技创新导报》2010 年第 35 期,第 215—216 页。

⑤ 梁恒:《论竞技体育中的道德选择》,《湖南师范大学社会科学学报》2001 年第 30 期,第 361—363 页。

择手段时应遵循的道德原则:公平竞争,科学进取,文明礼让,胜不骄,败不馁。体育道德的宗旨和使命是维护、增进人的身体健康,为人们从事社会实践活动奠定最基本的物质基础,其特点较其他职业道德更为明显。

刘引①认为,集体主义原则不能正确制约社会主义体育道德行为。社会主义体育道德的基本原则应该是爱国主义原则。第一,是由马克思主义共性和个性辩证关系原理所决定的。第二,是由社会主义的经济基础决定的。第三,是由发展中国体育事业的根本目的决定的。第四,爱国主义原则是调整国家、集体、个人在体育运动中相互关系的准则。第五,爱国主义原则是发展社会主义体育事业的保证。

马彩丽、金瑛②认真探求体育道德生活实践的内容,认为体育道德至少有以下三方面独特作用:第一,体育道德的调节作用。它以唤起体育活动参加者的道德责任,形成一定的社会舆论、内心信念和传统习俗而广泛地影响着体育活动参加者的行为和交往,对人们的体育关系起着巨大的调节作用。第二,体育道德的影响作用。体育道德通过运用体育道德评价和体育道德宣传,形成体育道德教育的力量,以此去影响体育活动参加者的思想、规范体育活动参加者的行为。第三,体育道德的谴责作用。体育道德的谴责作用也不容忽视,其同样是体育道德评价中的一个重要方面。

不难看出,体育道德是在主观与客观双重考量的基础之上形成的,主观方面表现为体育主体—人的作用,客观方面表现为体育社会关系的建立。社会生产力的不断向前发展使生产关系随之发生变化,而人们对体育也就有了更高的追求,所以为了调和体育活动中的矛盾,促进体育更好地发展,满足人们对体育的需要,体育道德建设开始逐步形成。体育道德有着丰富的内涵,且会随着社会的发展不断发生变化,其在促进体育自身发展、调整体育活动中人与人之间的关系方面不可替代。体育道德原则的确定应从社会实际出发,不可武断地采取一刀切的方式,原则既是对体育道德的维护,也是使其迈向更高形

---

① 刘引:《对社会主义体育道德基本原则的探索》,《哈尔滨体育学院学报》1990年第8卷第1期,第15—18页。

② 马彩丽、金瑛:《刍议体育道德的特殊作用》,《哈尔滨体育学院学报》1992年第2期,第27—28页。

态的手段。体育道德对整个体育事业来说有着不可估量的作用,所以要通过自身特定的方式调整人们的体育关系,规范体育活动主体行为,谴责不道德行为。

（二）体育道德问题研究

关于体育道德的相关问题,前人已经做了大量研究。其中以下学者的研究较为突出,相对来说具有较好的完整性,堪称体育道德问题研究的代表。

张玉超[1]等从行为主体的角度出发对体育道德失范进行了总结。运动员方面的体育道德失范行为:运动员身份和参赛资格的异化现象;贿赂裁判或对手;"赌球""假球""假摔"现象时有发生;在赛场上辱骂对手或裁判,甚至大打出手;服用兴奋剂;罢练、罢赛等。教练员方面的体育道德失范行为:殴打和辱骂运动员;克扣运动员工资和奖金;鼓励和默认运动员服用兴奋剂等违禁药品。裁判员方面的体育道德失范行为:执行裁判不够公正;收受贿赂;在主观评分比赛项目中裁判员打人情分、关系分、吹黑哨等现象。体育观众方面的体育道德失范行为:乱扔东西;围攻辱骂裁判和运动员;发泄不满,制造事端,甚至引发恶性暴力犯罪。体育组织方面的体育道德失范行为:体育比赛主管机关控制比赛结果,内定比赛名次,以奖牌多少论英雄;对运动队疏于教育和管理,赛风赛纪很差。

卓莉[2]通过对21世纪竞技体育问题进行研究,认为当前体育道德主要存在五大问题:一是竞技体育国际化与爱国主义及政治干预的矛盾。爱国主义是各个国家和民族道德规范的最高要求。但是,国家的存在、民族区域的划分、比赛的国籍要求及运动员个人价值的实现代表着民族与国家的利益,又与竞技体育国际化存在矛盾。二是竞技体育商业化、职业化与体育的"善"的背离。三是信息不对称和高科技带来了新的道德问题。信息强国在体育信息的拥有、掠夺和运用中的强大优势将使运动成绩两极分化的现象更加明显,加剧了某些竞技体育项目在某些国家或地区的垄断。四是兴奋剂问题将会

① 张玉超:《我国体育道德失范成因及预防对策研究》,《体育文化导刊》2007年第6期,第52—54页。
② 卓莉:《新世纪竞技运动面临的体育道德问题及对策研究》,《佛山科学技术学院学报（自然科学版)》2009年第27卷第3期,第91—94页。

愈演愈烈。兴奋剂的检测技术和手段远落后于兴奋剂的研制和使用,使得兴奋剂的滥用有愈演愈烈之势。五是裁判员与观众的体育道德问题将日趋严重。

从小的方面来说,体育道德问题波及所有体育活动参与者,包括运动员、教练员、裁判员、观众、赛事主管机关。运动员以假乱真、消极比赛、赛场暴力、服用兴奋剂;教练员不关心、不尊重运动员、克扣工资;裁判员执法不公、收受贿赂;观众围攻裁判及运动员、制造事端;赛事主管机关干预比赛、内定名次、缺乏完善管理体制。从大的方面来说,在竞技体育国际化的大背景下,势必会与爱国主义之间发生冲突;对体育商业化、职业化的过度追求使体育活动中不道德现象频发;国际间信息与技术的不平衡造成强国的垄断,引发新的道德问题;兴奋剂技术的提高给检测带来了新的挑战,检测技术的落后,使兴奋剂的使用肆无忌惮,以上种种行为致使参与者体育道德现状每况愈下。

(三)体育道德失范成因研究

体育道德失范的成因是一个研究颇多,而又不得不谈的话题,从逻辑而言,只有明确成因之后,才能在实际操作中做到有的放矢。

姚春宏、陈小燕[1]以诚信品质为出发点指出,体育道德失范主要有以下三方面的原因:其一,注重个体,忽视集体,忽视了诚信在体育市场中的作用。其二,体育道德评价缺失,诚信在道德价值上指向正价值即善的行为品质没有被重视。其三,体育法制不完善,诚实守信的体育道德没有与体育法制建设更好地协调发展。

张玉超[2]等对体育道德失范的成因做了进一步完善与补充,指出体育道德失范成因主要有:社会转型期人们意识与价值观念取向多元化;体育道德评价缺失;体育法制建设不完善;体育管理者观念上的急功近利,只重成绩而忽视教育;不恰当的奖惩措施引发体育道德走向畸形;科技在体育领域的广泛运用促使体育道德的泛化。

---

① 姚春宏、陈小燕:《诚信品质在体育道德建设中的作用》,《武汉体育学院学报》2003 年第 37 卷第 5 期,第 155—156 页。

② 张玉超:《我国体育道德失范成因及预防对策研究》,《体育文化导刊》2007 年第 6 期,第 52—54 页。

吴敏、刘磊①对转型期中国体育道德进行探讨,认为体育道德失范的成因主要有:其一,体育道德的状况受到整个社会道德状况的制约。其二,体育的商业化引起的体育道德问题。其三,体育法规制度建设的滞后引发体育道德危机。其四,思想认识上的偏差引发体育道德危机。其五,道德调控机制弱化。

徐桂兰、屈孝武②对中国现阶段竞技体育道德失范的影响因素(包括内部因素与外部因素)进行分析认为。内部因素主要有:对运动员的教育培养模式存在严重缺陷,竞技成本太高,渴求回报欲望过分强烈,体育管理监督体系不完善、运动员薪酬奖惩体系的缺陷及缺乏配套的社会保障供给制度。外部因素主要有:社会道德的约束力下降、体育立法的不完善性、经济利益的驱动和外界舆论约束的缺失。

徐红萍、李江③从三个不同维度对体育道德失范成因进行描述。首先,强调社会道德环境的影响:随着社会转型、人们的思想观念和实践环境的变化,运动员体育道德行为出现了一些违背体育道德要求和自身体育道德认知的问题。其次,家庭道德环境的影响:良好的家庭道德教育可以协助和补充体校体育道德的教育,促进运动员的健康成长;不良的家庭道德教育则会抵消体校体育道德教育的积极作用。最后,体校体育道德教育的影响:混淆体育道德发展的层次性、缺乏体育道德实践的配合、忽视体育道德教育者本身素质的提高。

可见,道德失范现象及行为是由多方面因素共同作用引起的,这已达成学界的共识。社会道德环境在潜移默化地影响着体育道德的发展。当前,社会道德滑坡几成定论,社会道德约束力下降,在一定程度上制约了体育道德发展。不仅仅社会道德环境对体育道德失范产生着影响,家庭道德环境的培养和体校的道德教育同样对道德失范有着重要影响。体育道德失范成因中诚信

---

① 吴敏、刘磊:《我国转型期体育道德初探》,《河北旅游职业学院学报》2008 年第 1 期,第 76—79 页。

② 徐桂兰、屈孝武:《我国竞技体育道德失范的影响因素研究》,《学理论》2010 年第 20 期,第 83—84 页。

③ 徐红萍、李江:《运动员体育道德认知与体育道德行为脱节的省思》,《体育科技》2011 年第 32 卷第 1 期,第 12—14 页。

的缺失是其最为突出的影响因素,在职业化的形势下,越来越多的人注重对自身利益的追求,置集体利益于不顾。思想上的偏差导致对职业化理解的错误,在利益的驱使下违背体育道德。中国体育法律法规的不健全,给体育不道德分子留下了可乘之机,使其肆意妄为。当前,中国还没有形成完整而独立的体育道德评价机制,缺乏权威性的评定体系,对道德的管制不能发挥良好的作用。体育系统本身也存在一定的缺陷,不能满足某些层面的需求,为了达到目的,采取不正当手段,从而引发体育道德的失范现象。

(四) 体育道德建设研究

体育道德建设在整个体育事业发展中占有举足轻重的地位,它随着社会的进步逐步趋于完善,因此体育道德建设必须要与时俱进,满足体育发展新形势的需求。

梁建新、卢存①对社会主义市场经济条件下的体育道德进行了深入研究,认为要建设社会主义体育道德,就要在继承、发展传统体育道德的基础上,紧紧把握住爱国主义这一核心,同时兼顾好集体主义、社会主义教育导向,并把市场经济的功利原则引入体育道德,正确处理祖国荣誉与个人利益、物质奖励与精神奖励、力争取胜与重在参与等多种关系,充分挖掘人体潜能,以实现市场经济的求和性动机,促进社会主义体育事业和经济建设的发展。

李莉、程秀波②从市场经济体制下的体育道德现状出发,认为建设体育道德,首先必须继续坚持集体主义的价值导向。社会主义道德化与其他道德之根本区别,就在于社会主义道德的基本价值取向是集体主义,这是由社会主义制度本身的特点所决定的。其次,正确处理功利与奉献的关系。功利追求是任何一个主体活动的基本目的之一,奉献则是社会发展对不同主体所提出的共同要求。体育事业的发展不仅需要经济利益这一润滑剂,更需要人们有良好的职业素养和敬业奉献精神。最后,在体育道德建设中,既要注意科学的体育道德规范体系的建构,又要特别注意体育道德规范的贯彻落实。

----

① 梁建新、卢存:《试论社会主义市场经济条件下体育道德的建设》,《体育科技》1998 年第 19 卷第 3 期,第 12—15 页。

② 李莉、程秀波:《体育道德的现状与体育道德建设》,《河南师范大学》(哲学社会科学版) 2001 年第 28 卷第 5 期,第 112—114 页。

王斌①通过对道德失范原因的分析,提出治理道德缺失的策略包括:加强思想教育,提高体育道德认识水平;建立权威性的体育道德评价体系;加强体育法规建设,促进体育法规与道德的协调发展。

游俊、海静②认为体育道德建设要与社会主义市场经济相适应;要与社会主义法律法规相协调;要与制度建设、机制保障相结合;要与中华民族传统美德相承接;要与其他社会道德建设相联系,从而建立新型的社会主义体育道德体系。

可以看出,对体育道德建设的研究主要集中在以下几个方面:第一,发扬传统体育道德精神,弘扬爱国主义、集体主义。注重传统文化对体育道德的重要作用,在体育道德建设过程中,应该取其精华、去其糟粕。第二,加强思想道德教育,提高体育道德认知水平。只有从思想上认识到道德的重要性,才能将其付诸实际行动。第三,体育道德建设要与市场经济体制相适应。中国正处于由计划经济体制向市场经济体制的转变时期,体育道德建设必须要适应市场发展的需求,充分认识市场经济体制下的体育道德形态,有助于协调各方面经济利益关系。第四,健全体育法律法规体系。中国体育法律法规已初具规模,需尽快填补存在空缺,完善相关条款,使其更好地服务于体育事业的发展。第五,建立权威的道德评价机制。树立道德评价的威信,才能对道德失范起到震慑作用。第六,体育道德与其他社会道德的协同共建。体育道德建设要与社会道德的建立同步进行,相互影响,相互推进,建成中国特色的社会主义体育道德体系。

（五）体育道德与体育法律关系研究

贾文彤③等认为体育道德在很大程度上需要法律的支持,体育道德一定程度上可以法律化,这一观点对于体育法制建设具有重要的意义,但是道德具

---

① 王斌:《对加强和完善我国体育道德建设的思考》,《体育学刊》2006年第13卷第4期,第19—22页。

② 游俊、海静:《新时期体育道德建设若干问题研究》,《成都体育学院学报》2008年第34卷第5期,第39—41页。

③ 贾文彤:《体育道德建设若干问题研究》,《山东体育学院学报》2006年第22卷第3期,第4—6页。

有自身的特点和功能,法律不能完全取代它。因此,体育道德法律化有一定的限度。按照道德法律化的范围和限度的理论来看,有关公平竞争、刻苦训练、诚实等基本体育道德则可以上升为体育法律,而爱国主义以及共产主义道德等较高要求的体育道德规范则不宜上升为法律。

那武、何斌①着重对体育道德与体育法律的区别及联系进行了探讨。他们认为体育法律与体育道德的区别主要包括:调整范围不同;表现形式不同;实施方式不同;评价标准各不相同;内容不同。体育法律与体育道德的联系主要包括:体育道德建设需要体育法律的配合和保障;体育法律的实施也需要体育道德的支持;体育法律与体育道德的融合;体育法律与体育道德的分离。

陈勇②等着重对体育法制与体育道德的互动关系进行了分析:其一,体育法制与体育道德的统一性。体育法律规范和体育道德都具有行为导向功能。体育道德与体育法制在根本精神和价值取向上是一致的,法律应体现公平、正义、自由、平等、人权,这也是道德所要求和遵从的。体育法制必须具备崇高的社会价值和品性,必须得到体育道德的有力支持,否则体育法制就很难为人们所信仰。其二,体育法制与体育道德的互化性。当法律行为更多地表现为"自愿行为"时,反省与社会谴责就成为法律得以遵循的经常的保证途径,法律就因而"道德化"了。当一种价值得到社会的一般性认可时,法律将其纳入价值体系之内,这就是"道德法律化"。

丁素文③对体育道德与体育法关系进行了分析,指出二者在最终目的、价值取向方面具有一致性,在产生方式、作用方式、效力时段以及适用范围等方面具有差异性。二者之间的冲突主要表现为在体育领域中会出现一些合理但不合法或合法却不合理的现象,而体育参与者对体育活动的正确诉求,会使体育道德与体育法二者的诉求逐渐统一。现阶段,要利用各种行政手段和方法促成体育道德与体育法相融合,抛弃二者是相悖的理念,以求得二者融合的最

---

① 那武、何斌:《和谐社会体育法律与体育道德关系之研究》,《泰山学院学报》2009 年第 31 卷第 6 期,第 116—119 页。

② 陈勇:《21 世纪体育法制和体育道德良性互动构建研究》,《全国商情:理论研究》2009 年第 14 期,第 125—127 页。

③ 丁素文:《体育道德与体育法关系辨析》,《体育文化导刊》2011 年第 1 期,第 9—12 页。

佳状态。

　　总而言之,体育道德与体育法律有着密切的关系,两者之间相辅相成,最终目的是为了共同服务于体育建设使之能够健康、有序地发展。同时,两者也存在对立冲突的一面。道德自身有着丰富的内涵,这使道德法律化的构想有了特定的范围,故不能完全用法律代替道德。在调整范围、表现形式、实施方式、评价标准、内容等方面两者有着明显的区别,在融合与促进方面又表现出高度的统一:体育道德建设需要体育法律的配合和保障,在体育法律强制性作用下可以加快体育道德建设进程;体育法律的实施也需要体育道德的支持,没有道德支持的体育法律不会被社会认可。为了促进两者的良性发展,应积极探寻它们的融合性,抛弃不正确观念,采取多手段协调,以使其达到最佳的融合状态,进一步促进中国体育事业的发展。

　　(六) 体育道德与儒家思想研究

　　汪伟信[1]从文化学角度,阐述儒家思想与现代体育教育思想的冲突与融合,其观念明确指出儒家伦理哲学的高层境界,与现代体育思想所倡导的在体育运动中尊重裁判、尊重对手、尊重观众,以文明的行为和道德的方式,公平、友好地参与比赛的精神一脉相承。

　　孙丽丽[2]通过对儒家诚信思想与体育道德的有关理论和问题进行分析和研究指出:儒家诚信思想是体育道德建设的核心内容。诚信是体育人立身处世的基本前提,是体育文化交流的基本规范,是管理体育的基本准则。儒家诚信思想对促进体育道德建设的作用在于:儒家诚信思想有助于培养正确的人生观和价值观,培养诚实守信的体育精神,培养明辨是非的体育道德责任感,促进良好体育风气的形成。

　　陈华耕[3]通过探究儒家文化与现代竞技体育道德缺失问题而提出,要对儒家伦理道德进行批判性的继承,合理并充分地运用儒家伦理中的积极成分:

――――――――――

　　①　汪伟信:《儒家思想与现代体育教育思想的结合与冲突》,《教育与现代化》2002 年第 1 期,第 18—20 页。
　　②　孙丽丽:《儒家诚信思想与体育道德》,曲阜师范大学,硕士学位论文,2006 年 4 月。
　　③　陈华耕:《儒家思想与现代竞技体育道德缺失问题研究》,苏州大学,硕士学位论文,2009 年 9 月。

如和谐观、义利观、诚信观,使之为建设体育伦理道德而服务,从而形成体育法规建设和体育伦理道德建设的良性互动关系,有效遏制竞技体育的道德缺失现象,为竞技体育的健康发展提供一个良好的道德环境。综上可知,体育道德与儒家思想有着深远的历史渊源,儒家的思想观念对体育道德的形成意义非凡,尤其是诚信思想的提出。在当代体育道德建设中,我们也要十分重视诚信的作用,将其纳入体育道德建设的核心体系。儒家思想在培养正确体育道德观念、树立高尚体育道德风气等方面有着极大的促进作用。在体育道德建设过程中,我们对儒家伦理道德要进行批判性的继承,有效运用其积极成分,推进中国体育道德建设进一步发展。

第三节 体育道德建设的意义

体育道德是用以调整和制约人们在体育活动中的相互关系,从而保证体育活动的正常秩序,进一步促进体育事业健康有序的发展。作为社会道德的一个重要组成部分,体育道德不仅是体育活动参与者在体育活动中基本道德素养的具体反映,同时在一定层面上也体现了一个国家和民族整体的道德风貌。所以说,体育道德的好坏不仅关乎体育事业单方面的发展,而且还影响社会的道德新风建设。而且随着社会的发展和体育的普及,体育运动已日益呈现出大众化的趋势,体育领域中的道德问题也越来越引起人们的普遍关注。要想通过树立良好的体育道德风范和竞技体育形象来改变这一现状,就必须重视良好体育道德环境的创建。因此,加强体育道德建设,对于促进体育事业的健康发展和推动社会主义道德建设具有十分重大的意义。

一、加强体育道德建设是中国体育事业可持续发展的客观需要

20世纪70年代,联合国率先提出了"可持续发展"的理念,虽然该理念最初是为了指导环境问题而出现,但是在经济全球化、知识信息化的推动下,我们已对可持续发展的内涵进行了不同角度的透视及拓展,其包含了社会、经济、环境等的可持续发展。这其中自然包括了中国体育事业的可持续发展。

近年来,随着中国社会经济的快速发展,尤其是进入 21 世纪以来,人们生活水平有了显著提高,生活方式和思想观念也随之发生了巨大变化,人们对精神和健康方面的关注使其越来越多地参与到体育运动中来。体育参与者的多元化使体育发展方向也呈多样化发展趋势,多种体育文化在新的时代背景下交流碰撞与交融。与此同时,由于市场在资源配置中发挥着基础性作用,导致体育领域也滋生了诸多不和谐现象。特别是近些年来在竞技体育领域,诚信失守、违规违纪等体育道德失范事件频发,这些问题的出现给体育事业的可持续发展带来了极大的负面影响。要想解决这些问题,当然需要采取多种措施综合治理来促进体育的可持续发展,而依靠道德的力量来规范、引导是促进体育可持续发展不可或缺的重要手段之一。同时,体育道德建设旨在发挥道德的力量,构建和谐的人际关系,促进不同群体间的交流,在人们追求精神文化的同时,进一步拓宽体育市场。可以说,加强体育道德建设,对中国体育事业整体的发展至关重要,良好的体育道德环境有助于指导体育更好地向着正确健康的方向可持续发展。

二、加强体育道德建设是中国社会主义精神文明建设的必然要求

社会主义精神文明建设的根本任务是适应社会主义现代化建设的需要,培育有理想、有道德、有文化、有纪律的社会主义公民,提高整个中华民族的思想道德素质和科学文化素质。要加强精神文明建设,不单是思想文教部门的任务,而且是各条战线和一切部门的任务,是全党全军和全国各族工人、农民、知识分子和其他劳动者、爱国者的共同的长期的任务。体育作为一种特殊的社会文化,因其日益广泛的参与性更对加强自身的道德建设提出了迫切的要求。体育道德建设致力于协调人们体育活动中的相互关系,维持正常体育活动秩序,使参与者和谐有序地进行体育活动,进而保证体育事业健康发展。

此外,体育活动已经成为当代人娱乐、休闲的一种重要选择,"在相当意义上,它已然成为当代人审美活动的重要组成部分,但是,从生成论的意义上来说,'美'生成于人类的审美活动之中,体育活动本身并不天然地包含着'美',对于体育的审美则是从体育活动现象出发,'自下而上'建构起来的美学形态。"①因此,强化体育道德建设,对于提升体育自身的审美品格,增强其审美感染力,同样将发挥积极的作用。另外,"美是道德的象征"这一著名的美学命题也提醒我们,体育道德建设同审美之间不可分割。

同时在其他方面,尤其是在培养国民顽强拼搏的体育精神中体育道德建设也发挥了积极作用。近年来,中国体育事业飞速发展,竞技水平有了显著提高。体育健儿在发挥自身高水平竞技能力的同时,也将"不畏艰险、不断进取、团结拼搏、敬业奉献、勇攀高峰"的优秀品质充分展现出来,逐步形成了独特的中华体育精神和优良的体育道德风尚,特别是 2008 年成功举办奥运会后的宝贵精神财富和文化遗产,已成为提高国民文明素养和社会现代文明程度的有效载体,极大地促进了中国社会主义精神文明建设事业的进一步发展。

三、加强体育道德建设对良好社会道德风尚的形成具有重要意义

体育道德作为一种职业道德,是社会公德的缩影,折射着人们的道德水准和价值取向,并对整个社会的道德现状有着不容忽视的影响与作用。体育活动的参与者所表现出来的道德不仅是其基本道德素养的体现,还反映了一个社区、城市甚至是整个国家的整体道德风貌。所以说,体育道德建设的好坏,不仅是关乎群众体育事业单方面的发展,还关乎整个社区、城市乃至社会的道德风貌的形成和展现。

在计划经济体制向社会主义市场经济体制转变的过程中,随着体育逐步走向职业化、商业化和市场化,竞技体育事业出现了一些不和谐的音符,假球、黑哨、服用兴奋剂、违纪肇事、弄虚作假等道德失范现象层出不绝,由此引发了一系列的伦理道德问题。事实证明,这些道德缺失现象不仅严重地扰乱了体育竞争秩序,违背了公平比赛的道德原则,而且还败坏了社会风气,对人们的道德观念与行为造成了极大的负面影响。体育道德建设的关注点就是在提高参与者道德素养的前提下,搭建良好的体育道德展示平台,促进良好体育道德风尚的形成。体育道德建设是祛除恶性道德习惯,缓解道德滑坡现状最为有

---

① 曹景川、李建英:《走出体育美学的学科定位之困》,《体育科学》2009 年第 29 卷第 12 期,第 80—83 页。

效的手段。因此说,加强体育道德建设,对于确保中国体育事业的健康发展,以及促进社会树立良好的道德风尚具有重要的现实意义。

第四节　研究对象、研究思路与方法、研究目标与价值

一、研究对象

本书以职业化走向中的中国体育道德建设为研究对象。第一,描绘当代中国竞技体育职业化发展轨迹,理清职业化的来龙去脉。第二,辨析体育道德建设的内涵、外延及其机制,梳理理论基础。第三,分析当前体育道德现状,展示体育道德整体轮廓。第四,探究体育职业化与体育道德建设的关系,揭示体育道德建设的基本命题。第五,结合时政,指明社会主义核心价值观视域下体育道德建设的方向。第六,在既有研究基础上,从国家、社会和个人层面对体育道德建设进行畅想与展望。

二、研究思路与方法

(一) 研究思路

本研究首先从理论角度论证体育道德范畴的滥觞,澄清体育道德的内涵外延,为整个课题研究确立理论基础。针对当前社会舆论对于"体育道德失范"的强烈反响,根据体育道德的内涵、外延、机制等相关理论,制定科学性的评价指标体系,并通过问卷细化、具体化评价指标,尤其是对当前职业化程度较高的体育项目的从业人员(包括教练、运动员、管理人员等)的问卷、调研、访谈,立足现实,呈现他们对于体育道德的理解、认同水平,并努力通过文献、统计、理论证明等方式,力求全面客观地反映当代体育道德现状。

在对体育道德的历史性的证明和阐发以及当前体育道德现状的调研、分析基础上,详细分析体育市场化、职业化走向同体育道德建设之间的互动性关联。本课题将从历史发展和理论证明两个维度,重点阐释职业化、市场化并非体育道德滑坡乃至"失范"的原因,恰恰相反,职业化走向不仅对体育道德提

出了新要求,同时也为体育道德的培育提供了新的历史场域和机遇。这是本课题研究的重点,也是课题理论与实践相结合、历史与逻辑相统一的重要体现。

在以上研究的基础上,本课题在党的十八大关于社会主义核心价值体系建设的高度重新审视体育道德同公民道德、社会道德、社会主义核心价值观建设之间的联系进行理论证明,这是课题研究的当代性和现实性的具体体现。

（二）研究方法

本研究主要采用文献资料法、问卷调查法、专家访谈法、案例分析法等研究方法。文献资料是研究的基础,通过读秀中文学术搜索、中国知网、中国期刊网、万方数据库等中国主流数据库知识检索平台,以"体育职业化""体育道德""道德失范"等为关键词查找相关资料,尤其是对体育核心期刊、中文核心期刊中自1978—2015年间的期刊、论文及学术报告进行分类整理、阅读,提炼一些可以借鉴的观点,为研究提供依据。其次,专家具有一定的权威,专家访谈对研究具有强大的指导意义。就中国体育职业化进程中的体育道德失范问题,访谈运动训练、社会学、管理学及心理学等方面的专家,就本研究涉及的问题认真听取他们的看法与意见,为研究提供有效指导。

三、研究目标与价值

（一）研究目标

本研究将立足于当前体育职业化、市场化的走向,基于体育从业者对于体育道德的基本理解、认同,以及当前体育道德的现状进行较为全面的调研,得出符合实际的判断。同时从社会主义核心价值构建的高度对体育道德的重要性进行充分论证,以凸显当代体育道德建设的重要意义。同时,深入发掘市场化、职业化同体育道德建设的内在契合性,探寻体育道德建设同市场化、职业化走向之间的共赢模式,探究解决当前体育道德建设的基本途径。

（二）研究价值

第一,本研究将对当代体育道德状况进行较为全面的调研,有助于更为客观地了解当代体育道德现状,为体育道德建设的方针、政策决策提供较直接的参考依据。

　　第二,本研究将致力于对市场经济条件下的体育道德建设的方式、途径等展开深入研究,直接回应社会舆论中某些将市场化、职业化看做体育道德滑坡的重要原因的观点,为坚持中国体育特别是竞技体育发展方向提供可兹借鉴的理论证明。

　　第三,本研究对体育道德建设与社会主义核心价值体系建设之间的理论和实践联系进行了重点论述,对于推动社会主义核心价值建设有一定的辅助性意义。

第一章　当代中国竞技体育职业化发展轨迹

体育职业化是竞技体育发展的必经之路,是体育发展到一定阶段的必然产物。当代中国竞技体育由非职业化向职业化的转变,标志着中国竞技体育又迈向了一个新的高度。这种转变是由多方面的因素促成的,既包括外在的社会推动,也包括内部自身发展的需求。迄今为止,中国体育职业化已走过了约20年的历程。可以说,中国的体育职业化是在摸索中前进的。就目前状况来说,中国竞技体育职业化整体还处于较低水平,只有个别项目实现了真正意义上的职业化。根据职业化程度的高低,我们将体育职业化的发展历程划分为四个时期,职业化探索期、职业化形成期、职业化发展期、职业化推进期。各个时期呈现出了不同的特色,整体是一个循序渐进,职业化体系不断完善的过程。

第一节　体育职业化概述

一、体育职业化的基本释义

（一）职业化的内涵

什么是职业化? 纵观学界,关于这一问题有着各式各样的回答,并且分别从不同的角度对职业化进行了阐述。我们将"职业化"视为一个组合词,它有两种词性,既可以是动词,也可以是名词。在这个组合词中,它的核心词是"职业","化"仅是一个后缀。因此,我们要想搞清楚什么是"职业化",就必须先弄明白什么是"职业"。

在西方社会学界的相关研究中,对于"职业"(profession)一词的定义一直没有定论。许多学者都认为,它只是在英美文化中指代医生、律师、牧师等具有较高社会地位的行业群体的一个"具有荣誉感的符号"罢了,在英美国家之外,"职业"和"行业"(occupation)两个词之间的区别似乎并不大。①《汉语大词典》解释"职业"一词的定义为:"今指个人服务社会并作为主要生活来源的工作",也就是人以交换自身劳动为途径来服务社会并获得可满足一定生活所需的酬金。之后,随着人们认识的加深,将"职业"定义为:"社会中的一部分人群,经历社会职业不断地分工演化,固定工作内容和产品以及服务过程,形成相对稳定的作业规范或者作业水准,获得相对稳定的收入水平。"这一说法得到了大多数人的认同。可见,职业是社会分工的一种结果。

同样,关于"职业化"的定义,学界一直以来都没有严格统一的说法,学者依据不同的出发点对其作出了不同的解释。首先,从词的基本释义出发,有学者认为:职业化是指某项工作已成为一种相对固定且为人们所认同的社会职业,从业人员中大多数将终生以此作为介入社会、谋求生活的方式,从而形成一个相对稳定的社会群体。② 另外,也有学者从"职业化"一词的演化过程出发,对其进行了分析。如钟秉枢等指出:"职业化"的含义包括 professionalism 与 professionalisation。英文 professionalism 由 professional 派生而来,professional 表示"从事某项学术活动者或技能性的职业,或某种社会评价高于手工业的职业";还包括"与业余相对","为追求金钱或作为生计而从事体育","从工作中获取报酬而非仅仅是爱好,如运动、音乐、厨师"。派生于 professional 的 professionalism 是指"职业素质、特性、方法或品行;特定职业的印记","作为职业者区别于业余者的状况或做法;职业者阶层"。Professionalisation 是 professionalize 的名词形式。动词 professionalize 的意思是"使成为或作为职业性的","变为职业性的;以职业性的方式进行"。professionalisation 的意思就是

<hr/>

① 刘思达:《职业化及其批判》,《中国法律评论》2014 年第 3 期,第 54—57 页。
② 艾洪涛:《我国秘书工作职业化的现状分析》,《沧州师范专科学校学报》2007 年第 12 期,第 114—115 页。

"使成为职业性的行为或变为职业性的事实"。①

综上所述，"职业化"具有两种基本的含义。从词性上来说，将其看作一个名词，它指的是一种性质，代表一个静态实物；将其看作一个动词，则是指一个由非职业向职业转变的过程，而且这个过程是动态的。因此，我们应在把握"职业化"静态与动态结合的基础上，对其"过程"还是"结果"作出明确判断，深刻理解"职业化"。

（二）职业化要素

1. 职业化素养

"素养"一词在汉代就开始使用，如：《汉书·李寻传》："马不伏历，不可以趋道；士不素养，不可以重国。"宋代陆游《上殿札子》："气不素养，临事惶遽。"分别从爱国和气质之素养说明了素养的重要性。素养的基本释义包括一个人的修习、素质与教养多个方面。从狭义上理解，素养即一种身心的修养。从广义上讲，其包括道德品质、外表形象、知识水平与能力等各个方面，可以将"素养"归纳为由训练和实践而获得的技巧或能力。

纵观"职业化"一词的发展轨迹，其最初是应用于企业的经营与管理，所以职业化素养本意即指企业员工在从事职业劳动的过程中，不断形成的知识技能、个人素质、个人道德修养和行为规范等。职业化的知识技能使从业者能够立足于自身领域，提高工作效率，创造更多的社会价值。职业化的个人素质是从业者综合能力的体现，是高质量完成工作的必备前提。职业化的个人道德修养体现着从业者高尚的人格和道德情操，是职业化精神在个人层面的彰显。职业化的行为规范是评判自身行为是否符合规范的标准，是从业者规范行为的准则。

2. 职业化规范

规范就是指在日常工作与生活中，个人的思想和行为都应该遵循的一定的标准。所谓职业化规范就是指我们在职场中应该坚守的具体的标准，也就是指坚持该行业应有的规范。有了职业化的规范，就对从业者的行为有了准

---

① 钟秉枢等：《我国竞技体育职业化若干问题的研究》，《北京体育大学学报》2002年第25卷第2期，第146页。

确的定位,也就让其知道哪些是应该做的,哪些是不应该做的。具有高度职业化规范的人即便在利益横流的环境中,也能分辨是非,不被利益所驱。所以,不论任何行业、任何职务的人,都应该具备职业化规范。

看是否符合职业化规范可根据一个人的行为结果来判断,它与职业道德、职业心态等诸如此类看不见摸不着的精神导向是不一样的,这个结果是实体事物,是能够看得到的,也是容易评判的。遵守职业化规范的程度与自身职业化水平之间有着紧密联系,一个积极主动遵守职业化规范的人,它的职业化水平也会相对处于较高层次。因此,要想提高自身的职业化水平,在职业化规范中,就需将以下三点视为其核心要点:第一,行为规范。从业者在自身的岗位上所发生的行为符合规范。第二,习惯规范。除了正常的生活与工作之外,其他方面也要积极养成良好的行为习惯。第三,形象规范。从个人到集体,再到国家,各环节所展现出来的形象符合规范。

3. 职业化技能

技能,顾名思义,指技术、能力。技能所体现的是一个人掌握并能运用专门技术的能力。突出的个人技能使个人岗位的工作合理有序进行。出色的团队技能使集体效率提升,快速完成任务。职业化技能就是将技能始终保持在较高水平,面对任务时能够采取准确、有效的应对策略。职业化技能所代表的是高水平的技能,是一个复杂事物的集合体。对任务解读能力、战略执行能力、快速反应能力等多方面有着更严格的要求。

职业化技能水平的高低反映职业化程度,一般来说,职业化程度越高,职业化技能也就越强。在市场经济体制下,人们的利益观发生着深刻的变化,人与人之间的竞争日益激烈,也就越来越需要实现高度的职业化,以满足竞争的要求。同时,值得注意的是随着社会分工的逐步细化,在各行各业中对顶尖人才的需求也在逐步扩大。高度的职业化水平,高超的技能也在最大限度地接近顶尖人才的标准。

(三)体育职业化

对于中国的体育事业发展进程来说,体育职业化是社会主义初级阶段向前发展过程中所产生的新生事物,需要声明的是这里的体育职业化指的是竞技体育职业化,它是体育走向专职化的必经之路,在竞技体育竞争日益激烈的形势下,实现职业化已成为大势所趋。①

关于什么是体育职业化这一问题,前人已做了大量研究。早在 20 世纪 90 年代,体育职业化还处于萌芽阶段时,就已经有学者给出了体育职业化的定义,如:张子沙、冯德源为"职业化"下了一个比较全面的定义:"所谓竞技体育职业化指的是,在商品经济充分发展与体育文化市场不断扩大的条件下,自觉地运用价值规律,利用高水平竞技体育的商品价值与文化价值,参与社会商业活动与社会文化活动,使竞技体育成为高级运动员赖以获取高额生活收入来源的工作,并为社会提供体育商业和体育文化服务的一种体育商品化、集团化和社会化活动。"②

进入 21 世纪以来,随着市场经济体制的发展,人们对体育职业化有了进一步的认识。如:刘铮等提出,竞技体育职业化是指相对于业余体育而言,指运动员由业余向职业发展,并以体育本质为内涵,通过市场机制作用,充分体现运动员价值的社会化、实体化、市场化、产业化有序联系统一的过程。③ 将竞技体育置身于市场经济,发挥市场的调节作用,力争实现体育的商业化、市场化。

对体育职业化的描述,以下两种观点最具代表性:赵承磊认为,所谓的体育职业化就是指在社会发展的一定阶段,把体育作为社会职业分工中的一种职业,并使社会中的特定群体以此职业获取主要生活来源的过程或结果。④ 关朝阳等认为,竞技体育职业化至少包括两方面的含义,即竞技体育作为职业分工中的一种职业(结果)和竞技体育向专职转变程度的演进(过程)。⑤

以上观点分别从不同的维度对体育职业化进行了界定,而笔者认为:首先,任何事物的发展都离不开社会的推动作用,体育亦不例外;其次,体育作为

---

① 吴合斌、曹景川:《我国竞技体育职业化进程中道德失范现象的表征及应对策略研究》,《北京体育大学学报》2016 年第 39 卷第 8 期,第 14—19 页。

② 张子沙、冯德源:《正确认识竞技体育职业化及其在我国实施的可能性》,《福建体育科技》1989 年第 2 期,第 1—4 页。

③ 刘铮等:《竞技体育》,人民体育出版社 2006 年版。

④ 赵承磊:《体育职业化、产业化、市场化三概念之辨析》,《首都体育学院学报》2006 年第 18 卷第 2 期,第 8—10 页。

⑤ 关朝阳、张战毅:《对我国竞技体育职业化若干问题的思考》,《河北体育学院学报》2005 年第 19 卷第 3 期,第 3—4 页。

一种特殊的文化,它的演进必定受到政治、经济以及自身发展需求的影响。同时,体育职业化的要求是多方面的,包括联赛的职业化、球员的职业化、裁判的职业化等。[①]　总的来说,中国的体育职业化是以社会主义制度为保障,在市场经济体制发挥主导作用的条件下,为了满足各方的体育需求,从原本的非职业状态转变为完全职业状态的漫长过程。

二、体育职业化发展动因

中国体育职业化从 20 世纪末开始,发展至今已经走过了 20 余年的历程,但并没有实现高度的职业化,除去客观因素的影响,我们可以看出体育职业化是一个漫长的发展历程,并不是一蹴而就的,影响体育职业化发展的因素也是多方面的。国家宏观调控为体育职业化的发展道路指明前进方向的同时,体育自身的发展也给予了体育职业化的内部动力。总体上来说,体育职业化的动因主要有以下几个方面。

(一) 社会变革的推动

体育职业化是社会发展到现阶段的产物,它的发生离不开社会大环境的影响,也必将在社会的影响下前行。社会变革为体育职业化带来了新的契机,为进一步深化职业化指明了前进的方向。政治、经济、文化等体制的变革,带动了体育的变革,也促进了体育职业化的发展。

在政治体制中,尽管一直都在强调变革的重要性,但是严格地来说,政治体制的变革力度仍是比较小的。中国的体育事业,尤其是竞技体育事业依旧是在举国体制下发展的,举国体制与体育职业化并存。政府在中国整个体育事业中处于主导地位,政府职能的转变,体育个体权利的增大也在体育职业化中起到了不可小视的作用。

在经济体制中,中国自 2001 年加入世界贸易组织以后,经济呈现大繁荣的景象。中国对外开放进入了一个新的阶段,全方位的开放体制逐步形成。在扩大贸易的同时,推动了经济体制的变革,新的经济体制能够使经济利益最

---

① 吴合斌、曹景川:《我国竞技体育职业化进程中道德失范现象的表征及应对策略研究》,《北京体育大学学报》2016 年第 39 卷第 8 期,第 14—19 页。

大化,吸引更多更好的国外投资。体育事业在中国的经济产业结构中属于以服务业为主的第三产业范畴,原有的体育经济体制已不能与新的经济体制相适应,因此就必须要对体育经济体制进行变革,而实现体育职业化就是顺应改革趋势最好的出路,并且从长远角度来看,体育职业化也是实现体育事业长久发展的必然之路。

在文化体制中,认真执行当前文化体制改革的首要任务,增强国家软实力,积极推进社会主义文化建设,使文化体制改革与现代社会发展规律相适应,继承优秀传统文化,彰显当代文化精神。体育,归根结底,它是文化的一部分,属于社会主义精神文明建设范畴。在文化体制改革的浪潮中,如何与时俱进体现出体育的价值,使体育在良性发展的同时,服务于中国特色社会主义建设成为了体育改革的主要目标。体育职业化,赋予了体育在体制改革要求下的发展新动力,使传统体育与当代文化接轨,顺应了时代潮流。

(二) 体育观念的转变

随着经济全球化的影响,人们的消费意识与能力与日俱增,越来越认识到原有的体育存在模式已不能满足现实境况的需求,人们的体育观念亦随之转变,最终推动了体育职业化发展。自改革开放以来,我国的经济体制不断发生变革,经济水平在短时间内得到了快速提升。人们对高水平竞技体育赛事观赏的需求也在日益扩张,要想展现出较高水准的体育比赛,就不得不在其内容和组织形式、业余运动员与职业运动员、业余主义与商业利益之间进行调整,其结果便是职业运动员走向竞技赛场,使体育事业走向职业化。在这样循环发展的背景下,竞技体育职业化的程度会越来越高。

当前,世界范围内的文化交流与发展使政府越来越认识到体育职业化、市场化、商业化发展的重要性,并积极进行体制改革,出台多项相关意见与措施。政府体育观念的转变为体育职业化发展提供了极大的支持,网球职业化单飞模式的成功也为体育职业化提供了宝贵的经验。而且在各种媒体日益盛行的今天,人们对高水平体育赛事有了进一步的期待。政府对实现体育职业化发展的有力引导,可在一定程度上满足这些需求,拉动体育竞技的发展,为体育职业化的深入发展带来了物质保障。因此,"物质基础决定上层建筑"这一亘古不变的真理,同样适用于体育职业化。

（三）体育体制的改革

在举国体制下,中国体育事业取得了一定的成就。凭借这一体制的实施,中国的竞技体育在国力尚不强大的情况下,能够迅速崛起,在很短的时间内实现竞技体育的腾飞,确立在亚洲,乃至世界的领先地位,成为举世公认的体育强国。然而,举国体制是计划经济的产物,在新形势下它的局限性凸显。原有的举国体制管理模式及运行机制越来越难以适应当前中国社会经济的发展和竞技体育自身孕育的改革需求,运行中存在的问题与缺陷也日益暴露出来。

基于此,体育体制要改革,就必须抛弃举国体制中不适宜于当前形势发展的内容,借鉴西方体育强国成功的经验,走职业化道路。竞技体育职业化的发展对中国体育体制的改革也具有促进作用,有利于体育体制的改革和运行机制的转换。[①] 在各方的推动下,现代竞技体育的技战术水平得到了不断的提升,个人、团体、国家之间的竞争日益激烈,这就要求体育从业者必须具有高度的职业化精神和素质,形成良好的职业化氛围,保持体育事业发展的竞争力。

（四）体育市场的开发

体育市场是社会主义整个市场经济体系的有机组成部分。社会主义市场经济体制下,体育市场的开发是体育事业发展的一大任务。只有建立与市场体制相适应的运行机制,才能保证体育市场稳步于整个市场大环境。又因竞技体育在整个体育市场中占据较大的比重,因此政府、集体、个人都在致力于体育市场的开发。

当前,竞技体育不再是单纯的体育竞赛,越来越多的人将其看做一种休闲、娱乐产物,同时,与竞技体育相关的市场已初具规模并呈现出逐步扩大的趋势,竞技体育的直接与间接市场价值在不断地被开发利用。足球、篮球、排球、乒乓球等项目的高水平运动队,也通过市场开发不同程度地获得了政府之外的发展资金,缓解了发展资金短缺的矛盾,保证了竞技体育市场运作的灵活

---

① 关朝阳、张战毅:《对我国竞技体育职业化若干问题的思考》,《河北体育学院学报》2005年第19卷第3期,第4页。

性和持续性;职业竞技体育市场的不断开发亦将进一步巩固和推动职业俱乐部管理主体的发展。① 如此,体育市场的开发,就进一步刺激了竞技体育职业化的发展。

三、体育职业化发展成效

实践证明,职业化是中国竞技体育最好的出路。职业化以来,我国体育的发展所取得的成效是有目共睹的。从对运动员、教练员、裁判员的培养到职业化联赛的成功举办都显示着体育职业化带来的益处。体育职业化发展至今,极大地推动了中国竞技体育的进步,竞技体育实力得到大幅度提升,巩固了我国竞技体育在世界体坛的优势地位。相对来说,篮球是中国职业化的标兵,其职业化程度处于国内的领先水平。中国男子篮球职业联赛自开赛以来,已经走过了 21 个赛季的历程,它的职业化程度得到了大众的认可。中国男子篮球可视为中国体育职业化的领导者,它的职业化成效也最具代表性。

1995 年,中国篮球开始进行突破性的改革,其以赛制为突破口,开启了中国篮球职业化的探索之路,它在中国竞技体育职业化的组成中充当着重要角色。篮球作为竞技体育职业化当中的一部分,其成长道路必然要在中国竞技体育职业化的改革和发展中铺展开来。而中国的国情又决定了任何的改革都要在摸索中前进,同时决定了中国篮球职业化道路的曲折性和前进性。虽然我国的职业化的进程面临着一系列的矛盾和考验,但篮球职业化取得的成绩是可喜的。在这个探索的过程中,中国篮球能够正确面对困难与挫折,化解矛盾,解决问题。正是依靠这种精神,才使中国篮球职业化健康、有序地发展与进步。

(一) 制度法规相比以前得到了进一步完善

从 1990 年起到 1995 年,中国篮球事业的发展进入了职业化的准备阶段,在这个阶段中国完善了运动员以及运动队的注册制度,而且制定了主客场联赛的竞赛规程承办单位、参赛运动队协议书,一共有将近 1700 名运动员登记,

---

① 王兵:《我国竞技体育社会化进程中的职业化、院校化发展动因》,《上海体育学院学报》2005 年第 29 卷第 6 期,第 30 页。

运动队登记的数量达到了100多个,这样就具备了举办中国职业篮球联赛的基础。1995年确立了以"赛季制"为标志的赛制改革,使得篮球俱乐部机构更为职业化,并且市场行为能够得到规范。同时还建立了一些比如教练、科技研究、新闻报道等专门的机构,促进中国篮球的职业化发展。1997年,中国国家体育总局篮球运动管理中心正式成立。之后还制定了《俱乐部管理规定》《运动员注册转会管理规定》等职业化的法律规定以及保障性规定。进一步出台了《中国篮球协会运动员转会暂行条例(讨论稿)》和《俱乐部篮球队暂行管理条例(讨论稿)》,使俱乐部的构成方式、义务、权利都得以规定,包括第一次引用外籍教练和外援、实施统一的集团管理、专业化经营方式,此外,还构建了CUBA(1998)、CUBS(2004)等竞赛组织形式,使得它们成为CBA辅助竞赛体系的重要环节。在2004年实行了南北分区竞赛模式,升降级在此时被正式取消。CBA的联赛队伍的数量目前已经达到20多支。经过这些探索和改革,中国的篮球职业化取得的相应的成绩(如表1-1),CBA日益赢得了社会大众的关注和喜爱,这一稳定且广泛的观众基础为推动中国篮球运动的普及发挥了重要的积极作用,也扩张了篮球运动的影响力。

表1-1　中国篮球职业化进程中标志性贡献汇总

时　　间	贡　　　　　献
1990—1995年	提出了"以竞赛改革为突破口"的职业篮球建设设想,第一次将篮球推向市场,确立了以市场化、职业化为动力发展中国篮球、提高篮球运动水平的发展方向,并将联赛推广工作交由专业的管理机构进行操作。
1995—2005年	借鉴国外先进经验,结合中国国情,以竞赛改革为突破口,大胆进行训练体制、竞赛体制和运行机制的改革,将篮球推向市场,进行商业化、职业化运作,让中国篮球踏上了职业化发展之路,完成了从CBA联赛到中国职业篮球联赛的称谓转变,并在2006/2007赛季全面推行了俱乐部准入制度,实施"双轨并行",坚持以"中心"行政管理为主的管理体制,提出完善举国体制,发挥举国体制的推动作用后,认识到后备力量在中国竞技篮球职业化中的基础作用,提出加强后备建设、加大市场开发、提高联赛水平具体对策。
2005年至今	推出"北极星计划",提出"竞技篮球、娱乐篮球、财富篮球、文化篮球"四位一体的新篮球观和"大目标、大开放、大整合、大协作"的工作方针的俱乐部准入制度实施,强化俱乐部二、三线后备梯队建设坚持政府主导,统筹规划,遵循体育、经济、市场的规律,坚持改革创新,勇于探索和实践。

（二）经济的发展推动了篮球运动的普及

经济基础决定上层建筑，现实社会中的物质生活极大地影响和制约着整个社会的政治、精神文化生活，经济基础在人类社会生存和发展的过程中起着关键的基础性作用，社会生产力的发展水平制约和决定着社会上事物的发展和进步。而篮球职业化正是以经济高度发展为背景，在体育文化日益深远广泛的影响下得以形成并发展。其最初是以篮球俱乐部为基本的组织形式，运动员们可通过打球获取一定的利润并逐渐以此作为其谋生手段。篮球运动在为集体和个人带来经济利益的同时还能满足社会大众的精神享受，更因此实现篮球运动的商业价值和文化价值。

从概念来看，篮球职业化从本质上来说就是篮球不只是作为一种运动而存在，而是一种可以使运动员作为谋生手段的职业，一种可以产生商业价值以及利益的产业。由此可以看出，篮球职业化必将涉及生产与交换之间的关系问题，也就是运动员们通过精彩的比赛来为观众也就是消费者服务从而获取经济利益。在这个生产交换的过程中，所必需的重要条件：运动员的水平问题、比赛的组织问题以及观众们的消费能力，都与经济基础分不开，经费的投入会影响到运动员的训练水平，资金的缺少会影响到比赛的环境，消费水平不高则直接影响到了观众们是否有能力去消费、娱乐。总体来说，消费水平较低，那实物型消费在整个消费结构中就会占据相对大的比例，人们用于娱乐消费的金钱也就相对减少。

自从1857年德国统计学家恩格尔率先提出有名的"恩格尔定律"之后，能够反映出对比关系的"恩格尔系数"[恩格尔系数(%)=食品支出总额/家庭或个人消费支出总额×100%]就被人们视作考量某一国家或者地区消费水平的概念。

从古至今，民以食为天，"吃"成了人类生存的首要问题，如果一个家庭收入微薄，那么饮食消费必然成为其大部分甚至是全部的支出消费。所以说收入水平与饮食消费成反比例增长，随着恩格尔系数的增大，一个国家或一个家庭的生活水平会随之下降，生活会愈加贫穷。根据图1-1当中的一些数据，可以知道恩格尔系数在中国近几年的城镇居民中呈走低的态势，而形成鲜明对比的是中国城市人民的恩格尔系数在40%—50%，说明生活已经基本达到

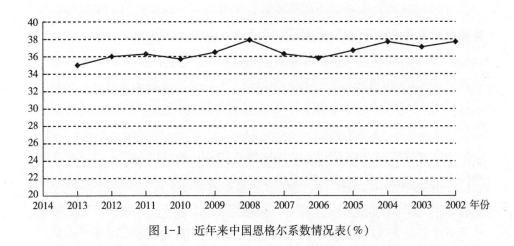

图 1-1　近年来中国恩格尔系数情况表(%)

了小康水平。自从改革开放到如今,中国的综合实力在逐渐提升,这也就使得我们的生活水平不断提高,娱乐性消费在消费结构中的比重逐渐增大。人们的收入在足以满足自身或家庭最基本日常开销以外,可以有时间、有金钱从而有需求去看比赛,通过当球迷、观看体育比赛,来丰富自己的闲余时间,满足自身的精神享受,诸如此类的娱乐性消费最终为篮球职业化提供了现实保障基础。同时,经济的发展也逐渐改善了中国各地拥堵的交通现状,积极完善了赛场设施,优化了赛场环境,这为人们的出行提供了极大的便利,并为更好地观赏篮球比赛提供了现实可能和现实条件。同时,篮球的普及率也会逐日增高。篮球普及率的高低是篮球的商品价值和文化价值是否得到体现的重要因素。普及率越高,说明篮球比赛的消费者越多,俱乐部为篮球所作出的生产和交换就得以高效率地进行。如果在篮球职业化这个庞杂持续的过程中能够得到社会各界人士以及广大球迷朋友的支持,那么这条路就会越走越顺利,同时也会使得更多的观众去关注。

从图 1-2 能够看到,在 1995—2014 年的 20 个赛季里,联赛场次每年都会增加,从 1995—1996 年赛季的 154 场增加到 2008—2009 年赛季的 474 场,增幅达到 3 倍之多。从图 1-3 和图 1-4 中能够看出,1995—2014 年的 20 个赛季中,联赛的平均上座率为 75.91%。在 2001—2002 年赛季中,上座率高达 87%,暂不论 2008 年中国举办奥运会的原因使得联赛减少之外,在最近五年

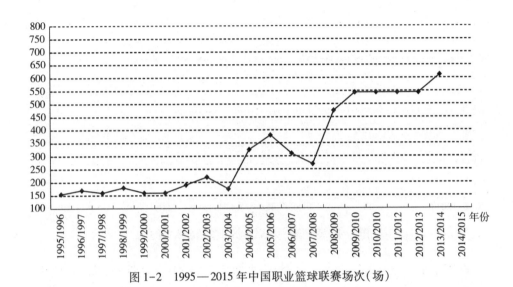

图 1-2　1995—2015 年中国职业篮球联赛场次(场)

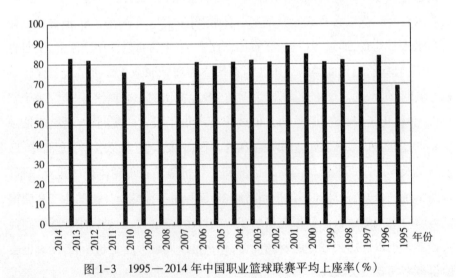

图 1-3　1995—2014 年中国职业篮球联赛平均上座率(%)

的时间内,联赛场次大幅增加,而且观众上座率也在不断增长。从 CBA 第一个赛季到 2006—2007 年赛季,观众人数从 45.02 万人次增加到了 132 万人次,在 12 个赛季的范围内增长的幅度已经将近 3 倍。

从图 1-5 能够看出,中国的篮球职业化程度每年都在提升,主要表现就是篮球俱乐部数量的递增,人们针对篮球的需求也不断提升,中国职业篮球市

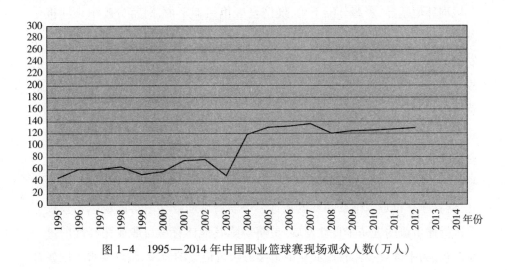

图 1-4　1995—2014 年中国职业篮球赛现场观众人数(万人)

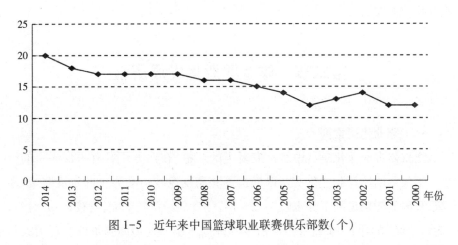

图 1-5　近年来中国篮球职业联赛俱乐部数(个)

场得到了良性刺激,所以呈现出扩大化发展趋势。这充分说明 CBA 职业篮球联赛在市场中所引起的轰动效果以及品牌价值对提高关注度和认可度的重要性。2008 年据相关机构的调查显示,中国将近 4 亿青少年最喜欢的运动项目是篮球,而且中国目前室外篮球场的数量已经达到 43 万个,在全部长期户外运动总数中占将近 60%的比重。

始终坚持以经济建设为中心,是党在社会主义初级阶段基本路线的主要内容之一。目前中国已经是世界上第二大经济体,人们的生活水平在不断提升,社会主义现代化建设成就显著。但是,由于中国幅员辽阔、人口众多,再加上地理环境差异、资源分配不均,经济发展仍然不平衡,财富分配出现两极化发展趋势,与发达国家相比人均收入还是比较低。物质投入作为篮球职业化发展的前提,一定的经济水平是篮球职业化的有力保障,经济水平提高,人们收入增多,才会在满足了最基本的温饱问题后,有时间、有能力去追求娱乐消费。没有一定的经济基础做保障,再怎么精彩的比赛,没有观众,也无济于事。在中国,篮球职业联赛较多出现于比较发达的大中城市,经济水平的高低影响着篮球职业化的发展。篮球职业化要走好、走远,必须要以一定的经济水平为基础,没有一定的经济水平做支撑,篮球职业化的发展犹如沙中楼阁,难以建立,就算建立也难以维系和发展长远。中国篮球职业化取得的成绩不仅仅会促进篮球事业的进一步良性发展,更将激励其他体育项目职业化程度的进一步深化,为中国竞技体育职业化的道路提供可借鉴的经验,最终实现中国体育职业化的大发展。

第二节 体育职业化发展历程

一、职业化探索期

竞技体育职业化是自由经济发展下的产物,在西方已经有一百多年的历史。中国早期体育职业化实行以模仿苏联高度竞技运动为主的发展路线,在改革开放的初期走到了分水岭。该时期,受计划经济的影响,竞技运动承担着"为国争光"的任务,实行计划经济下的举国体制。这种体制是以实现国家利益为最高目标,以世界大赛(特别是奥运会)冠军为最终目标,动员国内一切可以动员的物质和精神力量,帮助竞技体育项目创造辉煌。举国体制存在以下几方面问题。

第一,行政管理体育事业。举国体制使政府的权利最大化,政府包办体育成为常态,体育事业主要依靠行政部门层层下达的政策、文件、指示等手段来维持其运行,管办不分,职权不明的现象明显。政府以计划手段配置体育资源,以行政手段管理体育事业,这与市场经济体制是不相符的。

第二,资金来源依靠政府。举国体制下国家负责经费的开支,负责配置优秀的服务团队与软硬件设施。如此一来,体育事业就形成了对政府的过度依赖,资金来源单一化。然而,体育发展对经费的要求越来越高,国家的经费负担越来越重,资金不足与体育发展之间的矛盾日益突出。

第三,体育人才管理存在弊端。一方面是人才的流动,受培养体制的影响,教练员、运动员只能在狭小的范围内跳动,横向流动几乎不存在。各地之间缺乏交流造成人才资源的浪费,运动员的归属等问题日渐凸显。另一方面是体育人才退役后就业难现象普遍存在。尽管体育人才享受政策的优待,但由于现实的种种问题,使政策在实践中运行困难。

第四,"全运战略"与"奥运战略"之间的矛盾。全运战略本应是国家奥运战略的重要组成部分,然而,在全运会的比赛中,各地区将全运会成绩与政绩挂钩,以争夺奖牌的数量论政绩的大小,致使各地将全运战略发挥到极致,甚至不惜一切代价获取奖牌。在利益的驱动下,全运战略与奥运战略容易脱节,达不到检验人才培养质量,全面提高人才综合素质的目的。

如此,在市场经济体制改革的浪潮中,中国长期以来一直沿用的举国体制备受冲击。在经济快速发展、社会加速转型和体育事业大众化发展的环境中,体育本身所蕴含的经济功能与价值越来越被人们认同,而传统体制显然无法实现体育社会影响力的提升和社会价值的开发,中国开始有目的地寻求举国体制与体育社会化结合的改革之路。

中国体育职业化的探索与社会的变革是离不开的,有着悠久的历史渊源。1910年10月18日,全国学校区分队第一次体育同盟会成立,这是中国近代史上成立的第一个全国性体育社团组织。虽然当时是临时成立的,但是它对后来中国体育社团组织建设的影响却是巨大的。该社团是成立于1924年的中国奥委会的前身。1915年第二届远东运动会在上海举行,远东运动会,原名为"远东奥林匹克运动会",是20世纪初菲律宾、中国、日本发起和参加的一个地区性国际比赛,它代表了整个亚洲的运动水平,被看做是后来"亚运会"的前身。本届运动会因都是教会学校师生参赛,公立学校无能插足,而中国荣获总锦标,这极大地刺激了教育当局。同年,教育部指令公立学校"引导学生于体育正课之外,为种种有益之运动,体操不列正课,组织运动部开展田径、球类等竞赛性运动",初步形成竞技体育体系的低潮时期。①

在进行政治、经济、文化建设的同时,国家领导人逐渐意识到体育的重要性,并着力开展体育运动。在这样的背景下,在国内举办全运会的同时,并在1932年、1936年、1948年参加了奥运会。这些赛事为中国体育的发展积累了宝贵的经验,中国开始探索属于自身特色的社会主义体育发展道路。1952年6月10日,毛泽东为中华全国体育总会成立大会题写了"发展体育运动,增强人民体质"12个大字。这一题词,是从体育最本质特点和功能出发确立的全民体育思想,指明了体育发展的最终方向,是新中国体育思想的精髓。中国的体育事业就是沿着这个大方向发展的。1984年第23届洛杉矶奥运会,中国体育代表团获得金牌历史性的突破,斩获前所未有的佳绩,振奋了国人精神。借此机遇,国家对体育的重视程度进一步加深,积极进行体育建设,使得中国体育在短时间内迅速崛起。1986年又颁布了《关于体育体制改革的决定(草案)》,确定以竞技体育为导向,致力于实现竞技体育的快速发展。

其后,在国家政策的领导下,中国又进一步深化了竞技体育改革,将竞技体育的发展提高到重要位置,其改革措施也受到社会各界的重视。在国际上,如欧美等发达国家,已经开始走上了体育职业化的道路。中国体育事业的发展也不能闭门造车,独立于世界体育发展潮流之外,而是要与国际接轨,努力探索并试图走职业化道路,以适应国际形势的需求,促进自身水平的提高。

二、职业化形成期

随着探索的不断深入,体育向着职业化方向发展逐步达成共识。1992年3月,"足球之乡"大连市体委受深圳模式的启发,决定成立"足球特区"。5月作为足球改革的实验田开始破土动工,拉开了深化竞技体育改革的帷幕。1992年6月23日至27日,中国足协在北京西郊红山口(原八一体工大队所在地)召开工作会议,会议以改革为主题,决定把足球作为体育改革的突破口,确立了中国足球要走职业化道路的改革方向。② 这次会议提出的足协实

---

① 方新普、柏慧萍:《从我国社会三大变革与竞技体育发展历程看体育职业化》,《体育与科学》2006年第27卷第3期,第36—39页。

② 伍绍祖:《中华人民共和国体育史》,北京书籍出版社1999年版,第366页。

体化以及建立职业俱乐部和实行俱乐部赛制,不仅标志着中国足球职业化改革的开始,也历史性地拉开了中国竞技体育职业化改革的序幕。

此外,当时之所以要把足球改革作为体育改革的突破口,还出于这样几点考虑:第一,足球运动观赏性强,在中国有着广泛的群众基础,社会影响大,历来和社会联系紧密,产业开发的潜力大。第二,足球在国际上是影响最大、产业开发最早的体育项目,已经形成较为成熟的产业发展模式,我们可以吸收和利用国外的理论和经验。第三,足球多次冲击世界杯和奥运会失利,业内外人士要求足球改革的呼声较高。另外一点,是不会对中国的"奥运战略"带来较大的负面影响。中国有很多优势项目虽然具备一定的改革条件,但一旦改革失败或达不到预期的目的,势必会影响中国整体奥运战略,而抓足球改革则没有这些后顾之忧。①

同年 11 月中旬,原国家体委在广东中山召开座谈会,研讨体育体制改革问题,史称"中山会议"。在这次会议上,通过对体育改革必要性及改革内容、方向等问题的激烈讨论,确定了根本性改革方针。这是中国体育事业第一次尝试突破体制框架。1993 年 10 月 14 日在大连召开"棒槌岛会议",会议讨论和修改了中国足球十年发展规划,在会议上决定了中国男足要在 1998 年打进世界杯,2002 年韩日世界杯进入 16 强,把 1994 年甲 A 作为联赛的改革试点,正式决定在 1994 年推出职业联赛,并与国际惯例接轨——允许引进外援和外教,比赛实行主客场赛制。

1993 年,原国家体委颁布了《关于深化体育改革的意见》,确认了政府在体育工作中的角色,为体育职业化的开展提供了重要的指导作用。同年,国务院办公厅在关于印发《国家体育运动委员会职能配置、内设机构和人员编制方案的通知》中明确指出:"要把体育研究的重点放在制定体育经济和经营活动的政策法规和有效管理体育市场上。"同年,通过的《关于建立社会主义市场经济体制若干问题的决定》指出:十四大明确提出的建立社会主义市场经济体制,是建设有中国特色社会主义理论的重要组成部分,对于中国现代化建设事业具有重大而深远的意义。在 20 世纪末初步建立起新的经济体制,是全党

---

① 曹守和:《中国体育通史》(第七卷),人民体育出版社 2008 年版,第 65 页。

和全国各族人民在新时期的伟大历史任务,该决定勾画了"社会主义市场经济"体制的基本框架。在国家的鼓励、政府的支持下,体育职业化理念迅速成熟。

1994 年 4 月 17 日,中国足球职业联赛走上了历史舞台,中国首届职业化赛事"万宝路全国足球甲级联赛"开赛,揭开了中国竞技体育职业化的序幕,采取主客场双循环赛制,6 个赛区 12 支球队之间的比赛同时打响,当天六个城市一共吸引了 15 万人到现场观看比赛。中国足球甲级 A 组联赛,这个极具时代性和影响力的词汇,伴随了中国足球整整 10 年。此后,中国足球职业联赛开始快速发展壮大起来,足球比赛开始走上了职业化发展道路。

三、职业化发展期

1995 年党的十四届五中全会通过了《中共中央关于制定国民经济和社会发展"九五"计划和 2010 年远景目标的建议》,提出实现奋斗目标的关键之一是经济体制从传统的计划经济体制向社会主义市场经济体制转变。自此,"计划经济体制"开始逐渐淡出历史舞台,"社会主义市场经济体制"逐渐深入人心。为了满足中国经济体制的转型以及体育发展的需求,适应社会的发展,各项目都逐步走上职业化的道路。同年,《中华人民共和国体育法》在第八届全国人大常委会第十五次全体会议上获得全票通过。体育法的颁布,不仅填补了国家立法的一项空白,而且标志着中国体育工作开始进入依法行政、以法治体的新阶段,为日后体育事业与产业的发展提供了最直接的法律依据,是新中国体育事业发展的一座里程碑。

(一)篮球职业化

足球职业化的发展,为其他项目职业化的展开提供了现实经验。为追随足球职业化改革发展进程,1994 年中国篮协与国际管理集团协商,准备组织一个由中国篮球协会所主办的跨年度主客场制篮球联赛,即中国男子篮球职业联赛(即 CBA,英文全称 China Basketball Association),简称"中国篮球协会",它是中国最高等级的篮球联赛,随后国际管理集团(IMG)买断了 CBA 篮球联赛的经营权,并进行全面市场运作。IMG 公司是 20 世纪 60 年代初由 Mark H.Mc Cormack 先生在美国俄亥俄州克里夫兰创立,是全世界最大、业务范围最广和真正一心一意为体育和娱乐事业工作的营销和管理公司。

中国男子篮球职业联赛首个赛季于 1995 年 12 月 10 日至 1996 年 4 月 7 日进行,这个赛季的 CBA 联赛共有 12 支球队参赛,分别是八一队(上海市)、辽宁队(鞍山市)、前卫队(天津市)、北京队(北京市)、济南军区队(青岛市)、南京军区队(合肥市)、山东队(济南市)、沈阳军区队(铁岭市)、江苏队(南京市)、浙江队(杭州市)、广东宏远队(东莞市)、空军队(武汉市)。整个赛季共进行了 26 轮联赛 154 场比赛。此次 CBA 联赛第一次进行商业冠名,联赛的官方文件名为"555 中国男子篮球甲级联赛"。也是中国篮协和国际管理集团第一次推出七支参赛队队标,八一"火箭"、前卫"猎豹"、北京"鸭"、南京军区"麒麟"、济南军区"天马"、浙江中欣"松鼠"、广东宏远"华南虎"。在国际管理集团的先进运作方式的运作下,中国篮球职业联赛从一开始就充满了商业气息。

为了保证联赛的顺利进行,中国篮协在 1995 年 10 月 10—11 日于北京举行的全国篮球联赛竞赛训练工作会议上,正式推出了《CBA 篮球联赛技术手册》《1995—1996 年赛季全国男篮甲级联赛竞赛规程》,出台了《运动员转队转会暂行条例(讨论稿)》和《俱乐部篮球队暂行管理条例(讨论稿)》。这一系列规章制度明确了主办单位、承办单位、参赛运动队和临场裁判员等各方面的职责,并对运动员转会费数额、待遇、双方权利和义务等作出明细规定,还规定了俱乐部的性质、组建形式、权利和义务等。

1998—1999 年赛季 CBA 采用了美国 NBA 的四节制,受到了观众的欢迎,球市开发效果明显。1999 年 5 月,第 4 次全国篮球工作会议在上海召开,这次会议推出了《中国篮球事业 2010 年发展规划(讨论稿)》《中国篮球协会章程(讨论稿)》《全国篮球竞赛违纪违规处罚决定》《中国篮球协会男子篮球俱乐部运动员收入的管理办法(讨论稿)》等多项规章制度。1999 年 8 月中国篮球管理中心成立了联赛管理委员会,由篮管中心 5 人、俱乐部 4 人、国际管理集团 1 人、地方赛区 1 人、裁判 1 人、体育文化公司 1 人共 13 人组成。之后,篮管中心为加强法规建设,于 1999 年 9 月发布了《全国篮球竞赛管理办法》等一系列法规性文件。

(二) 排球职业化

在职业化趋势的推动下,继中国足球、篮球职业联赛推出后,作为三大球之一的排球也开始走上了职业化的道路。1996 年 4 月底,在天津召开的全国排球竞赛工作会议上,中国排球的改革方案正式出台,会议确定了以实行主客场制为突破口的联赛改革方案。"天津会议"后来被排球界内部称作是排球的"红山口会议"。1996 年 12 月 21 日至 1997 年 3 月 29 日,中国排球协会首次组织了跨年度比赛的主客场联赛,男女各 8 支甲级队参赛,比赛采用主客场双循环的办法决出所有名次。男子队伍包括:北京、辽宁、江苏、浙江、湖北、四川、八一、成都部队;女子队伍包括:河北、辽宁、上海、江苏、浙江、福建、八一、南京部队。虽然首届中国排球联赛名称没有冠以"职业"二字,但是这一年被公认为是中国排球改革的元年,也是中国排球联赛的元年。

至 1999 年,中国排球职业联赛已有了较大进展,1999—2000 年赛季,全国排球联赛由上赛季的男女各 8 支队伍扩大到各 12 支队伍。

(三) 乒乓球职业化

从 1994 年全国体育改革起,为了顺应中国竞技体育管理体制改革,国家体委成立了乒乓球运动项目管理中心,开始成立乒乓球俱乐部,中国乒乓球协会提出"双轨制"乒乓球俱乐部制度,即俱乐部与省市队并存,运动员实行双重身份,他们既隶属于各省、区、市体委,代表省、区、市参加全运会和每年的全国锦标赛,又代表俱乐部参加俱乐部比赛和其他商业性比赛。于 1995 年 12 月在广东开始了首届中国乒乓球俱乐部比赛,名称为"全国乒乓球俱乐部赛",该赛事以赛会制形式在广东省顺德市容奇镇连续举办了三届。

1996 年,中国乒乓球协会颁布了《中国乒乓球协会俱乐部章程(试行)》,为乒乓球开展职业化提供了规章制度的保证。在此期间,辽宁、上海、陕西等地相继建立了 12 家乒乓球俱乐部。1998 年,原赛会制的"全国乒乓球俱乐部赛"被"主客场制中国乒乓球俱乐部甲级联赛"取代。首届名称为"红双喜中国乒乓球俱乐部甲级联赛",比赛共有男女各 8 家俱乐部参加。这一赛制改革标志着中国乒乓球运动向职业化方向发展迈出了重要一步。

1999 年 10 月,中国乒乓球羽毛球运动管理中心下发了《中国乒乓球俱乐部运动员转会细则(修订稿)》和《中国乒乓球协会比赛积分排名方法》等有关文件,进一步推进乒乓球运动的改革。在安徽省合肥市举行了全国乒乓球教练员工作会议,会上中国乒协提出了调整 2000 年乒乓球国内竞赛体制,将甲级联赛升格为超级联赛,首届超级联赛名称为"阿尔卡特中国乒乓球超级联赛",参赛俱乐部都是上年度中国乒乓球甲级联赛的男女前 8 名,这是中国乒乓球超级联赛的开端。2000 年,全国已形成"乒超联赛"和甲 A、甲 B 俱乐部联赛。该年"乒超联赛"扩军,由原来男女各 8 支队伍增加到各 12 支。可见,乒超联赛经历了从无到有、到逐步发展壮大的历程,其无论从水平还是发展规模来说都称得上是世界最高水平的乒乓球超级联赛。

1999 年 10 月,国家乒乓球、羽毛球管理中心召开会议,提出了一系列约束规定。该会议上决定从 2000 年开始,全力推出超级、甲 A、甲 B 俱乐部联赛。超级联赛扩军由原男女各 8 支队伍增加到各 12 支,俱乐部成绩与第 9 届全运会挂钩,凡参加九运会的单位和个人必须参加 2000 年国内举行的任何一个级别的俱乐部联赛等,这些政策的出台极大地推动了乒乓球职业化的发展。

（四）其他项目职业化

在职业化的大背景下,中国其他一些具有市场潜力的项目(如围棋、羽毛球等)也纷纷走上了探索职业化的道路。以羽毛球为例,早期羽毛球俱乐部联赛创始于 1999 年,由中国羽协与中央电视台联合主办,最初只有三支球队:青岛双星、广东三星、福建凯胜。2000 年增至 11 支球队,2001 年为 15 支,2002 年已有 23 支。但由于多种原因,2002 年联赛夭折。尽管羽毛球职业化失败,但是它为后续职业化的恢复与再发展提供了难得的经验。

这个时期,足球作为最先实现职业化的项目,进一步深化体制改革,力求职业化水平的进一步提高。在 1999 年,中国足协与国际管理集团签订了第二个五年计划,比赛冠名"百事可乐"联赛。比起 1994 年联赛启动时,中国足球的市场价值增长了 8.5 倍。到 2003 年,近 10 年的足球职业联赛,职业化体制在不断完善,中国足球的整体实力有了显著的提高。

四、职业化推进期

2004 年,中国竞技体育职业化改革的两个最具影响力的项目——足球、篮球都进行了大刀阔斧的改革,不论这些改革成功与否,都将对其他项目的职业化探索产生一定影响,也必将对中国的竞技体育职业化进程产生重要影响。

（一）足球职业化的推进

从 2004 年开始,中国足协推出了中国足球超级联赛取代了甲 A 联赛,成为中国足球职业化改革中具有重大历史意义的举措,标志着中国体育职业化进入又一个全新的发展阶段。2004 年赛季中国足球超级联赛参赛的 12 支球队为:深圳健力宝、山东鲁能、上海国际、辽宁中誉、大连实德、天津康师傅、北京现代、沈阳金德、四川冠城、上海申花、青岛贝莱特、重庆力帆。2005 年赛季参赛球队为 14 支,2006—2007 年赛季为 15 支,2008 年赛季至今为 16 支。

2006 年 4 月,为进一步推动中国足球产业的市场化进程,中国足球协会与所有中超联赛参赛俱乐部共同出资成立了中超联赛有限责任公司,中超公司是具体支撑中超比赛顺利进行的公司。中国足协是中超公司的大股东,中超公司章程草案当中写明,中超公司成立的资本总额为 200 万元人民币。中国足协出资 72 万元占 36% 的股份,包括山东鲁能和北京国安在内的 16 家中超俱乐部分别出资 8 万元占 4% 的股份。在职业化的进程中,中超公司特别重视商业化的开发,从中超冠名商来看,冠名商在不断调整,先后经历了西门子（2004 年）、爱福克斯（2006 年）、金威啤酒（2007—2008 年）、倍耐力（2009—2010 年）、万达广场（2011—2013 年）、中国平安（2014—2017 年）。整体上来说,冠名给中超公司带来的收入逐年增加,由原来的每赛季 5000 万元左右,逐步增至当前的平均每赛季超过 1 亿元。

（二）篮球职业化的推进

在职业化的推进阶段,中国足球的职业化与商业化水平均得到了快速的提升,职业化的影响力也得到了进一步加深。与此同时,中国篮协也对 CBA 联赛进行了大刀阔斧的改革。自 2004 年起,甲 A 取消升降级制,在 2005 年转而采取准入制,并正式更名为中国男子篮球职业联赛（CBA）。CBA 走过了 9 个赛季后,中国篮协在新赛季进行了一系列的改革,多项改革在 CBA 历史上均属第一次:CBA 联赛第一次取消升降级制度;在全国各类联赛中第一次提出"过渡赛季"概念,即从传统的 CBA 向"真正的职业联赛"的过渡赛季;第一次改革商务模式,将一个冠名赞助商升级为 3 个战略合作伙伴;第一次聘请专业体育咨询公司为联赛设计未来发展规划;第一次自己出资聘请专业公关和执行公司为联赛服务。

2005 年 1 月 5 日,由中国篮协主办的首次"CBA 职业篮球俱乐部高层峰会"在北京小汤山举行。此次峰会以"确立投资目标、明确发展战略、探索经营模式"三大理念为议题,并编制了职业联赛"准入制"草案。小汤山峰会为CBA 职业篮球的深化改革提出了更加明确的方向。

自 2005 年开始推行 2004 年制定的"北极星计划"。其目标为:用 10 年左右的时间使 CBA 成为亚洲最好的联赛,并向世界级的职业篮球联赛迈进。任务是:培育和发展强有力的 CBA 品牌;使联赛成为培养高水平篮球运动员的摇篮;打造亚洲最好的职业体育联赛;赢得更多的国际赛事奖牌;将 CBA 打造成为盈利的、可持续发展的精品赛事。该计划共分为三个发展阶段:第一阶段(2005—2008 年)能力建设阶段;第二阶段(2009—2011 年)股份制运作阶段;第三阶段(2012—2015 年)巩固提高阶段。

（三）其他项目职业化的推进

2008 年北京奥运会给中国竞技体育的发展带来了新的机遇,中国在本届奥运会上取得的成绩极大地激励了竞技体育的纵深发展。各个项目都在探寻适合自身特色的发展之路,职业化发展理念进一步深入人心,走职业化道路成为了各项目的追求目标。

2008 年年底,中国女子网球打破了传统的管理模式,开始了职业化改革的探索。从运动员的角度出发,网球管理中心推出一种以人为本的新管理模式:彻底职业化选手+国家队集训——"双轨制"。即有能力的球员可以彻底职业化,进行"单飞",其他球员则可以继续走国家队、省队集训的专业体制道路。所谓"单飞",即有能力的球员走职业化道路,享受教练自主、奖金自主、参赛自主的充分自由,只需缴纳收入的 8%—12%并无条件参加国家队赛事。①

网球职业化的改革助力了中国女子网球的发展,其在国际级赛事中取得的成绩就是最好的证明。在中国女子网球发展体现实力的同时,也向世人展示职业化给中国竞技体育带来的腾飞。因此,在竞技体育职业化、市场化和商

---

① 姜雨:《我国竞技体育职业化、市场化发展的理性思考》,《沈阳体育学院学报》2011 年第30 卷第 2 期,第 22 页。

业化的发展趋势中,改革中国现行的竞技体育体制势在必行。

2010 年中国羽毛球俱乐部超级联赛为第一届中国羽毛球俱乐部超级联赛,是中国国内最高级别的羽毛球俱乐部比赛。第一届赛事于 2010 年 5 月 22 日—8 月 9 日举行。最终,青岛啤酒羽毛球俱乐部在决赛连胜湖南队两场,成为首支获得中国羽毛球超级联赛的冠军。其后,联赛体制不断完善,职业化程度逐步加深。

总的来说,职业化几乎就是"高水平"的代名词,在世界体育职业化潮流的召唤和影响下,中国体育职业化迅速发展。并且走上职业化的道路已有近 20 年的时间,然而职业化水平还处于发展的初级阶段,深化职业化发展也成为当下我们面临的挑战。对中国而言,体育事业的发展关键也在于人才,包括运动员、教练员和裁判员等,因此,致力于提高人才素质、加大人才储备是促使中国竞技体育持续发展的有效措施和根本保障。

第三节　体育职业化发展制约因素

现在,中国的体育改革事业已经进入到了非常关键的阶段,面临着一系列的瓶颈问题,这些问题有的是体制机制上的遗留问题,有的则是由于受到了利益格局的限制和思想观念的障碍而在改革和发展中出现的新问题。这些发展中遇到的问题,需要以改革的方式全面解决。我们应该像"钉钉子"一样,首先要精准的定位,抓到影响整体、动一处而牵动全身的关键环节和重点领域,科学掌握革新的战略要点,要顺序优先,主攻方位优先,在此基础上集中精力、一丝不苟、坚持不懈、持之以恒,最终使改革得以顺利进行。中国体育职业化走到现在已取得了可喜的成绩,但是同时也存在着各种类型的问题,我们需要正确面对问题与矛盾,通过分析这些问题和困境,研究影响中国篮球的各种因素,分清主次,有的放矢地采取相应的措施和对策来解决问题,才能促进中国体育职业化的全面发展。影响中国体育职业发展的因素包括:竞技水平、体制因素、经济环境、政策法规、观念意识、传媒因素、俱乐部自身建设等多方面,以下将对最主要的三个影响因素进行阐述。

一、体制对体育职业化发展的制约

"体育体制和一定发展阶段的经济制度、政治制度都有直接联系,它的形成、不断发展、趋于成熟、衰落、灭亡,都是由体育发展的内部以及外部环境动态性影响而导致的,不能够有悖于客观规律去发展,也当然不会因人的主观意念而发生改变和转移。"①体育制度对中国体育职业化的影响主要从以下几个方面进行分析。

(一) 管理体系的制约

体育制度指的是权限的划分标准、制度的运行保障、机构的构建方式,它能够保障目标的实现并决定着中国体育职业化的制度管理和体系建设。职业化走向中的中国体育体制,普遍存在管理职能重叠的现象。以篮球管理体系为例,中国篮球是由篮球协会和篮球管理中心两个部门进行管理和监控的,同时这两个部门还兼管着篮球市场开发以及篮球联赛的组织工作,这导致了管理体系的职能重叠和管理机构的混乱,造成了政企不分、管办不分的现象。从管理结构上来看,中国篮管中心由:办公室(主要负责党委、宣传、人事、外事、后勤等方面的工作)、运动队管理部(负责俱乐部各项工作、国际性比赛以及国家队的集训等)、竞赛部(计划、组织实施和检查篮管中心举办的比赛等)还有经营开发部和青少年发展部(中国篮球的青少年后备力量的培养工作)等五个中层机构和国家队组成。竞赛队、运动队管理部和经营开发部都可以实际参与到职业篮球联赛的管理和篮球市场的经营开发中。篮管中心对职业篮球联赛的管理以及开发市场方面容易将职业篮球俱乐部当做盈利资本,极具针对性地进行市场开发。但是,职业篮球俱乐部一般来讲都是属于某一个大企业的分支,或者是由企业买断,所以其和中国篮球管理中心之前不仅没有产权关系,而且也没有隶属关系,而篮管中心是在中国长期的计划经济制度下构建和沿袭下来的,主要凭借其在领域内的权威来管理俱乐部,这样的隶属关系实际上是一种没有约束能力的隶属关系,也不具有相应的法律效力,并且其管理也无法和市场经济的发展情况接轨。如此一来,在市场经济的环境影响下,

---

① 鲍明晓:《关于建立和完善新型举国体制的理论思考》,《天津体育学院学报》2001年第16卷第4期,第48—51页。

各个职业化的系统在运行的过程中均出现问题,发展及后续衔接并不协调,这样的上下级关系很容易导致管理体系出现问题。

有的学者认为项目管理中心既是赛事的举办者,也是赛事的管理者,还是赛事的仲裁者,这种现象会导致严重的不公平竞争现象的出现。在这里需要解释的是:在中国篮球职业化发展的初期阶段,相关政策的提出并不完善,加上政府对市场运营以及俱乐部运作的直接干预,造成了产权关系不明晰和产权混乱的现象,虽然一定程度上对于体制的转轨产生了一些推动的作用,但同时也使得俱乐部的决策和执行力相对减弱。并未出资的中国篮管中心可以对赛事具有决策、管理、经营的权利,而真正出资出力的俱乐部却不具有所有权,容易造成篮管中心在行政和经济职能上的混乱,这种经济所有权上的模糊不可避免地使俱乐部成为篮管中心的附属物,而不是真正意义上的自主经营、自负盈亏的经营者。在 2005 年,中国成立了中国男子篮球职业联赛委员会,它主要由行业内的专家、俱乐部的代表、篮协的领导以及媒体一起构成,其主要目的也就是想要将联赛的商业性凸显出来,将企业运作从篮管中心分离出来,实行联赛委员会集体讨论决定的制度,将管理部门和办事部门分开,可以使得权力行使更为简单,可是尽管这样,篮管中心还是具有否决的权利,这就表现出中国传统的体育事业制度产生的惯性行政管理特征。体育体制的约束管理、竞赛、训练三方面的要素都会影响到中国篮球职业化的决策、竞赛、训练。管理体制的结构直接决定了我国职业篮球的发展方向,决定职能部门针对篮球职业化发展过程的掌控;竞赛体制的结构决定了中国竞技篮球职业化所面对的市场情况以及对市场优劣发展状况的取舍;训练制度的结构可以反映出篮球运动的发展情况,也能够体现出篮球科学训练的整体发展情况。

（二）管理办法的制约

体育体制的管理办法对中国体育职业化进程有着约束和保障的双重作用,行政、法律、经济、思想教育是中国体育管理的一般方法。在实践运用中,由于职业篮球有着市场化、产业化、法制化等的性质,因此体育管理办法一般都是在运用法律方法、经济方法,除此之外,行政方法可作为其补充。其中,由于中国体育职业化发展初期对于发展速度高度关注,而观念制度的相对滞后也进一步导致了相关的法律管理方法难免粗陋,甚至存在疏漏,造成了对体育职业化的法制建设不够完善、制度建设不够健全,缺少一个科学、完善的管理体系、规章制度来管理和保障体育职业化的发展。在体育职业化的发展进程中,法律方法的作用体现得不够完善和健全,一些涉及法律制度规范的问题有时都需要以行政命令的表现形式来具体落实。所以,在实际工作中,主要还是靠行政发展和批评教育的方法来解决问题。但是,依赖行政方法来进行管理和疏导并不能作为长远之计,就中国体育职业化的长远发展来看,对行政方法的过度依赖弊大于利。所以,在目前阶段,中国必须构建与国家情况匹配的职业篮球制度,完善相关法律法规,再配合能够贯彻落实的严格制度,使得中国竞技体育职业化体制建设能够有全方位的保障。

二、制度对体育职业化发展的制约

任何事物的发展都需要一定的制度、法规进行规范和保障,中国体育职业化的有序运行发展同样需要相关政府机关部门和管理组织制定一些与其相应的法律、法规作为其根本保障和行为指南,构建与中国国情相符合的篮球职业化发展系统。并且,体育职业化是市场经济下的产物,其运作必须要服从市场经济的发展规律。但市场不是万能的,其存在一定的弱点和消极面,因而要保证体育职业化顺畅地发展,不但要依靠体育市场这支"看不见的手"对其经济行为进行调节,也需要体育行政部门这支"看得见的手"对其进行宏观调控。1997 年国家体委发布的《关于加强体育法制建设的决定》中非常清楚地指出:"想要改革体育管理制度、发展体育事业,就必须按照经济市场的社会主义需要,让体育更加社会化和产业化,从而达到体育管理制度的经济和管理方法的转变——即适应计划经济转变为适应市场经济、以依赖行政手段为主变为依靠法律手段。"这样可以看出体育法制将成为现代体育管理的基本手段和形式,也就是说这支"看得见的手"就是法律。只有职业体育法规为职业体育保驾护航,遏制不正当的竞争手段,规范经济行为,职业体育才能得到有效运转。

体育职业化在一定程度上来说是一种经济活动,人们在经济活动中,以追逐利益为主要目的,在提升利益的过程中,所涉及的所有利益者都希望自己得到的利益最大化,而当任何一方或双方都不择手段去追逐利益的时候,那时经济活动就会遭到非常严重的破坏。因此,国家与国家之间进行的贸易,公司与公司之间进行的合作,以及人与人之间进行的交往,都有一定的行为规范所遵循。一般而言,规范行为可通过两种方式来呈现:一种是软性约束,例如道德、惯例约束;另一种则是刚性约束,如法律。前者完全取决于人的自我觉醒,而后者则依赖于行为代价的惩罚威慑。在以肯定人性本善为前提的同时,行为规范的取得也完全依赖于法律法规所呈现出的威严和震慑。因此,有人说市场经济是一种非常典型的法治经济。职业体育产生于发展,都依赖于社会制度的大环境,但是中国目前篮球职业化发展是在市场不完善的前提下展开的。正是因为这样,致使法制滞后的情况非常显著:首先,中国整体法制建设的速度要比职业体育发展的速度慢。其次,中国职业体育的参与者是多样化的,所以在不同的投资者中没有完善的、统一的制约制度,使得联赛得不到有效地监督。最后,俱乐部内部管理制度不健全。

(一) 宏观法规不完善容易使体育市场运作无法可依

制度建设是中国体育职业化科学发展的根本保障。深化管理制度的全面改革,不断完善相关的法律法规,促进体育职业俱乐部的建设,拓展俱乐部的自我管理、静养权利,使得体育市场的开发可以更为专业化,逐渐形成产业。进一步完善运动员转会、注册管理办法、俱乐部管理规定、教练员管理规定、国家队管理规定、外籍运动员、教练员管理规定、经纪人管理规定等具体的文件,使得政府能够依法管理俱乐部,按照规章处理各项事务,形成制度化的管理以及约束方式,促进竞赛的健康、稳定发展,从而提升中国竞技体育的整体经济水平。构建统一、协调的体育法规,完善法律系统,这是体育法制构建与完善的基本要求。职业篮球立法要求在职业体育市场运作中充分发挥其控制、调整、规范、指导的作用,力争做到以下两个方面:一是要完善职业体育立法;二是要严格执行职业体育法规。

现阶段与体育职业化初始阶段相比,制度建设方面取得了一定的成绩。在国家、体育行业和体育项目管理不同层面上制定了许多政策法规,但政策法规的层次衔接仍然是中国体育职业化制度约束中的一个突出问题。中国体育职业化目前规章制度不够完善,针对在职业化过程中出现的一些行为,无法进行切实有效的管理,难以促进体育职业化的发展。总体来看,尽管目前各体育协会作为主体的管理组织制定了各方面的管理规范,在一定程度上促进了中国体育职业化进程的健康发展,但是还没有构成完整的体系,其权威性、科学性、系统性、前瞻性等都需要进一步完善。而且,建立系统完整的职业化内部处理机制,加强司法介入对职业化行为的法律约束、设立专门的政策法规执行机构等是中国体育职业化发展战略的重要影响因素。因而,只有在国家法律法规、体育行业法规、项目管理法规的综合运用下,才能使中国体育职业化发展具有各方面的功能与政策的保障和引导作用,才可以指引中国体育职业化健康发展。

（二）联赛制度的不完善容易导致赛事管理不规范

较国外职业化程度较高的联赛而言,中国体育职业联赛制度上还存在诸多方面的短板,这些短板直接导致了赛事管理的不规范,赛事运作的不顺畅。中国体育职业联赛中存在多种所有制形式、多种投资主体以及多元化的利益追求。各项目协会追求竞技成绩提升、掌控管理权,俱乐部希望有更多的市场回报,而教练员和运动员则希望经济收入能够提升。可见,不同的投资动机以及涉及的利益纷争使得联赛进行的过程中有很多不能够预知的要素。而要确保各项经济活动能够顺利进行,必须完善相关的法律制度。但是在现阶段内联赛的情况是,俱乐部和企业、政府、联赛之间,教练和俱乐部之间,俱乐部和俱乐部之间,运动员和运动员之间的关系并不是非常规范化的,没有相关的法律保障。一旦各个利益主体之间产生矛盾,因为没有法律保障,所以协会代替行使裁决权,那么行政手段代替法律手段也就成为中国职业体育市场的惯例。协会作为竞技体育职业化的规划者、促进者以及管理者,仅仅关注的是经济成绩和对管理者政绩的考核,并且比较谨慎与保守,所以体育职业化仅仅是发展竞技体育的一种方式,最终目的是提升成绩、培养人才。因此,基于多种因素的制约,尽管各项目都在大力倡导职业化的发展方向,但因联赛制度的构建一直都停留在表层,所以最终无法达到职业化的实质目的。

（三）管理制度不健全容易使俱乐部内部无法有效管理

成千上万个职业体育俱乐部组成了职业体育市场,它的发展促成了联赛的发展,它的水准高低决定了联赛水平的高低。欧洲职业足球俱乐部的成功虽然取决于方方面面的因素,但最为重要的是俱乐部内部实行切实可行的有效管理。有效管理落实的基础取决于完善的规章制度。反观目前中国 CBA

联赛俱乐部的发展情况,虽然有广东宏远这样的制度化、产业化俱乐部,但是大部分俱乐部的管理方式还是不尽完善。特别是体育局和企业一起办的俱乐部,因为产权分配问题而导致各种问题的出现,再加上话语权与发展目标的地位不一致,所以使得俱乐部的发展举步维艰。很多俱乐部没有更新制度库,依然继承以往专业队在人事、财务、经营、管理等方面的制度,并没有响应职业体育市场的发展号召而有根本性的变化。比如说俱乐部主教练的任命罢免权问题,体育局对此作出安排,而俱乐部只能服从。

邓小平同志曾经说过:好的制度可以制约坏人的任意妄为,坏的制度可以制约好人的善人善事,过甚者可能会踏入阴面。社会的正常健康运行依赖于国家的法律制度。同理可知,中国竞技体育职业化是否能够顺利发展和推进依赖于相关制度的配套和完善。当下中国竞技体育职业化发展的瓶颈与制度建设的滞后不无关系。要想改善以上这些法制缺失现状,就必须完善相关法律法规及制度,并力行监督职权,以确保各项制度的贯彻与落实,最终实现法律制度对体育职业化的促进作用。

三、竞赛水平对体育职业化发展的制约

体育职业化是体育运动和市场经济相结合的产物,因此,一定程度上,竞赛水平就相当于经济活动中的商品一样存在着,在一个经济活动中,消费者追求的除了适当的价格以外,商品的质量更是消费者所重点关心的。因此,商品质量的好坏是商品是否受到广大消费者喜欢追捧的重要原因。提高商品的质量是在竞争激烈的市场经济社会中立于不败之地,得到永续发展的重要关键点。对于国外成熟的职业体育市场来讲,追求商业利润是他们最直接而且是唯一的价值目标。因为职业体育本来就是市场经济体制下的一个产物,它具有竞技体育与商业元素相结合的特征。以 NBA 为例,它的一切充斥着商业气息,即便是名声在外的超级明星,也不免成为俱乐部老板进行市场运作的一个商业筹码。而这些特殊商品的交易促进了 NBA 的发展,高水平的运动人才为NBA 的发展奠定了坚实的基础。

(一)竞技成绩没有突破

体育职业化是一种特别的商品,只有提升了竞技水准,才能最大限度地满

足消费者的要求。因为只有运动水准提升了,比赛才能更加精彩,才能吸引更多的观众来观看,从而促进中国体育职业化的成长。风靡全球的 NBA 之所以受到人们的热爱和追捧,正是因为其技艺高超和专业的商业操作。

近几年来,外援的加入使得各项目联赛受到了球迷们的热情关注,如2011—2012 年赛季马布里带领北京队获得 CBA 总冠军,2012—2013 年赛季麦可格雷迪加盟 CBA,使得 CBA 赛场的情绪被点燃,观众开始提升对联赛的关注,并且很多有实力的企业也都加入到 CBA 联赛中。但是想要确保问题得以顺利解决,通过外援的帮助来实现体育职业化并非长远的计划,最关键的还是要提升中国本土运动员的水平。现阶段内,在管理层中针对外援的情况有不同的意见,一些领导认为外援可以促进中国体育职业化发展,但是也有一些领导认为,外援的引入使得国内的运动员在赛场上没有锻炼的机会,而到关键性比赛时,往往无法发挥出实力。也有人认为高水平外援可以给国内运动员树立榜样,并且在和他们竞技的过程中,国内运动员可以有更广的锻炼空间,有利于提升中国运动员的整体水平。不可否认的是,现阶段联赛的影响越来越大与高水准外援的参与不无关系,也给职业化比赛披上了欣欣向荣的表皮,但从实质来讲,这是否是中国体育职业化持续祥和繁荣的根本方法并无从可知。中国体育职业化可持续发展的根基在于国内球员在赛场上所能发挥的真实水平,如何提高国内运动员职业化水平,成为研究者们一直关注但依旧没达成一致的首要问题。

(二) 整体实力有待提高

要想进一步促进中国体育职业化的发展,就要致力于提升运动员的整体实力,而整体实力的提升与训练水平的提升有直接关系。以 CBA 联赛为例,一方面,CBA 球队训练的综合化程度相对国外来说比较低,并且训练的手段及内容都相对简单,和现代篮球运动发展趋势不能够有效契合。训练中运动员主要关注的是战术方面的训练,使得心理意识和体能各方面都无法提升。另一方面,中国篮球运动员身体综合素质也比较差,而现代篮球的对抗非常激烈且强度较大,比赛的场次也比较多,主客场赛季制竞赛期所持续的时间非常长,因此,队员的技能在竞技过程中显得尤为重要。在体能训练中,主要关注的是耐力与力量的训练,重点提升速度与力量。力量训练不仅能够提升运动员的对抗力，而且还能够避免损伤的发生。所以，中国的篮球运动员必须要将训练放在最主要的位置。除此之外，实行主客场赛季制，赛季期间运动员心理状态并不是非常稳定，尤其是在客场作战的过程中，心理状态起伏影响竞技状态的发挥，所以心理训练也是非常关键的一环。

对中国体育职业化来说，整体实力较弱这一制约项是不容忽视的，尤其是在团队竞技项目中，与职业化程度较高的队伍相比，差距依旧十分明显。想要提高整体实力，就必须首先提高运动员个人竞技能力，在此基础上要深化队伍的职业化水平。同时，在未来的发展中，必须强化整体意识，树立团队观念，着力提升队伍整体实力。

（三）忽视培养后备力量

中国竞技体育后备人才培养体系模式在实施了职业化改革探索之后就发生了比较大规模的调整和变化。这样俱乐部在后备人才培养过程中就占到了主要地位，因而中国竞技体育后备人才的数量以及质量直接受到了俱乐部人才培养的理念、经验和投入的影响。以民营俱乐部为代表的大多数俱乐部都缺乏以人为本的经营理念，短视行为和快速追求市场效益与以人为本相违背，在这样的现实驱使之下后备人才培养陷入了困境。更有一些经营性俱乐部人为地进行人才培养，这种行为本来就是国家和政府所属，俱乐部自身是没有义务以及能力对后备人才进行培养的。在项目协会方面，全面的职业化发展改革实施之后，运动员不归国家所有和管理，在过去，即便是优秀后备人才也只能走体工队道路，但是目前，体育人才更希望加入俱乐部，所以俱乐部成为培养人才的关键性地方。虽然各协会慢慢意识到后备人才是联赛发展的基础，也在俱乐部相关条例中写明了有关培养人才的硬性条例，但是人才的培养并不是一件简单的事情，是时间和金钱积累的过程，由于经验、资金、理念和成绩压力的不同，人才培养也随之表现出了较大的任意性和差异性。

相对国外某些国家而言中国的现代化起步较晚，这个大背景对中国各个方面的成长都有影响，中国体育的职业化发展之路当然也无法避免，但是西方高度体育职业化的影响对中国体育职业化的发展来说是一把双刃剑：好的一方面在于，可以借鉴发展较早的国家的经验，中国虽然起步比较晚，可是恰恰是这一点给予了中国可以依据国情和现状有方向地汲取国外成功的经验，少走弯路和错路,使得中国体育职业化发展更加顺畅,促进了中国体育职业化发展进程。消极的一方面就是中国体育发展滞后,为了能够缩短与先行者的差距,就必须加快发展步伐,走赶超型的发展模式,那么不良的后果肯定会随之产生,如在发展过程中就会只重视其发展规模和数量,而忽视了质量和技术水平,忽视在发展中表现出来的问题,也就是所谓的冒进。面对中国的体育职业化水平与先行国家的差距,应该立足本国国情,积极借鉴国外的先进发展经验,制定和实施针对中国体育职业化发展的具体策略,确保体育职业化有序开展。

第二章 体育道德建设的内涵、外延及其机制

　　体育道德建设是一项系统庞大、艰巨复杂的工程,而搞清楚体育道德的相关理论问题则是完成这一工程的起点和必备前提。可以说,理论建设是道德进步的先导因素,是道德建设的前提条件。本章将试图从这一角度出发,阐明体育道德的内涵、外延及其机制这些理论问题,从而为加强中国新时期社会主义体育道德建设奠定必要的理论基础。

第一节 体育道德的产生与发展

　　体育是社会文化的一部分,无论作为一种教育活动还是强身锻炼的活动,抑或作为闲暇时的娱乐活动、竞技比赛活动或风俗节令活动,它都是一种集体的社会行为。在活动过程中,人与人之间必然会产生多种复杂的联系。为了实现体育这一特殊的文化目的,保证体育活动的顺利进行,就要对这些联系进行调节,即对人们在体育过程中的行为和思想作出适当的评价和调整,这是推进社会文化建设和实现体育可持续发展的需要。体育道德就是为适应这种需要而作出的社会努力及其在意识形态上的反映,即在一定经济、文化基础上产生的作用于人们体育行为的社会舆论、传统习惯、思想信念以及据此而进行的旨在调节体育行为的全部活动(包括道德实践和道德教育活动)的总和。① 和一般道德一样,体育道德也具有社会历史性,随着社会时代的变迁,其内容和

_____

　　① 谭华:《论体育道德》,《体育科学》1982 年第 3 期,第 1—8 页。

形式也在不断发生变化。

一、体育道德的产生

体育道德作为社会道德的组成部分之一,它和社会其他道德一样,是社会生产关系的一种反映,是人类生产劳动和社会分工发展的结果,是体育从生产劳动中逐渐分离出来,并不断专业化的实践产物。

劳动最初是一种没有分工的统一活动,随着生产力的发展,劳动出现了分工和协作。从事某一固定工作的人必然会多次重复某种活动,产生某种习惯和秩序,劳动活动日趋复杂,分工和协作的要求渐渐增强,需要有一种新的东西来维持劳动过程,这就是风俗习惯和后来所出现的道德的前身。在劳动和生产力水平十分低下的情况下,人与人、个人与整体在根本上是一致的,这时的道德处于一种萌芽状态。当劳动产品开始有了剩余时,原始人萌发出较低层次的利益观念和利益追求,把自然的差别与分工变成了社会的差别与分工。从而,人与人、个人与整体的统一被打破,而氏族要保持自身整体的存在,迫切需要一种规则、准则来规范人们的行为、维护整体的统一。于是,依靠社会舆论和人们内心信念的力量,用以调整人们之间相互关系的观念、原则、规范、准则等便应运而生,这就是我们现在所谓的道德。

体育道德的产生也是如此。体育是人类社会发展到一定阶段的产物,它是为适应人类社会需要,从生产活动中逐渐演化和产生的。原始人生活条件极其简陋,只能靠采集、狩猎、捕鱼等方法来获取食物,维持生存。人类的劳动主要靠身体活动,例如:靠快跑去捕野兽;靠攀登和爬越去采集野果;靠游水或掷矛器去捕鱼,等等。这种跑、跳、投、掷、攀登、爬越的身体活动,是当时客观存在的生活需要和人类的主观能动性相结合而产生出来的劳动技能,这正是现代体育的前身。原始人在长期的生产、生活实践中,通过逐步积累自然和社会的经验知识,不断改善智力,改进生产工具,使劳动技能日趋提高,社会物质产品逐渐增多。在这种情况下,必须有专人对年轻一代传授劳动技能以及进行身体培训,才能保证社会的物质生产和社会生活延续发展,进而产生了体育。[①]

---

① 冯亚平:《试论体育道德的形成与发展》,《内江师范学院学报》2003 年第 18 期,第109—111 页。

当然,体育并非一产生就具有专门化的特征。体育出现专门化,是社会历史发展到一定阶段的产物。原始社会,体育活动处于原始文化的母体之中,体育行为同时也是教育、军事、艺术、宗教等行为,人们具有享受体育活动的同等权利。进入阶级社会,体育成为军队、贵族、公民经常进行的一种重要活动,逐渐表现出专门化特征。例如,古希腊的体育最初作为宗教盛典活动,全体公民是在自觉的、业余的情况下开展体育活动的。随着城邦制度的衰落以及物质利益原则的介入,人们体育观念淡漠,体育被官方和民间视为少数人的一种职业,社会上专门从事体育职业的人开始出现,从而出现专门化的体育。①

体育出现专门化态势后,人们的体育观念发生了根本变化,即从事某项体育活动不仅仅是为了满足自己的精神享受,而更多的是为了追求一定的利益。为了获得更多的利益,必然导致诸多矛盾冲突的出现,从而威胁着体育健康、有序、持续的发展。为了实现竞技体育和全民健身运动的健康发展,保证体育活动的顺利进行,就要对人们在体育过程中的行为和思想作出适当的评价和调整,从而逐渐形成了一些风尚习俗,进而产生了规范体育活动的各种规则、准则,也就是体育道德,该道德对人们的体育行为起着指导和约束作用。

二、体育道德的发展

马克思主义伦理学认为,道德的发展与社会历史的发展是一致的,有什么样的社会形态,就有什么样的道德类型。与其他社会道德一样,体育道德也是一个历史范畴,一定的体育道德是一定的社会关系和体育关系的反映,它的内容和形式都随着社会时代的发展而发展,因而各个社会历史阶段的体育道德有其不同的特征及其发展规律。

原始社会,只有一般的社会道德而无任何特别的职业道德,职业道德是随着社会的一次次分工而逐渐形成、发展起来的。直到阶级产生后,体育成为军队、贵族和公民经常进行的一种重要社会活动,成为奴隶社会教育的重要部分,才逐渐产生了体育道德。②

---

① 朱玲、李后强:《体育道德论》,四川科学技术出版社 2008 年版,第 7 页。
② 谭华:《论体育道德》,《体育科学》1982 年第 3 期,第 1—8 页。

在奴隶社会,奴隶主阶级的道德占据着统治地位。在这种道德规范的影响和制约下,体育道德反映出其实质是在维护奴隶主统治阶级的利益。中国古代体育也是通过凶狠格斗来培养斗士们勇敢和不怕死的搏斗精神。比如,战国时期赵文王喜欢剑术,以斗剑取乐,培养门下武士的勇敢精神。

进入封建社会后,封建地主阶级为达到"长治久安",致力于培养从政者的高尚品德。因此在封建社会的大部分时期,体育中残忍粗暴的行为是被禁止的。此外,封建社会是一个等级森严的社会,维护封建宗法等级制度是封建地主阶级道德的基本原则,因此体育道德也体现了封建等级观念。到了资本主义社会,体育开始走向职业化、商品化,体育活动成为供资产阶级玩赏、供老板们发财、宣扬资本主义制度虚假文明的工具,体育活动中渗透着金钱的魔力。直到新中国成立,我国建立了社会主义制度,真正实现了人民当家做主,体育运动也才开始成为广大劳动人民生活的组成部分,是增强人民体质、促进人民健康的一种手段,是建设社会主义精神文明的重要方面。在社会主义制度下,体育道德体现了无产阶级的阶级利益,反映出社会主义社会人们在体育活动中结成的新型关系。社会主义市场经济逐步建立之后,与之相适应的体育道德随之产生,其内涵丰富,不断发展。纵观体育道德的发展历史,体育道德受社会关系特别是经济关系的制约,社会经济关系对体育道德的决定作用主要表现在以下四个方面:一是社会经济结构的性质直接决定体育道德的性质。有什么样的社会经济结构,就有什么样的体育道德;二是社会经济关系所表现出来的利益,直接决定着体育道德的基本原则和主要规范;三是在阶级社会中,人们在同一经济结构中的不同地位和不同利益,决定着体育道德的阶级属性,在阶级社会的各个时期,体育道德无不渗透着阶级道德的影响;四是经济关系的变化必然引起体育道德的变化。①

总之,体育道德是由一定生产方式的性质所决定的社会意识形态,随着人与体育活动、体育和社会等诸关系的形成,人与人之间、人与社会之间的道德

_____

① 冯亚平:《试论体育道德的形成与发展》,《内江师范学院学报》2003年第18期,第110—111页。

关系也相应形成,体育精神和体育道德逐渐地发育并完善,并随着人类文明的发展而进步。由此可以预知,只有到了共产主义社会,物质、文化、生活水平和人的觉悟都得到极大提高,才会消除导致产生弄虚作假和不公正等行为的思想动机的出现,道德实践中的一些矛盾现象才会消失,体育道德才能"从阶级的束缚下"彻底"解放出来",真正成为全人类共同的体育行为准则。

第二节 体育道德建设相关概念的阐释

构建社会主义体育道德理论,首先需要厘清体育道德、社会主义体育道德、体育道德失范与体育道德建设等核心概念,奠定体育道德建设的理论前提与基础。

一、道德

自从人猿揖别,形成人类社会以来,人与人之间的社会关系在逐渐形成。从萌芽状态的习俗到原始社会的宗法制度,从奴隶社会的社会规范到人们对道德问题的觉悟和审思,各种制度和道德规范逐渐系统化起来。

"道德"一词是中国传统文化的核心范畴。在传统哲学中,"道"指道路,引申为万物变化发展所遵循的规律,"德"则是"道"在具体事物中的展现,万物依道而行的品性就是德。道与德分别反映了客观的道德规范与主观的道德品格。道德作为一种社会意识形态,依靠社会舆论、传统习俗和人的内心信念的力量来调整人们之间的相互关系。虽然道德概念发展到今天其内涵与外延都发生了变化,但其核心的规定性内容并未改变:道德主要包含道德规范、道德意识两个方面,道德行为与道德活动是道德规范与道德意识的外在表现。①在西方,"道德"一词源于拉丁文 moralits,原意为风尚习俗,引申义就是道德原则、道德规范、行为品质、善恶评价等意思。总之,人们常把"道德"理解为调

---

① 吴合斌、曹景川:《我国竞技体育职业化进程中道德失范现象的表征及应对策略研究》,《北京体育大学学报》2016 年第 39 卷第 8 期,第 14—19 页。

整人与人、人与社会之间的行为规范的总和。

"道德"这个概念,反映了人类社会的一种特殊现象。道德作为一种思想上层建筑,它是由一定社会的物质生活条件决定的,同时又反作用于社会物质生活,具有巨大的能动性。人们生活在社会中进行各种政治、经济、文化活动,形成复杂的社会关系,是为了维持人们之间的和谐关系,以稳定社会的生活秩序。因此,人们的处事风格及方式就必须受到某种约束,这种约束人们的行为是用来调节彼此关系的行为规范,即我们所说的道德。

从唯物史观出发,马克思揭示了道德的现实基础,即包括道德在内的社会意识是现实的人们进行物质生产和物质交往的直接产物。道德是对人们现实生活过程的反映,现实的人有何需要,以及社会关系有何特点,道德就相应地体现这些需要与特点。据此,我们可以对道德作如下定义:道德是调整人们之间及个人和社会之间关系的行为规范的总和,是依靠社会舆论、人们的信念、习惯、传统和教育来起作用的精神力量。① 中国马克思主义伦理学的开拓者罗国杰先生给道德下了一个普遍认可的定义:"道德是一种特殊的规范调节方式,是通过社会舆论、传统习俗和内心信念维系并发挥作用的行为原则、规范的总和。"②

二、职业道德

职业道德是从事一定职业的人在职业活动中应当遵循的符合特定职业要求的规范和行为准则,是同人们的职业活动紧密联系、符合职业要求的道德准则、道德情操与道德品质的总和。中共中央颁布的《公民道德建设实施纲要》明确指出:"职业道德是所有从业人员在职业活动中应该遵循的行为准则,涵盖了从业人员与服务对象、职业与职工、职业与职业之间的关系。"进一步讲,职业道德既是对本职人员在职业活动中行为的要求,同时又是职业对社会所负的道德责任与义务。因此可以说,职业道德是特定职业的责、权、利的协调统一。"责"是指每种职业都意味着承担一定的社会责任,必须履行相应的社

---

① 参见《马克思主义基本原理概论》,高等教育出版社 2013 年版,第 97 页。
② 罗国杰:《伦理学》,人民出版社 1989 年版,第 10 页。

会义务;"权"意味着每种职业都享有一定的社会权力,可支配和调动相应的社会资源;"利"意味着从业者可能获得的职业收益。①

任何社会的职业道德总要受到该社会占统治地位的一般社会道德的影响和制约,它们之间在一定意义上是共性与个性的关系。职业道德较之一般社会道德,具有以下特点:①职业道德是在历史发展过程中形成、特定的职业环境下产生和发展起来的,它常常形成世代相袭的职业传统和相对稳定的职业心理及习惯,因此具有较强的稳定性和连续性;②职业道德反映着特定的职业关系,具有特定职业的业务特征,因而它的作用范围仅仅局限于特定的职业活动中,只对从事特定职业的人们具有约束力;③职业道德通常以规章制度、工作守则、服务公约、劳动规程、行为须知等形式表现出来;④职业道德具有多样性。因为不同的行业和不同的职业有不同的职业道德标准。

职业道德是社会道德体系的重要组成部分,它一方面具有社会道德的一般作用,另一方面又具有自身的特殊作用,具体表现在如下方面。

第一,调节职业交往中从业人员内部以及从业人员与服务对象之间的关系。职业道德的基本职能是调节职能。它一方面可以调节从业人员内部的关系,即运用职业道德规范约束职业内部人员的行为,促进职业内部人员的团结与合作。如职业道德规范要求各行各业的从业人员,都要团结、互助、爱岗、敬业、齐心协力地为发展本行业、本职业服务。另一方面,职业道德又可以调节从业人员和服务对象之间的关系。如职业道德规定了制造产品的工人要怎样对用户负责,营销人员怎样对顾客负责,医生怎样对病人负责,教师怎样对学生负责,等等。

第二,有助于维护和提高本行业的信誉。一个行业、一个企业的信誉,往往通过它们的外在形象、内在信用和声誉表现出来,是指企业及其产品与服务在社会公众中的信任程度,注重依靠产品质量和服务质量来提高企业信誉,同时,从业人员职业道德水平高是产品质量和服务质量的有效保证。若从业人员职业道德水平不高,很难生产出优质的产品和提供优质的服务。

---

① 颜峰、洪兴文:《论职业道德意识的培养》,《清华大学学报(哲学社会科学版)》2008年第23卷第1期,第125页。

第三，促进本行业的发展。行业、企业的发展有赖于高的经济效益，而高的经济效益源于员工的高水平和高素质。员工素质主要包含知识、能力、责任心三个方面，其中责任心是最重要的。而职业道德水平高的从业人员其责任心是极强的，因此，职业道德的培养及建设最终会促进本行业的深入发展。

第四，有助于提高全社会的道德水平。职业道德是整个社会道德的主要内容。职业道德一方面涉及每个从业者如何对待职业，同时也是一个从业人员的生活态度、价值观念的体现；是一个人的道德意识、道德行为发展的成熟阶段，具有较强的稳定性和连续性。另一方面，职业道德也关乎一个职业集体，甚至一个行业全体人员的行为表现，如果每个行业、每个职业集体都具备优良的道德，对整个社会道德水平的提高肯定会发挥重要作用。

三、体育道德

体育道德就是体育职业人员在体育参与过程中所表现出来的、符合体育职业特征的道德行为规范的总和。[①] 体育道德用以调整和制约人们在体育活动中的相互关系，从而保证体育活动的正常秩序，进而促进体育事业健康有序的发展。体育道德属于上层建筑和意识形态的范畴，是整个社会道德体系中不可或缺的有机组成部分，通过社会舆论、个人信念和传统习惯发挥作用，在塑造理想、规范行为、强化信念、形成健康的生活方式等方面具有不可替代的作用。体育伦理学认为，体育道德既包括社会体育公德，也包括体育职业道德，进而把体育道德划分为运动员道德、教练员道德、裁判员道德、体育工作者道德和体育观众道德等。具体来讲包括如下内容。

社会体育公德，即社会对人们的体育行为提出的道德要求。例如，中国社会体育公德是建立在社会主义制度的基础上，中国的体育事业实行举国体制的运行机制，其以积极弘扬"为国争光、无私奉献、科学求实、遵纪守法、团结协作、顽强拼搏"为主要内涵的中华体育精神和弘扬"重在参与""更高、更快、更强"的奥林匹克精神，成为中国社会主义精神文明建设领域一面鲜艳夺目

---

① 吴合斌、曹景川：《我国竞技体育职业化进程中道德失范现象的表征及应对策略研究》，《北京体育大学学报》2016年第39卷第8期，第14—19页。

的旗帜。

体育职业道德，即社会对从事体育从业人员提出的道德要求。体育职业道德是指从业于竞技体育工作的人员，要严守公平、公正、公开的竞赛准则和道德要求。在体育职业道德建设中，体育从业人员要树立正确的职业观念，端正职业态度，提高职业技能，严格职业纪律，为建设体育行业的优良作风发挥作用。体育职业道德规范表现在：在运动员中要大力倡导献身体育、为国争光、勤学苦练、勇攀高峰、团结互助、顽强拼搏、尊重对手、尊重教练、严守规则、公平竞争、恪守礼仪、服从裁判、胜不骄傲、败不气馁等道德规范；在教练员中要大力倡导科学训练、勇于创新、严格要求、传技育人、爱岗敬业、为人师表等道德规范；在裁判员中要大力倡导严肃认真、忠于职守、精通业务、公正准确、秉公执法、不徇私情等道德规范；观众在观看体育比赛时，自觉遵守赛场规定，保护场内外环境卫生，不乱扔果皮、纸屑和矿泉水瓶，做文明观众；体育管理者要以勤政廉洁为重点，体育科技工作者要以求实创新为重点，体育教育工作者要以教书育人为重点，自觉履行具有本行业特点属性的职业道德规范。

此外，和一般道德规范一样，体育道德也可以区分为进取性道德和协调性道德两类。协调性道德是为协调人们的各种体育关系、为保证体育过程的正常进行而服务的，它包括运动员、裁判员、教练员和观众之间的相互尊重与支持，自觉地服从有关的规则，注重集体主义精神，不弄虚作假，等等，也包括在国际体育交往中讲究文明礼貌、互相尊重、维护国格与人格等。进取性体育道德是为了充分发挥运动者的主动创造精神服务的，它是为适应体育运动强烈的竞技性而产生的，这一类体育道德规范中包括在爱国主义指导下的革命英雄主义精神，志在第一，发愤图强的进取心，刻苦顽强的作风，积极乐观、胜不骄、败不馁的精神，严肃认真对待自己职责的敬业思想，等等。

很显然，在前一类道德规范中，更多地体现着体育道德与一般道德的联系。它们反映着人们体育关系的本质，反映出体育和竞技运动在人们社会生活中的重要性。没有道德规范来约束，体育活动或将受到破坏，最终会影响体育事业的健康发展，体育就不能更好地发挥其社会职能。后一类规范在更大程度上则是对于运动者个人道德品质方面的要求。没有这类规范它们同样会受到破坏，使得体育和竞技运动的水平不能提高，体育事业同样得不到发展。

因此,在体育道德体系中,这两类规范是相互联系并互为补充的。

四、社会主义体育道德

社会主义体育道德建立在社会主义制度的基础之上,反映着社会主义社会人们在体育中结成的新型关系,是真正适应体育发展和人民需要的。作为社会主义精神文明的重要组成部分,社会主义体育道德正在促进着中国体育事业的全面发展。社会主义体育道德既受我国社会主义制度的制约,又与国际奥林匹克运动原则相联系,两者缺一不可。① 具体来讲,社会主义体育道德主要包括以下五个方面。

第一,公平竞争。社会主义的体育是人民的事业,是社会主义建设的组成部分。社会主义制度打破了资产阶级民主、自由、平等的虚伪性和局限性,保证人民享有真正平等的体育权利,并提供各种机会和条件,使大批优秀体育人才茁壮成长。由于体育具有公平竞争的特点,社会主义体育道德力求顺应体育自身的规律和特点,做到真正的公平竞争。在竞争中激发荣誉感,鼓舞上进心,这样才能真正地衡量体育水平。社会主义利用公平竞争吸引、动员千百万群众参加体育活动,丰富精神文明,并造就了一大批具有高超技艺的体育人才。

第二,不断进取、勇于创新。体育运动的技术性、对抗性、国际性都很强。在比赛中运动员要以高超的技术战胜对手,就必须具有不断进取、勇于创新的精神。这需要每个运动员胸怀祖国,放眼世界,在训练和比赛中具有吃苦耐劳、顽强拼搏的精神。同时还要不断学习国外的先进技术,在学习中勇于创新、发展自己的绝招,形成中国独特的风格。中国女排蝉联五次世界冠军,在技术上曾借鉴了原世界冠军日本队教练大松博文的大运动负荷的训练方法,又加上自己成功地创造了打"时空差"的快球,终于使中国女排在国际排坛中名誉世界。这是社会主义体育道德的体现,也是社会主义体育精神文明建设的成果。

第三,自觉地遵守体育竞赛的规则。由于社会主义的体育是人民的体育,是社会主义建设的组成部分,它撇开了一切为金钱的拜金观念,铲除了资产阶

---

① 刘吉:《略论社会主义体育道德》,《体育文史》1997 年第 1 期,第 12—14 页。

级那种为了达到目的,可以不择手段的行为准则。所以要求社会主义体育工作者严格遵守体育的规定,形成自觉遵守规则体育的道德风尚。

第四,集体主义。集体主义是社会主义体育道德的基本原则。社会主义体育道德把集体的利益、目标作为自己全部观念、规范、准则、实践的出发点和最后归宿,强调集体与个人在荣誉、利益和努力各方面的高度统一。集体主义原则是社会主义体育道德的核心,并形成了区别于一切旧体育道德的基本标志。

第五,民族意识和爱国主义。国际体育竞赛是各民族之间进行体育竞争和交往的活动,它同民族意识和爱国主义有着密切的联系。国际比赛中,为优胜者奏国歌、升国旗,这就与民族、国家荣誉联系在一起。例如中国女排,在参加第三届世界女排锦标赛获得冠军时,举国欢呼,所有人沉浸在欢乐之中。可见,国际竞赛可极大地提高民族的自信心和凝聚力。社会主义的体育道德则充分地利用竞赛这种职能,进行爱国主义教育。民族自信心和爱国主义深入全体体育工作者的内心。他们参加比赛,牵动着亿万人民的心,运动员也肩负着祖国和人民的重托,一心想着为民族争光,为祖国争光。

五、体育道德失范

"道德失范"指社会生活中,作为存在意义、生活规范的道德价值及其规范要求或缺失,或缺少有效性,不能对社会生活发挥正常的调节作用,从而表现为社会行为的混乱。[①] 具体而言,道德失范揭示的是这样一种社会状态:在这种状态中,社会既有的价值观念、行为模式被普遍怀疑、否定,或被严重破坏,逐渐失去对社会成员的影响力与约束力,而新的价值观念、行为模式又尚未形成,或尚未被人们普遍接受,对社会成员不具有有效影响力与约束力,从而使得社会成员面临存在的意义危机,行为缺乏明确的社会规范约束,从而呈现出某种紊乱无序。由此可知,体育道德失范就是指在体育活动中应当遵循的原则、价值和规范及其要求的约束力或者丧失,或者弱化,不能对体育活动中人与我的关系发挥正常的调节作用,从而表现为体育行为的混乱。[②] 体育

---

① 高兆明:《简论"道德失范"范畴》,《道德与文明》1996 年第 6 期,第 8 页。
② 苏荣海、刘长在:《论体育道德的失范与规范》,《吉林体育学院学报》2001 年第 27 卷第 6 期,第 48 页。

道德失范行为主要表现在如下方面。

（一）运动员方面的体育道德失范行为：运动员身份和参赛资格的异化现象，隐瞒年龄，以大打小，弄虚作假，冒名顶替；贿赂裁判或对手；赌球、假球、假摔现象时有发生；在赛场上辱骂对手或裁判，甚至大打出手；服用兴奋剂；因过分追求待遇、条件而罢练、罢赛等。其中，"兴奋剂"的使用问题是值得特别关注的，它从根本上毁灭了体育中公平竞争的竞技原则，导致运动员甚至国家和民族之间的不信任和矛盾冲突。①

（二）教练员方面的体育道德失范行为：在教练员那里，夺取金牌就意味着奖金、房子和提拔，教练员是运动员和裁判员作出不道德行为的始作俑者，他们甚至采用欺骗运动员的手段达到自己不可告人的目的，训练时殴打和辱骂运动员经常发生，克扣运动员工资和奖金，以及鼓励和默认运动员服用兴奋剂等违禁药品。

（三）裁判员方面的体育道德失范行为：执行裁判工作时没有做到严肃、认真、公正、准确，徇私舞弊，搞不正之风。收受贿赂，在主观评分比赛项目中裁判员打人情分、关系分、吹黑哨等现象。

（四）体育观众方面的体育道德失范行为：在体育赛场上，经常发生基于狭隘的地方意识而导致的赛场骚乱，部分球迷们认为自己的球队只能赢、不能输，否则就乱扔东西，围攻辱骂裁判和运动员，发泄不满，制造事端，甚至引发恶性暴力犯罪。

（五）体育组织方面的体育道德失范行为：体育比赛主管机关控制比赛结果，内定比赛名次，各代表团对比赛名次和成绩不能够树立正确的参赛观，以奖牌多少论英雄；不能维护公正竞赛、公平竞争赛事环境，对运动队疏于教育和管理，赛风赛纪很差。无论人们是否承认，体育道德失范问题都已成为一个不可回避的事实。如果对现存的体育道德失范不予以重视，并加以克服，必将严重影响体育事业的健康发展，影响整个社会良好的道德风尚，最终影响到社会主义精神文明建设的总体进程。

---

① 曹景川、常乃军：《从反兴奋剂看诚信道德与和谐体育之构建》，《上海体育学院学报》2010年第34卷第2期，第85—87页。

六、体育道德建设

在 21 世纪全面建设小康社会,加快改革开放和现代化建设步伐,顺利实现第三步战略目标,必须在加强社会主义法制建设、依法治国的同时,切实加强社会主义道德建设,以德治国,把法制建设与道德建设、依法治国与以德治国紧密结合起来,通过道德建设的不断深化和拓展,逐步形成与社会主义市场经济相适应的社会主义道德体系。这是为提高全民族素质而进行的一项基础性工程,对弘扬民族精神和时代精神,形成良好的社会道德风尚,促进物质文明与精神文明协调发展,全面推进建设中国特色社会主义伟大事业,具有十分重要的意义。

体育道德建设,旨在改善体育领域的道德状况,提高全体体育活动主体的道德素质,减少社会丑恶现象的一系列认识和实践活动。加强和完善体育道德建设,对于促进中国体育事业的健康发展和推动社会主义道德建设具有重要的现实意义。

21 世纪以来,中国迈向了全面建设小康社会的新阶段,人民群众对于体育活动的需求日益增长。面对世界各种思想文化的相互激荡和社会主义市场经济的影响,体育领域也遇到了许多新情况、新问题,需要研究解决。特别是近些年来在竞技体育领域,弄虚作假、违规违纪的体育道德失范事件时有发生,严重损害了体育的形象和声誉。这些问题如果得不到及时有效的遏制和解决,势必影响体育事业的健康发展。解决这些问题,当然需要采取多种措施综合治理,但不可否认,依靠道德的力量来规范、引导是其中的重要手段之一。为此可以说,加强与完善体育道德建设,是一项直接关系到中国体育事业兴衰成败的基础性工程。

作为人类文明进步与社会发展的重要标志,体育这项被人民群众广泛参与的社会活动,不但有助于增强人民体质,还有利于培养群众勇敢坚强与团结协作的精神,在社会主义先进文化建设中有着不可替代的重要作用。伴随着体育事业的发展,体育健儿在体育运动和训练竞赛中所展示出来的"不畏艰险、不断进取、团结拼搏、敬业奉献、勇攀高峰"的优秀品质,逐步形成了独特的中华体育精神和优良的体育道德风尚,特别是 2008 年成功举办奥运会后的宝贵精神财富和文化遗产,已成为提高国民文明素养和社会现代文明程度的有效载体,极大地促进了中国社会主义精神文明建设事业的积极发展。

体育道德作为一种职业道德,是社会公德的缩影,折射着人们的道德水准和价值取向,并对整个社会的道德现状有着不容忽视的影响与作用。例如,在传统计划经济体制向社会主义市场经济体制转变的过程中,随着体育逐步走向职业化、商业化和市场化,竞技体育事业出现了一些不和谐的音符,假球黑哨、服用兴奋剂、违纪肇事、弄虚作假等道德失范现象层出不穷,由此引发了一系列的伦理道德问题。① 事实证明,这些道德缺失现象不仅严重扰乱了体育竞争秩序,违背了公平比赛的道德原则,而且还败坏了社会风气,对人们的道德观念与行为造成了极大的负面影响。因此,加强体育道德建设,对于确保中国体育事业的健康发展,以及促进社会树立良好的道德风尚具有重要的现实意义。

社会主义市场经济体制的确立,不仅为中国体育事业的发展提供了强大的经济、物质和技术支持,而且促进了体育改革的不断深化,以及体育道德建设的不断完善与发展。特别是随着将竞争机制、激励机制等相关制度引入到体育领域中,一些传统的体育道德观念正在被以公平竞争、创新拼搏为核心的全新的道德观念所代替,这无疑推动了中国体育伦理思想道德体系的重大进步。然而,在看到体育道德建设所取得的巨大成就时,我们还要清醒地认识到,中国体育道德建设目前还相对滞后于体育事业的迅猛发展,其自身还存在许多薄弱环节亟须加强与改进。尤其是面对当前较为严重的体育道德失范现状,更需要我们对当前体育道德建设的现状及其成因作出深入的分析,从而找到消除体育道德危机的有效途径和手段。

第三节　体育道德外延

所谓体育道德,就是指体育从业人员(包括运动员、教练员、裁判员和其

---

① 马景卫、蔡艺、池斌:《我国竞技体育中的道德失范现象探析》,《伦理学研究》2010 年第4 卷第48 期,第96 页。

他体育工作者）与广大民众在体育活动中应当遵循的行为准则和规范。根据体育道德的这一内涵可知,体育道德的外延就是指体育活动中各种社会角色应当遵守的哪些具体的行为规范和准则。具体来讲,主要包括:运动员道德、教练员道德、裁判员道德、体育工作者的道德以及体育观众的道德。

一、运动员道德

运动员的道德规范是运动员应当共同遵守的行为标准,是调整和制约队员关系的准则。加强对运动员的道德教育,需不断提高他们的自身修养,把他们培养成为有理想、有道德、有文化、有纪律的社会主义新一代运动员,这就要求他们努力学习和实践运动员道德规范。党和政府历来重视对运动员道德的培养和教育,例如《运动员守则》的颁布,就明确指出了中国运动员应当遵循哪些道德规范,从而为建设一支思想好、技术精、作风硬、风格高的社会主义国家运动员队伍,奠定了坚实的基础。具体说来,运动员的道德规范可分为六个方面。

第一,热爱祖国,勇攀高峰,为国争光。

热爱社会主义祖国,勇攀高峰,为国争光,这是《运动员守则》的第一条,也是运动员道德的核心内容。热爱祖国,要求运动员把个人名誉、地位、利益与祖国的荣辱融为一体;勇攀高峰要求运动员技艺精、业务通,在世界体坛上占有一席之地;为国争光,要求运动员用堂堂正正的仪表、高雅的行为举止和高尚的体育道德赢得世人的赞赏。运动员在参加比赛中,应在体育道德规范的指引下,打出水平,赛出风格,获得思想道德和技术水平的双丰收。若技术上赢了,而风格上输了,不仅不能为国争光,反而有损国家、民族的形象。只有在技术上、道德和风格上都赢了,才能为祖国争取更大光荣。

第二,刻苦训练,钻研技术,勇于创新。

为祖国为人民刻苦训练是运动员道德规范的基本内容。运动员要攀登技术之巅,必须经过刻苦训练,俗话说"一日冠军千日功",正是这个道理。钻研技术既要遵循科学规律,又要结合个人身体素质有的放矢地进行训练。在训练实践中探索,学他人之长,补自己之短,不论身处逆境还是顺境,都要有百折不挠的精神,把逆境作为锻炼、考验自己的良好机会,把困难当动力,寻找开拓新技术的突破口,实现自己的奋斗目标。敢于创新则是运动员道德规范的具体体现。创新就是不断开拓进取,探索体育运动规律,总结新经验,以提高政治素质和道德水准,取得事半功倍之效果。如今,这种战必胜,攻必克,敢于创新的精神,正激励着广大运动员去攀登体育运动技术的新高峰。

第三,热爱集体,团结战斗,发扬集体主义精神。

体育运动具有广泛的群众性。以竞技体育而言,除篮球、足球、排球等体育项目是集体运动外,田径、羽毛球、滑雪等项目也是在群体中进行较量,分出高低。因此,运动员热爱集体、团结战斗、发扬集体主义精神是社会主义运动员必备的美德。中国许多著名运动员,凡是在技术上攀登高峰、争鼎夺冠的,都是在党的领导下,依靠集体的支持和队友的帮助取得成功的。他们互帮互学,互相关心,取长补短,互相提高,齐心协力,团结战斗,才取得了优异的成绩和练就了高尚的道德品质。

第四,英勇顽强,风格高尚,尊重他人。

体育运动多是激烈竞争的项目,英勇顽强、努力拼搏是运动员在体育活动中的道德行为表现。风格高尚也是运动员体育道德的主要规范。多年来,中国运动员在各类大小比赛中一直以此来严格约束自己,获得思想道德和技术水平的双丰收。尊重观众、尊重裁判、尊重对方,以良好的体育道德作风去影响对方,展示中国运动员的优良道德风貌。

第五,遵守纪律,严守规则,文明礼貌。

遵守纪律、严守规则既是文明的表现,也是运动员应具备的社会公德,是运动员取得胜利的重要保证。中国乒乓球多年来长盛不衰,就是因为有着铁一般的纪律做保障。讲文明、有礼貌也是运动员的道德风尚、文明修养和教养程度的综合反映。一个严守体育道德规范的运动员,他自然是处处待人以礼,助人以乐,和蔼可亲,事事谦虚谨慎,举止大方,仪表堂堂。这些文明进步行为可使人赏心悦目,受到教育,以致影响现众,促进社会风气全面好转。反之,运动员不文明、不礼貌,污言秽语,甚至大打出手,不仅不利于自身体育事业的发展,更易煽动观众情绪,引起体育环境的混乱,给社会造成不良影响。因此,运动员要时时处处严于律己,宽以待人,培养文明高尚的情操。这绝不仅仅是运动员的个人修养问题,更重要的是人们通过运动员可以观察到他所代表的这个国家和民族的素养。

第六，胜而不骄，败而不馁，勇于献身。

胜不骄、败不馁是运动员不可缺少的道德规范和修养。运动员参加比赛，经过实力较量，必有胜败之分，"胜败乃兵家之常事"，胜与败都是对运动员的考验。胜利固然值得庆贺，但不能因此而忘乎所以，目空一切；失败，自然需要认真吸取教训，但不能因此灰心丧气，怨天尤人。胜利时要看到差距，失败时要查出原因。胜者、败者都要总结经验教训，以利再战。"吃大苦，耐大劳"是运动员勇于献身的表现。中国女排、乒乓球队、体操队等都多次获得世界冠军，虽然他们参赛项目不同，但他们吃大苦、耐大劳、勇于献身的精神却是一样的。

二、教练员道德

在体育队伍中，不仅仅要培养运动员的体育道德，更要注重建设居于主导地位的教练员的体育道德，他们的思想道德状况如何对体育事业的发展有着直接的影响。换言之，作为运动员领路人的教练员更应该遵守道德规范，做好运动员的榜样，才能在加强管理的基础上带出一个高水平的集体。因为一方面每个运动员进入运动队后，和教练员的相处时间甚至比与自己家人相处的时间都长，而运动员特别是年轻运动员往往会自觉不自觉地效仿教练员的行为。因此，教练员是否具有良好的道德修养及道德意识往往影响着运动员的一生。另一方面运动队的管理有别于其他行业，因为运动员大都在进行训练的同时缺乏系统的文化学习，因此对他们的教育和道德培养更需要教练员身体力行，言传身教。中国有许多优秀的教练员，比如乒乓球的蔡振华，羽毛球的王文教、侯加昌和汤仙虎，都用自己的行为给运动员作出了表率。

教练员要具有良好的道德修养，需要做到以下五个方面。

第一，教练员应学习政治理论和体育科学技术，爱岗敬业，刻苦钻研业务，不断改进训练方法，推动运动员战术的提高。

第二，教练员要对运动员严格管理教育，加强思想政治工作建设，做到因材施教、有教无类，要尊重、关心和爱护运动员，不仅要注意运动员的健康和安全，还要促进运动员的身心全面发展。

第三,教练员应把运动员取得成绩视为目的和手段的统一,要确保运动员参与与其能力相符的运动项目,要坚持真理,发扬正气,在训练、学习、生活等方面通过自己的行为,为运动员树立良好的榜样。

第四,教练员要遵纪守法,维护社会公德,执行各项规章制度,敢于同不良倾向作斗争。

第五,教练员之间要互相学习、互相支持、团结协助,为运动员作出表率。

三、裁判员道德

裁判员是体育竞赛的执法官,在体育竞赛中,裁判员严肃、认真、公正、准确地执法,既是对运动员训练水平和成绩的客观评价,又是保证竞赛在公平竞争原则下健康顺利进行的关键,更是促进运动员不断提高技术水平、展示竞技体育无限魅力和良好社会形象的根本所在。如果裁判员执法不公、营私舞弊,不但会亵渎公正执法的道德准则,而且将成为阻碍体育事业健康发展的绊脚石。由此可见,必须在裁判员中大力倡导严肃认真、忠于职守,精通业务、公正准确,秉公执法、不徇私情,坚持原则、敢于同不良倾向作斗争等道德规范。具体来讲,裁判员要做到以下几个方面。

严肃,就是要求裁判员在思想上要正确认识裁判工作的重要性、严肃性,严格要求自己,树立"自重、自尊、自强、自立"精神,严格执行比赛规则。

认真,就是要求裁判员对裁判工作要认真负责、兢兢业业、一丝不苟,对技术精益求精,树立"三个服务意识"(服务于运动队、服务于观众、服务于比赛)。

公正,就是要求裁判员在执法比赛中要努力做到以事实为依据,以规则为准绳,实事求是地进行判罚,秉公执法,不徇私情,不图名利,不感情用事。

准确,就是要求裁判员在执法过程中要忠实于比赛规则,树立"是什么判什么"的执法理念,绝不能"判什么是什么",力求不出或少出错,不漏判。裁判员所吹的每一场哨,每一次判罚,都要接受运动员、公众的检验。准确是裁判员执法的核心,是裁判员执法水平的体现。

只有裁判员将在五环旗下的承诺——以真正的体育精神,公正无私地履行自己的职责——变成竞赛场上的实际行动,才能真正体现公平竞赛原则,实现体育的真正目的。[①]

四、体育工作者的道德

《关于加强体育道德建设的意见》明确指出,在体育职业道德建设中,体育工作者要树立正确的职业观念,端正职业态度,提高职业技能,严格遵守职业纪律,为建设体育行业优良作风发挥重要作用。其中,体育管理者要以勤政廉洁为重点,体育科技工作者要以求实创新为重点,体育教育工作者要以教书育人为重点。简言之,就是体育工作者要自觉履行具有本行业特点属性的职业道德规范。

体育管理者要通过反腐倡廉、党风廉政建设和体育行业制度建设,为体育道德建设提供切实可靠的运行机制和制度保障;要严厉打击并坚决纠正体育管理部门和体育行业中出现的不正之风。对违纪违法事件,既要严肃查处违纪违法的腐败分子,又要注意发现体制、机制、制度上的漏洞,建立健全各项规章制度,并加强管理,以行政手段来实现体育道德的权威性、规范化、制度化。

科技工作者亦是体育活动的直接参与者,他们的成果直接应用于体育活动的各个环节。如果科技工作者有正确的价值观,那么兴奋剂种类的增加和反检测手段也不会"道高一尺,魔高一丈",科技发展带给体育道德的难题也会更容易解决一些。因此,制定体育科技工作者的伦理道德规范将是国际体育组织的重要任务之一。

良好的体育道德价值观和职业道德规范,需要通过恰当的体育道德教育灌输到体育从业人员的思想意识中,内化为自觉自愿的道德信念与良知,从而使体育道德价值观与体育道德规范成为其内在的约束力和推动力,真正发挥体育道德在体育活动中的有效作用。这就要求体育教育工作者必须及时更新和改革体育道德教育的内容与方式,以适应新时期的需要。首先在德育内容方面,在宣扬传统道德价值观的同时,应更多地弘扬与市场经济条件相适宜的价值观,对体育从业人员进行正当的竞争观、义利观、荣辱观、公私观、胜负观、

---

① 魏汉琴、刘宪忠、冯景梅:《体育道德中的公平竞赛原则》,《河北体育学院学报》1999 年第 13 卷第 3 期,第 4 页。

苦乐观和金钱观的教育,使其树立正确的体育道德价值观,自觉规范自身的体育行为。其次在德育方式上,要摒弃传统的形式主义说教,将理论教育与实践活动相结合,增强体育道德教育的针对性和实效性。

对此,国家体育总局在《关于加强体育道德建设的意见》中就指出,首先,教育是提高道德素质的基础。要把思想道德教育内容纳入到运动员文化教育和职业教育中,制定体育道德教育教学计划,编写体育道德教材,开设专门课程。此外,还要通过丰富多样的形式来实施体育道德教育,例如举办讲座、报告会、演讲会、辩论会、知识竞赛,设立荣誉台(室)、光荣榜等形式。特别是要重视利用重大节日、重大比赛等时机,及时搞好思想道德作风教育。其次,教育要与实践相结合。通过有目的、有计划地组织运动员进行社会考察、访问,参加必要的社会公益活动,使其体育道德素质在社会实践中得到熏陶和升华。总之,只有通过积极有效的体育道德教育,才能使人们从思想上认识到体育竞争中的善与恶、美与丑,从而把正确的道德价值观与职业道德规范转化为自身的内心信念,加强自觉抵制各种非道德的体育活动与行为的能力,从而达到体育竞争行为的规范化。

五、体育观众的道德

观众同样也是体育运动的重要组成部分,是体育运动的间接参与者,是体育竞赛的欣赏者和监督者。观众的体育道德是体育道德体系的重要组成部分。体育观众具有以下几个特点:感情投入较多,情绪反应激荡起伏;心理倾向性明显;与体育竞赛现场形成共振,而相互影响;易产生集群行为,即是一种在人们激烈活动中自发发生的无指导、无明确目的、不受正常社会规范约束的众多人的狂热行为。观众是影响体育竞赛的重要因素之一,观众为领先者欢呼喝彩,为落后者加油助威,对运动员发挥水平、创造佳绩有重要作用。观众的道德水平和道德素质不仅是体育道德的重要组成部分,而且会深刻影响运动员、教练员的道德水平和道德素质。在体育比赛中,只有观众文明观看、理性评价,体育比赛才能顺利进行。相反,观众的任何不道德行为都会影响体育比赛的顺利进行。

体育观众的道德要求,主要包括观众的基本公共道德和具体的比赛现场礼仪两个方面。观众能够进入的体育比赛现场都是公共场合,因此观众要自觉遵守基本的公共道德规范。例如,遵守赛场的公共秩序,爱护赛场的公共财物和公共卫生,维护赛场的公共安全,讲究赛场的公共礼貌,讲究赛场的语言文明和行为文明等。比赛现场礼仪是一种以约定俗成的方式对人以尊重、友好的习惯做法,是观众与体育比赛实现良性互动的重要方式之一。总的来说,现场观众应该尊重比赛、尊重对手、遵守规则、遵从礼仪。尊重比赛就是要懂体育、会欣赏,尊重运动员、教练员和裁判员;尊重对手就是要善待比赛对手,尊重其他国家的国旗、国歌、球迷等;遵守规则就是要遵守比赛现场规则,按规定提前入场、对号入座,服从裁判员的判罚;遵从礼仪就是要文明着装,使用文明语言,不谩骂运动员、教练员、裁判员和其他观众。

第四节　体育道德机制

道德并不会自发地在人类社会生活中运行和起作用,道德的运行有赖于一整套机制,即道德机制。简言之,道德机制就是道德活动各个构成要素、组成部分相互协调、相互促进的联结方式和运作方式。道德机制从道德主体来划分,可以分为个体道德活动机制和社会道德建设机制。前者主要是从个体道德行为的运行方式和道德素质自我建设过程的角度来探讨和规定道德机制;后者主要是从社会道德活动的运行方式和道德建设的内在结构的角度去探讨和规定道德机制。① 概括起来,道德机制主要包括评价机制、奖惩机制和监督机制。体育道德也是如此,其运行和起作用也依赖于完善的体育道德机制。为此,我们当前需要健全和完善体育道德评价机制、体育道德奖惩机制和体育道德监督机制,从而有效地推进社会主义新时期体育道德建设的蓬勃发展。

一、体育道德评价机制

所谓道德评价,就是生活于现实的各种社会关系中的人们,直接依据一定

① 吴灿新:《略论社会主义新时期道德机制》,《哲学研究》1996年第5期,第13页。

社会或阶级的道德准则,通过社会舆论或个人心理活动,对他人或自己的行为进行善恶判断,表明褒贬态度。① 道德评价是作为社会道德活动的一个重要组成部分,它既是行动者对自己和他人行为的道德性的一种判断,也是调整人们道德行为的一种社会力量。显然,体育道德评价是体育道德实践活动的一个重要内容。它是指人们依据一定的道德准则,通过社会舆论、风俗习惯和个体内心信念等方式,对体育运动主体的行为、品质和可感知意向所作出的善恶判断和褒贬态度。② 当前在体育领域出现的种种不道德现象,与中国体育道德评价机制不健全、评价标准混乱有很大关系。因此,健全体育道德评价机制,规范体育道德评价标准,是推动中国体育事业健康顺利发展的当务之急。

在生产关系相对稳定的计划经济体制下,由于社会经济结构的单一化,人们的经济行为既简单又单一,国家是绝对的利益主体,其他主体必须无条件服从。加之政治结构的专制化,以及文化结构的一元化,人们易于在道德评价标准上趋于同一,或基本一致。这种一元化的社会里,体育道德对褒扬和贬抑的标准十分明确,体育道德评价标准相对恒定。③ 然而,随着中国社会主义市场经济体制的逐步建立和完善,人们行为的自主性、选择性日益增强,个体的思维方式、价值取向等日益多元化。在转型时期个体价值取向多元化,由于整个社会缺乏统一规范的价值导向,难免出现社会伦理道德失范,不道德现象增多。要从根本上扭转转型时期社会伦理道德失范和不道德现象增多的趋势,就必须建立健全统一规范的社会价值导向。

在体育领域,个体价值导向多元化的趋势同样十分明显,目前尚未形成多数人认可的统一的体育道德评价标准,使体育道德的公认度降低,对人们行为的约束力减弱,道德救济不足以抵制转型时期各种不道德体育行为的发生,如屡禁不止的"假球""黑哨""赌球""默契球"等。因此,要尽快建立健全统一规范的体育道德评价标准。

---

① 王正平、周中之:《现代伦理学》,中国社会科学出版社 2001 年版,第 460 页。
② 李艳翎等:《对竞技运动中技术运用的伦理思考》,《北京体育大学学报》2003 年第 26 卷第 6 期,第 822 页。
③ 王斌:《对加强和完善我国体育道德建设的思考》,《体育学刊》2006 年第 13 卷第 4 期,第 20 页。

任何社会要增强凝聚力，就要加强一元化的价值导向，用共同理想和信念去团结社会成员。正如党的十六大报告指出，"引导人们树立中国特色社会主义共同理想，树立正确的世界观、人生观和价值观。认真贯彻公民道德建设实施纲要，弘扬爱国主义精神，以为人民服务为核心、以集体主义为原则、以诚实守信为重点，加强社会公德、职业道德和家庭美德教育，特别要加强青少年的思想道德建设，引导人们在遵守基本行为准则的基础上，追求更高的思想道德目标。"①

由此可见，建立权威性的体育道德评价体系正是保障体育事业健康顺利发展的基础，这种权威性表现在体育道德评价标准的一元化和有用性。首先，体育道德评价标准的一元化，指在体育道德评价中，要有统一的标准，强调失道的底线。其次，体育道德标准的有用性，就是在体育行为交往中要真正做到陟罚臧否，不宜异同，使遵守道德者能获得利益，失道者要受到惩罚。只有正确、合理、有用的体育道德评价标准才能得到公众的认可而发挥作用，才能发挥其权威性，减少体育道德危机。因此，处于转型期的中国，更应强调体育道德评价标准的有用性，建立相应的道德奖励机制。②

二、体育道德奖惩机制

体育道德奖惩机制是指国家、集体或有关组织以各种现实利益对运动员、教练员、裁判员、观众等体育行为主体所进行的奖励和惩罚，促使体育行为主体选择国家、集体或有关组织所期望或所能接受的道德行为。奖惩机制是调控道德的一种有效机制，它能促使道德社会调节功能的实现，对社会成员形成一种强有力的内部激励和外部约束，影响社会成员的道德意识、道德信念、道德良知和道德行为。体育道德奖惩机制，就是要使遵守体育道德者能获得利益，践踏体育道德者受到惩罚，更好地发挥体育道德的调节功能。体育道德奖惩机制，包括体育道德奖励机制和体育道德惩罚机制两个方面。

---

① 江泽民：《全面建设小康社会，开创中国特色社会主义事业新局面——在中国共产党第十六次全国代表大会上的报告》，人民出版社2002年版，第40页。

② 王斌：《对加强和完善我国体育道德建设的思考》，《体育学刊》2006年第13卷第4期，第21页。

体育道德奖励机制是指通过某些有吸引力的奖励手段对体育行为主体符合体育道德规范的行为进行奖励和肯定,例如,认可、赞赏、表扬及必要的物质奖励等。通过道德奖励,增强体育行为主体遵守体育道德规范的自觉性。奖励机制在体育领域使用得较多,也取得了较好的成效。但大多数情况下,奖励都是与运动成绩挂钩,与道德挂钩的很少。尽管国内体育竞赛中,通常都设有体育道德风尚奖、公平竞赛奖等道德奖励,但这些奖励的吸引力、影响力不大,所起的效果并不明显。体育道德风尚奖、公平竞赛奖在评选时往往又与运动成绩挂钩,出现了运动成绩好道德风尚就好、就是公平竞赛的倾向,奖励往往仅停留在精神层面,以致有人发出"体育道德风尚奖、公平竞赛奖值多少钱"的疑问。因此,要进一步健全体育道德奖励机制,修改、完善体育道德风尚奖、公平竞赛奖的评选办法,给予体育道德风尚奖、公平竞赛奖必要的物质奖励,使体育道德奖励同运动成绩奖励一样,成为竞相争夺的目标,强化体育道德奖励的意义和作用。

体育道德惩罚机制是指预先告知体育行为主体不遵守体育道德规范可能引起的不良后果和需要承担的责任,对违背体育道德规范的行为给予批评、教育和必要的物质处罚,增强体育道德的威慑力。当前,中国体育领域发生的体育道德危机,与体育道德惩罚机制不健全、惩罚力度不大及体育道德的权威性、威慑力不够有很大关系。美国、德国等市场经济发达的西方国家,信用记录差的个人在信用消费、求职等诸多方面都会受到很大影响和制约,企业一般不愿与没有诚信的客户打交道,用人单位一般不愿意录用没有诚信的员工。我们需要学习和借鉴这些国家的经验以健全和完善体育道德惩罚机制,建立运动员、教练员、裁判员、观众等体育行为主体的"道德档案",形成对体育道德违规者如"过街老鼠,人人喊打"的强大声势;加大对违反体育道德行为者的惩罚力度,增加违反体育道德行为者的"违规成本",让体育行为主体深刻感受到体育道德的权威性和威慑力,在体育活动中自觉遵守体育道德。

三、体育道德监督机制

加强道德监督就是通过树立先进典型,倡导新的道德风尚,赞扬有益于社会,有益于精神文明和物质文明发展的道德行为,同时揭露、抨击不符合社会主义道德原则和规范的言行,批判和谴责不利于社会发展、阻碍现代化建设的非道德行为,批判与时代精神和现代文明价值相违背的腐朽的道德虚无主义、极端个人主义、享乐主义人生观和价值观。体育道德监督主要是指借助社会舆论的赞许或谴责,通过体育道德评价对体育参与者的行为作出善恶价值的判断,并把这种价值判断反馈给行为者本人,唤起体育行为主体的荣辱感和体育道德良心,使其为自己符合道德的行为感到自豪,并发扬光大这种行为,对自己不道德的行为知耻、愧疚,并及时改正,从而培养体育行为主体知善知恶的能力和从善去恶的态度,树立正确高尚的体育道德观。① 值得一提的是,体育道德建设中应开辟多种监督渠道,充分发挥内部监督、行政监督和社会舆论监督的力量,从而使体育道德成为扬善抑恶的"道德法庭",成为强有力的道德监督工具,从而使体育工作者形成道德价值上的共识,树立体育工作者道德参与的社会责任感,从而树立起良好的体育道德新风尚。

内部监督是指运动员、教练员、裁判员、体育科研人员、体育运动爱好者及一切体育工作人员内部之间和相互之间的监督。他们之间最了解情况,最有发言权,也最有监督权。有的曾出现集体违纪的现象,很重要的原因就是他们内部之间的监督削弱了,缺乏相互监督和帮助。

行政监督主要是指通过行政制度、行政法规对体育工作人员及运动员、教练员、裁判员、体育科研人员和体育行政人员的行为进行综合的监督检查。行政监督主要依照一系列严密的行政制度和行政法规,对他们所犯的错误和违纪行为进行处罚。

社会舆论是社会和个人对现实生活中的事物、人的行为和品质所发表的带有倾向态度和褒贬情感的各种议论、意见和看法。社会舆论对人的思想道德有着显著的影响作用,它代表了大多数人的意见和观点,带有许多合理因素,能够迅速在人们的心中起到定向作用,能调控人们的思想和行为,使之符合人民群众意愿和社会进步的需求。加强体育道德建设,要依托载体,重视社会宣传舆论工作,利用图书、报刊杂志、广播影视、互联网络等各种宣传媒体,

---

① 侯斌:《试论社会主义市场经济条件下体育道德及其制度保障》,《北京体育大学学报》2002 年第 25 卷第 1 期,第 35 页。

通过公益广告、标语口号、宣传手册等多种形式,正确评价、褒贬各种体育现象。要不断强化媒体的道德责任意识,把真实可靠的体育比赛信息传达给广大观众,用理性的、客观的态度正确引导公众道德,广泛宣传体育道德先进典型,及时发现和大力表彰体现社会主义道德新风尚的先进典范,同时,要有针对性地抓住一些反面的素材进行批评,对丑恶的行径进行曝光,最终达到惩恶扬善的目的,营造一个讲道德光荣、不讲道德可耻的舆论环境。

总之,建立、健全体育道德监督机制,要积极利用广播、电视、报纸、网络等大众传媒工具,努力开辟多种监督渠道,充分发挥新闻媒体和社会舆论的监督力量,通过新闻媒体和社会舆论对符合体育道德规范行为的肯定、赞许、褒奖以及对违背体育道德规范行为的否定、谴责、贬斥,使整个社会的体育道德评价成为扬善抑恶的"道德法庭",成为强有力的道德监督工具,使运动员、教练员、裁判员、观众等体育行为主体形成体育道德价值上的共识,唤起体育行为主体自觉遵守体育道德规范的道德意识、道德信念和道德良知,在全社会树立良好的体育道德风尚,形成抵御体育领域各种不正之风的良好社会氛围,促进体育事业的健康发展。

第三章　当前体育道德现状调研与分析

社会主义市场经济体制的确立与完善,在给体育道德的发展带来机遇的同时,也对体育道德提出了更高的要求。体育道德受到社会各界的普遍关注,在社会的共同努力下,体育道德已取得了很大的进步。尤其是步入 21 世纪以来,在国家政策的引导下,体育道德可谓蒸蒸日上,形成一片繁荣的局面。

虽然体育道德取得了一定的成绩,但是现实仍存在诸多体育道德问题需要我们去关注。如何解决这些问题成为了体育工作者努力的方向。从总体来看,中国体育道德现状不容乐观,各个项目、各个级别的体育赛事中均或多或少地存在体育道德问题,主要体现在使用兴奋剂、性侵、赛场暴力、黑哨、假球等方面,运动员、裁判员、教练员等均有违背体育道德的现象。造成这些问题的原因也是多方面的,挖掘这些问题的根源,找到规避的突破口,遏制这些问题再生是我们需要解决的紧迫任务。

第一节　体育道德取得的成绩

体育道德伴随着体育的产生而存在,并随着体育的进步而发展。时至今日,经长年累月的积累,在社会各界的关注下,体育道德较以前相比取得了很大的进步。一方面,关于体育道德的研究工作取得了卓越的成就,产出了相当多的研究成果,这些成果使我们进一步认清了中国体育道德的现状,对存在的问题也有了更全面的了解,体育道德建设路径的提出也具有较强的借鉴意义;另一方面,在教育的推动下,人们的主体意识觉醒,越来越认识到自身的重要性。体育道德教育工作的日渐成熟,给良好体育道德的建立提供其基本的保障。此外,21世纪更需要综合发展的人才。在人才的综合素质中,道德素养占据十分重要的地位,可谓综合素质中的重要一环。体育道德水平的高低体现着体育人才的综合素质,在体育备受关注的时下,体育道德的影响力在逐步扩大。

一、体育道德理论研究工作的卓越成就

理论,顾名思义,理,道理、原理;论,论述、辩论。理论就是指人们关于事物知识的理解和论述;也指辩论是非、争论和讲道理。围绕理论开展的研究就是理论研究,理论研究在人们认识事物的过程中有着极其重要的作用,可以说理论研究是人们认识事物基本的前提。人们对某一新鲜事物的理解一般是从基本理论起步。只有认清了事物的理论才能运用自如,从本质上把握事物的发展规律。此外,理论研究工作的进一步开展,是对事物本质的进一步挖掘,在这一反复的过程中,我们对事物的理解才能更加清晰,才能促进事物与新形势的融合。理论研究工作是科学研究中必须长期坚持的,也是一项必须进行的工作。

作为一门学科概念,欧美等国家早在20世纪中叶就开始了对体育伦理相关问题的研究,并取得了丰富的研究成果。在中国,对于体育伦理学的研究起步较晚,直到20世纪80年代初期才开始起步,但发展速度很快。在中国体育科学学会及伦理学会的领导下,国内学者在充分吸收、借鉴西方体育伦理学知识的基础上,从不同视角展开了对体育伦理科学的研究,就体育伦理科学的基本原理、体系结构展开了深入研究,形成了丰富的科研成果体系,涌现出大批具有较高影响力的论著,同时部分体育院校开设了"体育伦理学"课程内容,推动了中国体育伦理学的繁荣发展。经过十余年的努力,中国体育伦理科学取得重大进展,在部分领域有了新的发展,虽然中国体育伦理科学的研究较欧美国家相对滞后,迄今仍没有形成相对完善、成熟的学科体系,但日臻丰富的体育伦理科学研究成果为我们认识、分析新时期、新阶段中国日益频发、愈加复杂的体育职业道德问题提供了依据,在推动及促进中国体育职业道德建设及发展方面发挥了积极的作用。

体育道德理论研究工作是体育道德研究的基础,多年来,科研人员致力于理清体育道德的基本理论,为体育道德研究工作的进一步展开打下了坚实基础。体育道德研究一直是体育学界研究的热点与重点,尤其是中国竞技体育走上职业化、市场化、商业化的道路,体育道德作为体育事业发展的精神支柱,受到格外的重视,强调体育道德的重要性、探求体育失范原因,探寻体育道德问题解决方式,估量体育道德在整个社会道德建设体系中的重要地位,成为当前体育研究者的工作重心。中国对体育伦理道德的研究始于 20 世纪 80 年代,主要集中在以下四个维度上。

一是体育伦理道德基本问题研究,主要围绕体育伦理道德基本理论进行,如潘靖五的《体育伦理学初探》①(1985)从体育伦理学的基本概念入手,确立了体育伦理学的研究内容,着重从体育道德的本质、作用、原则、规范、范畴、评价、教育等方面进行论述。

二是中国传统体育伦理思想研究,主要集中在传统体育伦理与传统文化、哲学之间的关系,如王斌的《中国传统体育伦理思想之哲学底蕴》②(2002)指出在传统文化的影响下,中国传统体育伦理思想以当时的哲学思想和理论为基础,通过融合、嬗变,折射出具有本民族特色的体育伦理思想。

三是体育伦理道德问题研究,以竞技体育赛场、体育市场等方面问题为重点,如刘湘溶、刘雪丰的《当前竞技体育伦理问题及其实质》③(2006)指出竞技体育目的的异化、手段的异化、发展与可持续发展的矛盾是竞技体育问题的实质。

四是体育伦理道德建构研究,强调建构体育伦理道德的重要性,并从多维度出发探讨体育伦理的建构。如龚正伟的《当代中国体育伦理建构研究》④(2006)从体育伦理道德建构的视野、原则、途径等方面对如何建构体育伦理道德进行了全面而深入的研究。

---

① 潘靖五:《体育伦理学初探》,《体育科学》1985 年第 2 期,第 90—92 页。

② 王斌:《中国传统体育伦理思想之哲学底蕴》,《西安体育学院学报》2002 年第 19 卷第 2 期,第 20—22 页。

③ 刘湘溶、刘雪丰:《当前竞技体育伦理问题及其实质》,《伦理学研究》2006 年第 3 卷第 23 期,第 89—90 页。

④ 龚正伟:《当代中国体育伦理建构研究》,湖南师范大学,博士学位论文,2006 年 5 月。

也有学者对体育道德制度化进行探讨,如熊文等的《竞技体育道德制度化及其特殊形式——道德契约化》①(2007)指出道德制度化是现代社会和竞技体育特定环境下竞技体育道德建设的重要举措。

近年来,竞技体育领域频发的负面事件不断地挑战着体育伦理道德的底线,对此,学者加强了对竞技体育伦理道德意识培养、精神重塑方面的研究,进一步强调体育伦理道德的价值。如熊文、田菁的《竞技体育伦理的外在要求》②(2008)认为竞技体育讲伦理的外在要求包括:责任和义务的要求、社会主义性质及精神文明建设的要求、政治影响和政治形象的要求、公众—社会的要求、现实道德奖惩环境的要求等。

也有学者对高科技引发的伦理缺失现象进行反思,如沈克印等的《体育科技与体育伦理理性整合的支点》③(2010)指出科技在竞技体育中的无限伸张以及伦理在竞技体育中的有限规约是工具理性与价值理性断裂的具体体现,只有通过理性整合,实现体育科技与体育伦理的良性互动,才能使竞技体育走出伦理道德困境。

此外,也有学者结合当前体育职业化形势,对体育伦理道德环境建设思路进行了探究。如曹景川、连小刚的《我国体育职业化进程中的道德环境建设》④(2014)提出体育职业化进程中道德环境建设的策略。

这些体育道德理论研究工作的卓越成果为体育道德的实践起到了很好的指导作用,诸多成果被列为体育工作者必读书目。体育道德的范畴是很广的,这也就决定了体育道德理论研究是丰富的,它涉及体育参与者的方方面面。从涉及对象来说,包括运动员、裁判员、教练员等,从发生情景来说,从训练到参赛各个过程均有涉及。体育道德理论研究工作的重心也随着时代的发展而

---

① 熊文等:《竞技体育道德制度化及其特殊形式——道德契约化》,《上海体育学院学报》2007 年第 31 卷第 2 期,第 16—19 页。

② 熊文、田菁:《竞技体育伦理的外在要求》,《山东体育学院学报》2008 年第 24 卷第 4 期,第 25—27 页。

③ 沈克印:《体育科技与体育伦理理性整合的支点》,《北京体育大学学报》2010 年第 33 卷第 7 期,第 8 页。

④ 曹景川、连小刚:《我国体育职业化进程中的道德环境建设》,《上海体育学院学报》2014 年第 38 卷第 3 期,第 26 页。

有所变化,尽可能保持与时代同步发展。

伴随着经济全球化趋势的不断发展及中国经济转轨的不断深入,中国体育职业道德的外部环境发生了巨大变化,推动着体育职业道德的内容、形式的发展与完善。新时期,中国在建立与市场经济体制相符合的体育行业体制过程中,"取其精华,去其糟粕"的批判思路必然会对行业从业人员的思想观念产生深刻影响,导致他们的价值观、审美观及世界观等产生巨大变化。中国竞技体育职业化、市场化的不断改革探索,必然会推动中国体育伦理道德体系的发展与完善,但同时中国传统体育体制中的弊端必将不断显现,如旧有体育管理体制中忽视运动员、教练员的个人正当利益,片面强调人们的无私奉献精神,重视个人的内在精神却忽视人们的外在利益,直接打压了运动员、教练员从事训练的积极性。可喜的是,在近年来中国竞技体育市场化改革过程中,部分体育项目中已经开始引入竞争机制、奖励机制,以公平竞争、努力拼搏为核心的体育职业道德观念已经初步形成,推动着中国体育职业道德水平的提升。

社会主义核心价值观的提出为体育道德理论研究提供了新的突破口。围绕社会主义核心价值观与体育道德的研究虽然还处于起步阶段,但也有了部分的研究成果,如陈勇等对新时期体育道德价值观的建构探析;曹景川等对社会主义核心价值观视角下体育道德建设的路径探索。这些研究成果开启了两者之间理论研究的历程,此议题也将成为近期乃至今后相当长一段时间内的研究热点。体育工作者应在前人研究的基础上,进一步开展相关研究,使理论研究与实践能够较好地结合。

二、体育道德教育工作成效显著

体育道德教育作为提升体育道德素养的重要手段,在国家的大力支持,政策的良性引导下取得了飞速的进步。举国上下都十分注重体育运动中体育道德的展现,体育管理部门也高度重视体育道德教育,2002年国家体育总局颁布《国家体育总局关于加强体育道德建设的意见》,从体育道德建设的重要性和紧迫性,指导思想与原则,基本任务与内容,主要途径和措施等方面进行了具体阐述,为新时期体育道德建设工作的进一步展开指明了方向。同时在各级联赛、各项赛事开始之前都会召开大会,强调在比赛中重视体育道德;在比赛中设立体育道德风尚奖,比赛参与者也注重自身道德素养的提升,这与职业化的发展趋势也是相契合的。

2013 年 9 月 3 日,第十二届全运会女子帆船帆板比赛在大连赛区的瓦房店市举行。由于风急浪涌、心情紧张、操作失误,辽宁队选手郝秀梅不慎落水,当时风大流急,板体瞬间被拖至百米开外。郝秀梅奋力追赶,体力下降,当生命受到威胁时,四川队员马娇看到"同场竞技"的选手生命受到威胁,毅然退赛,奋不顾身冲入激流,对郝秀梅实施营救,成功帮助郝秀梅脱离了危险。①由于未能完成比赛,马娇只能退赛,而赛后这名运动员并没有为自己的见义勇为争取其他方面的补偿。它将这次救人看做自己应该去做的,这体现出了她高尚的人格品质,对体育精神作出了新的诠释。马娇的行为得到了大众的认可和赞扬,组委会也决定给马娇按平均成绩计算当轮分数,计为 14 分,虽然她无缘奖牌和名次,但这种精神的鼓舞告诉我们,并非一切比赛都是你死我活的争斗。马娇弃赛救人,表现了见义勇为、舍己救人的高尚品质,向社会传递了体育精神的正能量,体现了体育中的大爱,洋溢着体育之善,具有强烈的社会责任感和无私奉献精神,马娇也因此被誉为"最美选手"。

马娇"弃赛救人"的义举成为了第十二届全运会最大的亮点,因此,马娇被破格招入国家队,成就了自己多年以来的梦想。马娇的事迹,虽然是全运会竞技赛场的一段插曲,但它是难能可贵的,体现出了除赛场竞技之外的闪光之处。国家体育总局副局长在新闻发布会上点名表扬,称马娇救人之举是体育精神和人文精神的体现。马娇不仅展示了体育竞赛之美,更展示了体育道德之美。在她看来,金牌固然重要,但在赛场上,更需追求的是崇高的体育道德。她用行动在自己的首次全运会之旅中得到了分量最重的一枚金牌。

中国的体育道德在国内呈现良好的发展势头时,在国际上也得到了认可。在 2013 年美网公开赛中,中国"金花"李娜获得"美国网球公开赛体育道德风尚奖"。美国网球协会从 2011 年开始评选"体育道德风尚奖",目的是为了"教育、激励年轻人和他们的家长培养和展示高尚的体育道德、公平竞赛的精神以及在赛场内外互相尊重的态度"。该奖项也是为了表彰美国网球公开赛

---

① "马娇救人事迹",中华人民共和国第十二届全运会官网 http://www.liaoning2013.com.cn。

系列赛期间在体育道德风尚方面表现突出的男、女运动员而设立的,中国的"网坛一姐"以高超的技艺和高尚的品格征服了各位评委,获此荣誉。这是美网第二次颁发"体育道德风尚奖",评选范围仅限于那些至少参加了两站美网系列赛以及美网正赛的选手,与李娜同是四强选手的小威廉姆斯与阿扎伦卡也都是候选人之一。最终7名评选委员全部把自己的票投给了李娜。"美国网球公开赛体育道德风尚奖"评奖委员会主席托德·马丁为李娜颁奖时对李娜的表现予以充分肯定:"作为在美网公开赛期间最成功、最受尊重的球员之一,李娜诠释了这项比赛的内涵。能够把这个奖项颁给她,我们不胜荣幸。"①

运动员在赛场上用实际行动对如何展现高尚体育道德给出了完美的答案。中国体育道德之所以能有今天这样的成就,体育道德教育工作功不可没。中国对运动员的培养体系中也在逐步重视文化课程的学习,对学训矛盾也进行了较好的调节。在文化课的学习过程中,自觉增强了道德意识,提高了运动员的道德水平。在体育职业化的进程中,要求运动员必须具备高尚的体育道德。体育道德教育取得的成效可以作为学习榜样,激励更多的运动员在比赛中重视体育道德。

三、体育道德的影响力逐步扩大

体育是一种特殊的社会现象,是社会文化的一部分。当今社会,经济水平有了显著的提高,温饱已不再是问题。在物质生活得到满足之时,人们开始追求精神需要的满足。体育以其独特的魅力,受到人们的钟爱,它已成为人们社会生活的一部分。随着竞技体育水平的不断提高,人们体育精神方面的需求也越来越高,观赏高水平竞技体育赛事成为了人们打发闲暇时间的一种主要方式,赛事中所展现出来的体育精神也成了人们喜闻乐道的话题。新媒体时代,便捷的传播手段使得体育道德事件的信息得以迅速传播。在媒体的推动下,体育道德的影响被放大,良好的体育道德事件经过媒体的传播,让更多的人看到了体育事业良性发展的一面;恶性的体育道德事件在媒体夸大的报道

---

① 《李娜获"美国网球公开赛体育道德风尚奖"》,新华网,2013 年 9 月 6 日,http://news.xinhuanet.com/sports/2013-09/06/c_125330501.html。

下,使人们对体育道德产生恐慌,进一步对体育产生不好的印象。

毋庸置疑,高尚的体育道德是受人夸赞的,恶劣的体育行为是遭人唾弃的。在体育对人们社会生活的影响日益加大的同时,体育道德的影响力也在逐步扩大。人们从高水平竞技体育比赛中观赏到的体育道德引导着人们日常生活中的体育道德,进而影响着人们的体育行为。更由于体育的普遍性与广泛性,影响到人们的社会生活。随着体育职业化水平的提高,体育参与者对体育道德有了特别的关注。在国际舞台上,高尚的体育道德展现的是一个国家的精神风貌,是综合实力的一种体现;在国内比赛中,高尚的体育道德引领体育文明的发展方向。

高尚的体育道德不仅仅是竞技体育所追求的,在学校体育、社会体育层面也同样需要。在学校体育中重视体育道德,使教师的教与学生的学,能够融入一个良好的氛围,增强教学效果,有利于实现教学目标。体育教学中存在的体育道德问题使教学陷入了伦理道德的困境,教师的言传身教直接影响着学生体育道德观念的形成与发展,左右着学生的体育行为。在社会体育层面,在我们看到社会体育如火如荼开展之际,也看到了一些不和谐的画面——各种纠纷事件频发。纠纷事件的频发,在阻碍社会体育良性发展的同时,也反映出了社会体育参与人群道德水平不高的事实。高尚的体育道德推动社会体育自身的发展,也对加快社会主义精神文明建设具有十分重要的意义。

在体育道德逐渐融入人们生活的时下,体育道德的影响力已经渗透到其他方面。作为一种文化软实力,体育道德是构建体育强国的必备条件,也是实现体育"中国梦"的有力支撑。习近平总书记在中央政治局第十二次集体学习时强调,提高国家文化软实力,关系"两个一百年"奋斗目标和中华民族伟大复兴中国梦的实现,要努力夯实国家文化软实力的根基,传播当代中国价值观念,展示中华文化独特魅力。① 软实力的发展已成为推动国家进步不可或缺的一部分,在硬实力旗鼓相当的形势下,软实力在一定程度上决定了一个国家的综合竞争力。在复杂多变的国际形势下,软实力也就成为了国家走在时

---

① 《习近平:建设社会主义文化强国　着力提高国家文化软实力》,新华网,2013 年 12 月 31 日,http://news.xinhuanet.com/politics/2013-12/31/c_118788013.html。

代前列的保障。

一直以来,体育强国是我们坚持不懈的动力,为实现这个体育强国梦,数代人付出了艰辛的努力。体育强国梦与中国梦有着紧密不可分割的联系,它是实现伟大中国梦版图上的重要部分,新的时代赋予了它新的使命与意义。体育所呈现出来的公平正义、顽强拼搏、团结协作、为国争光的体育精神,给予了人们精神激励。

体育蕴含的伦理道德凸显出和谐社会条件下体育的价值。竞技体育所创造的精神财富、包含的道德观念是竞技体育软实力的核心内容。[1] 在当前形势下,竞技体育职业化走向中的体育道德已不仅仅关乎竞技体育单方面的发展,还体现着一个国家、一个民族整体的道德风貌。体育道德是发展着的,形势的革新、时代的变迁将体育道德推向了更高的地位,也对体育道德提出了更高的要求。正是由于这种种形势的所在,体育道德的影响力才得以呈现。形势在改变,体育道德将以更加合适的方式存在,对人们的社会生活产生越来越大的影响。

第二节　体育道德现状

一、体育道德认知现状

认知也可以称为认识,是指人认识外界事物的过程,或者说是对作用于人的感觉器官的外界事物进行信息加工的过程。有学者将体育道德认知分为"显性"与"隐形"两类,认为"显性之知"是指一切外在给予运动员的道德认知,"隐性之知"是根源于运动员内在自性仁德中的本知。[2] 体育道德认知是践行体育道德的前提,只有对体育道德有了充分的认知,才能在实践中自觉遵守体育道德行为规范。没有体育道德认知,体育道德的践行就是无源之水,无本之木,最终将会化为空谈。

---

① 薛岚、叶志良:《论竞技体育的软实力》,《中国体育科技》2008 年第 44 卷第 4 期,第 11 页。
② 王进:《运动道德的认知与实践:"知"与"行"的省思》,《西安体育学院学报》2009 年第 26 卷第 6 期,第 645 页。

在理论的调研上,运动员表现出较高的体育道德认知水平,比如绝大部分运动员有正确的世界观、人生观、价值观,有爱国主义、集体主义思想,知道体育道德规范的内容和运动员守则,知道竞技体育的公平公正原则,对他人进行体育道德评价和体育道德判断时也能作出正确的分析和选择。[①] 然而,在实践中体育道德行为与理论认知存在脱节,这是当前中国乃至世界的一个共性问题,也是在体育道德建设过程中急需解决的一个难题。体育从业者在临场比赛中受多种因素的影响,导致失去理性,产生违背体育道德行为。

二、体育道德问题总论

在构建和谐社会,实现中国梦,培育与践行社会主义核心价值观的多重背景下,在教育力量的推动下,体育道德得到了明显的改良。尽管从理论上来说体育道德认知现状是较好的,但从实际的表现反馈中可以看出,体育道德依旧存在问题。我们要透过纷繁复杂的表象,看清体育道德的实质,不能被眼前的假象模糊了前进的方向。分析出现的种种违背体育道德的行为,我们可以将当前存在的体育道德问题归为以下几个方面。

(一)体育道德意识的缺乏

道德意识是人们在长期的道德实践中形成的道德观念、道德情感、道德意志、道德信念和道德理论体系的总称。[②] 体育道德意识是在体育活动过程中形成的体育道德观念等的集合体。在实践中体育道德并不是某一集体的专属,每一位从业者都应遵守体育道德,这与赛事级别、从业年限、竞技水平之间没有直接关系。一些高水平运动员,尽管他们从事体育行业已有数年的经验,可能是某一领域的佼佼者,但同样存在体育道德意识模糊的情况,在实践的过程中缺乏对体育道德意识的培养。

体育道德观念对某些体育从业者来说似乎是思想领域的一片空白,他们在参与体育活动过程中,对体育道德的关注微乎其微,没有认识到体育道德无形的推动力量。缺乏这种体育道德观念,在实际活动过程中就不会自觉运用

---

① 徐红萍、李江:《运动员体育道德认知与体育道德行为脱节的省思》,《体育科技》2011年第32卷第1期,第13页。

② 搜狗百科:《道德意识》,http://baike.sogou.com/v6650286.tml.2012-2-28。

体育道德的方式来解决现实问题。没有对自身以及身边人群的体育道德水平形成适当的评价,没有认识到行为是否符合体育道德的标准,失去了道德情感应有的调节作用,任由道德倾向肆意发展,对不道德行为抵制力就会不强。体育从业者在体育活动过程中,对其行为是否道德缺乏评价能力,往往不能正确区分何为道德,何为不道德。

道德意志往往在随波逐流中被慢慢丢弃,自身内心的信念被人群同化,对自己道德标准的要求在屡次下调,自身优秀的道德品质难以坚持得到稳定发展。体育从业者对社会道德规范的认识的不足,为坚定体育道德信念带来了困难,一方面,自身道德感情无法驱动人们去坚守体育道德;另一方面,没有将履行体育道德看做是从事体育活动时必须遵守的行为准则。如果体育从业者对体育道德信念不坚定,就会失去要求在实践中践行体育道德的强大内部动力,也就无法外显为良好的体育道德行为。体育从业者忽视体育道德,进而外显的体育行为不利于对体育道德的培养,道德也就失去了应有的作用。

（二）体育道德价值的迷失

体育道德是一种重要的无形资产,也是体育参与者自身的一种重要财富,它的价值在参与体育活动过程中得以体现。只有认清体育道德的价值,才能切实体会到在实践中遵守体育道德的重要性,才能实现思想与行动的统一,做遵守体育道德的典范。遵守体育道德,明确体育道德价值,给予体育道德准确定位,受益的不仅仅是体育从业者自身,也对他人有着重要的影响和感染价值;倘若所有群众都遵守体育道德也就不会有那么多的负面报道,竞技体育也就会在一片和谐的环境下有序开展。体育道德的弘扬也会影响到其他层面道德的建立与发展,进而促进道德的全面开展。

然而,在价值观念多元化的冲击下,人们淡化了道德价值,体育从业者不能很好地把握体育道德的价值,致使体育行为有失道德水准,体育道德价值的迷失是体育道德层面的一个无法回避的问题。体育道德价值的迷失主要体现在以下几个方面。

第一,体育道德奢靡化。自古以来,中国就非常重视传统文化,从孔孟的仁义礼智信到八荣八耻,再到社会主义核心价值观,这些理念为我们的民族留下了宝贵的精神财富。如今,体育成为人们社会生活一部分的同时,良好的体育道德精神在一定程度上满足了人们精神的需要,解决了人们的精神"温饱"问题。然而,同时我们也看到了,体育道德的奢靡,将利益放在第一位,以成绩衡量政绩。当体育道德价值可以明码标价,当传统文化沦为价格标签,我们再谈如何建设体育道德只是一席空话。

第二,体育道德模糊化。体育道德本应是人人都遵守,肩负着协调人与人之间关系的重任。然而,体育道德作为社会文化的构成部分,必然要受到社会大环境的影响。当前的社会环境中,道德的价值已被模糊,丑陋也许是当前文化现象最好的形容词。新媒体时代的到来,给文化的传播带来了新的机遇,但如果导致文化的泛滥必然带来文化的丑陋。体育道德也不可避免地受到了影响,各种违背体育道德的行为频发,使人们感到体育道德在滑坡,败坏了体育道德。

第三,体育道德虚无化。事物都是在矛盾与统一中发展的,体育道德也不例外。在中西方文化的交融、传统与现代文化的交织下,加之媒体为吸引大众眼球而夸大事实,社会对负面事件的关注度过高,颠覆经典文化,盲目崇拜流行文化。体育道德在这种虚无的背景下,文化的核心价值被消解。在体育活动中道德凌驾于实际,成为了空话,与实际的脱离使道德失去了原有的支撑,体育道德失去了内核变得空心,缺乏实质。

第四,体育道德泡沫化。体育道德看似繁荣发展,但与真正的繁荣之间仍有很大的差距。体育道德泛化,呈现出的是体育道德肤浅的热闹,使体育道德失去了本有的自尊与威严,体育道德的价值在泡沫化的现实中被大肆淹没。体育道德泡沫化遮蔽了体育道德发展的实际,给人以假象,使人摸不透体育道德的真实面貌。体育道德价值迷失在泡沫化的发展中,体育道德的精神价值,体育的文化本质被迫披上一层泡沫的迷雾。

基于上述体育道德价值迷失的种种表现,体育道德在残酷的现实面前,它的价值就显得苍白无力,体育从业者缺乏对体育道德全面的认知,不能在实践中实现体育道德的价值。同时,由于体育道德价值的迷失,体育运动竞赛所展示出来的体育精神被大打折扣,人际关系问题层出不穷。

（三）体育道德教育的不足

体育道德教育是体育从业者践行体育道德的基础,反观当前体育从业者所出现的种种问题,让我们不禁发出道德在滑坡的哀叹,这在一定程度上反映出体育从业者体育道德教育的缺失。就体育活动中出现的这些问题而言,不论是赛场上运动员的打架斗殴,还是裁判员的故意错判漏判,抑或是教练员对运动员的殴打辱骂,归根结底透露的是体育从业者体育道德水平较低的深层问题。

首先,体育从业者在体育活动过程中对体育道德应有的权利与义务存在认识缺陷。在运动竞赛中,体育从业者将全部精力放在了成绩的提高上,鲜有体育道德教育,往往只关注自身的权利,忽视了遵守体育道德的义务,甚至是没有遵守体育道德这项义务的自觉意识。其次,对当前自身体育道德水平的认识存在偏颇。体育从业者在看待体育道德这个问题时,往往看到的是好的个案,而没有从全局上把握体育道德的整体现状,只看到了体育外在的红火,而没有看到内在的道德危机。再次,缺乏公德意识,自我为中心主义盛行。体育从业者过多关注自身利益,将体育道德看做是为自身服务的工具,自身不去遵守体育道德反而试图通过要求他人遵守体育道德来增大自身的利益。最后,体育从业者对体育道德与法律的关系理解存在误区。在体育活动过程中,不能运用恰当的法律手段来维护自身的权益。

总的来说,中国体育注重竞技能力的提高,较忽视文化的教育。中国运动员大多从小就开始接受专业化的训练,在这个过程中文化课的重要性被淡化,甚至存在只训练不学习的情况。如此,便导致中国运动员虽然具有较高的竞技能力,但综合素质有待提升,这也是中国学者一直以来较为关注的一个话题。中国大部分运动员由体工队负责培养输送,缺乏良好学习环境的熏陶,导致运动员不爱学、学习效果较低,形成恶性循环。由于上述种种原因,体育道德教育的重要性被忽视,使其成为短板,甚至在一定层面上可以说,体育道德教育的短缺是体育道德失范的根源。

三、我国竞技体育职业化进程中道德失范现象的表征

职业化是竞技体育发展的大势所趋,回顾中国竞技体育职业化已走过的近20年历程,在这一历程中体育道德问题受到了广泛关注。于英等指出在体育职业化、商业化的模式下,受市场经济体制的冲击,传统道德观念开始出现

瓦解。① 张晓林等也指出，自职业化改革实施以来，重金奖赏的方式导致拜金主义盛行，进而致使传统的体育道德精神和基本准则的丧失，一味地沉浸在市场诱惑下的利益追求中。② 诚然，问题是固然存在的，但我们也应看到竞技体育职业化对体育竞技队伍整体素质水平的提高、个体道德的提升与发展所做出的贡献。可见，对于竞技体育职业化与体育道德的关系，应从辩证的角度出发，正确对待它们的两面性。对于好的一面，我们极力地倡导，对于存在问题的一面，我们要积极采取措施，尽可能地避免。

"在中超第 13 轮比赛中，山东鲁能客场 2∶2 战平贵州茅台。但由于比赛中的一次争议判罚，鲁能球员与裁判在赛后发生了激烈冲突，最终演变成一场围攻，场面一度非常混乱。在冲突中，鲁能主帅库卡甚至遭到了边裁的拳击而眼角受伤，出现一个两厘米的血口。边裁手臂受伤出血。不怕乱子大的部分贵州球迷，居然在鲁能与裁判冲突时起哄高呼'裁判加油'的口号。"这是一起典型的、涉及范围广的体育道德失范事件，在这次事件中涉及运动员、裁判员、教练员与观众，在一定层面上可以说涉及了赛事的所有人员。反思体育道德失范现象，有助于我们认清当前形势，不至于被眼前的迷雾模糊了前进的方向，在回应现实生活世界诉求的同时，又可透过纷繁复杂的道德现象和种种道德观点、学说，看到当代中国竞技体育道德建设所面临的机遇和挑战，从职业化走向中窥到体育道德秩序转换的契机，进而提出建设性的意见。

在国际大趋势的影响下，中国竞技体育事业逐步走上了职业化的道路，职业化的初衷是为了实现体育更好的发展，提升我国体育的综合实力。然而，在职业化的同时，也带来了一些诟病，体育道德失范是不得不提的一面。竞技体育职业化意味着体育市场化、商业化的程度进一步加深，既然是在市场经济体制内，经济利益必将在其中发挥作用，在利益的驱使下，体育道德失范也就不难理解了，在这个层面上来说，体育道德失范与体育职业化发展是存在一定关联的。

---

① 于英、戴红磊：《体育道德失范的表现及伦理救援》，《体育学刊》2013 年第 20 卷第 3 期，第 33—36 页。

② 张晓林、何强：《我国"足球十年发展规划"执行失效与实施路径探讨》，《山东体育学院学报》2014 年第 30 卷第 6 期，第 28—33 页。

从另一个层面看,体育职业化是体育事业发展到一定阶段的产物,是一种必然趋势。西方国家竞技体育职业化已有上百年的历史,而我国体育职业化起步较晚,迄今也只有20多年的历史。在数次改革之后,我国竞技体育职业化已初具规模,然而,随着职业化程度的加深,体育道德却未能得到同步发展,体育道德失范事件不断涌现。我国竞技体育职业化要想更上一层楼,体育道德失范必须高度重视和认真对待,甚至可以说是当前必须要解决的头等问题,直接关系到中国体育事业能否健康持续发展。体育道德失范涉及广泛,在各个群体中均有发生,运动员、裁判员、教练员均是体育道德失范的高发群体。

国外体育职业化起步较早,至今已达到了相对高的职业化水平,在一定意义上,职业化水平越高,体育参与者固有利益受到充分保护,受其他利益的驱动较小,体育道德失范的概率也就越小。在成熟的体育职业化语境中,运动员、裁判员、教练员均为职业化,有着较为丰厚的待遇,有着较完善的惩罚机制。在某种程度上看,西方已经走出了体育道德失范的困境。相较而言,我国体育职业化仍处于一个较低的水平,利益在体育参与者面前仍具有较大的诱惑力,体育事业发展水平较体育强国还有一定差距,总体的职业化水平较低。职业化进程中的体育道德失范在运动员、裁判员、教练员三大体育活动参与主体层面均有展现。①

（一）运动员滥用药物

竞技体育职业化发展,首先是运动员的职业化,道德的底线是对运动员这一职业的基本规范提出的要求,在行为标准方面体现"职业化行为规范",恪守最基本的道德规范。就体育竞赛而言,公平是最本质的诉求,是竞技体育可持续发展的必然要求。在体育竞赛参与过程中,运动员无视诚信,掩埋公平,不惜以损害自身健康为代价,突破了道德的底线。

运动员滥用药物是竞技体育职业化进程中一项最为典型的,也是性质最为恶劣的道德失范现象。滥用药物违背了奥林匹克精神,玷污了体育道德,损害了运动员的身心。尤其是篮球运动员服药现象时有发生,虽然国家体育总

---

① 本部分核心观点和内容来源于曹景川:《我国当前职业体育道德建设的路径探索》,《吉林体育学院学报》2014年第4期。

局三令五申严厉打击服药行为,成立专门的检测机构,然而,在利益的驱动下,运动员置自身乃至国家形象于不顾,违规服用违禁药物的现象着实不少。

（二）裁判员"黑哨"行为

长期以来,我国裁判员群体大都是通过自然筛选出来的,整体素质仍有待提升,在执裁过程中道德失范现象尤为普遍。裁判作为比赛的执法者,爱岗敬业,恪尽职守是最基本的要求。在体育职业化发展的潮流中,裁判员的职业化亦是大势所趋,只有实现职业化才能够提高裁判员的执裁水平。只有裁判的公道正派、公平正义,才能保证比赛的正常进行,才能深得大众的信赖。我们承认裁判并非机器,在高速运转的体育比赛中,出现错判、漏判在所难免。我们也深知目前受各方面的限制,我国裁判工作的硬件匹配还比较落后,与理想判罚还有一段距离。但是,这不应成为裁判员道德失范的缘由。

在比赛中,我们经常可以看到这样的现象,比赛的胜负并不是由运动员的参赛水平来决定,而是掺入了不少的裁判因素,裁判有时甚至成为最终胜负的主宰。"黑哨"行为,并不是一个单例,在各级联赛中均有发生。在职业化相对发达的足球和篮球项目中,部分裁判员甚至徇私舞弊,在执裁中故意错判、漏判,违背作为一名裁判员的职业操守。更有甚者收受贿赂,触犯法律。

（三）教练员打骂运动员

教练员是体育人才的塑造者,对体育事业的发展具有突出贡献。在一定层面上可以说,在体育竞赛中教练员有着不低于运动员的重要地位。教练员与运动员之间本应是和谐相处、紧密相连的关系。教练员应把更多的精力放在提升运动员成绩,为体育事业发展服务之上,在自身岗位上作出应有的奉献。然而,受我国举国体制下"金牌战略"思想和政策的影响,长期以来我国对教练员的评价形成了"唯金牌论"的模式,在利益的诱导下,奉献几乎成为了一种空话。

在传统"严师出高徒"观念的影响下,教练员打骂运动员成为普遍现象。教练员的职业道德问题越来越受到广泛的关注,旧的训练模式已经不能满足新时代的需要,更新教育观念,正确处理与运动员之间的关系成为教练员良好道德的体现。运动员由于技战术的不成熟,犯错在所难免,教练员批评教育无可厚非,然而某些教练员对人格的侮辱与变相的体罚使两者关系急剧恶化,教练员与运动员矛盾激化事件频频爆出。由于难以忍受主教练的打骂,国青队运动员联名上书进行弹劾,虽然行为过于偏激,但至少可以说明一些问题。"血书门"事件值得我们深思,对教练员道德水平需要进行重新审视。

第三节 从仁川亚运会看中国
竞技体育道德风险①

跟随现代化和全球化的发展潮流,中国竞技体育体系自 20 世纪 90 年代就开始了缓慢的社会化、职业化和市场化进程。然而,这种缓慢而不彻底的社会化、职业化和市场化也给中国竞技体育领域带来了诸多风险。② 由于制度供给的相对滞后以及道德主体、客体等都发生了巨大变化,致使中国当代社会转型期道德变迁过程中失范现象日渐突出,一些领域、时段、群体的局部职业道德滑坡已成为中国社会普遍存在的客观现象,导致社会经济活动中道德风险骤增。正处于蓬勃发展时期的中国竞技体育,在社会化、职业化和市场化的社会大潮中,与其他经济活动领域相比其职业道德失范现象似乎更为严重,由此带来的后果是职业道德风险大大增加,已成为制约中国竞技体育事业可持续发展的重要因素。

亚运会是亚洲最高级别的综合性体育盛会,可以看做是亚洲各国为了备战两年后的奥运会所参加的小考。各亚洲国家都非常重视在亚运会上取得的成绩,亚运会是亚洲地区关注度最高的一项体育赛事。在亚洲地区,中国的竞技体育实力处于领先地位,在某些项目上中国运动员所具备的竞技实力代表着亚洲地区的最高水平。因此,中国运动员在亚运会中的表现也是备受关注的。仁川亚运会中国运动员体育道德问题再次引起了关注,这些本不该出现的问题给中国竞技体育的发展带来了不利影响,损害了体育

---

① 本部分内容来源于曹景川:《从仁川亚运会看中国竞技体育职业道德风险及规避》,《南京体育学院学报(自然科学版)》2015 年第 1 期。

② 秦文宏:《论转型期中国竞技体育风险的性质》,《南京体育学院学报》2011 年第 25 卷第 3 期,第 81—83 页。

形象乃至国家形象。

一、道德风险和竞技体育道德风险的内涵

　　道德风险问题的产生和出现是人类和人类社会所特有的现象,它是伴随着人类行为出现而出现的,但真正将其作为一个学术上的专有名词和研究对象却是从 20 世纪 60 年代才开始的。① 随着人类社会的发展,道德风险远远超出了最初的含义,道德风险问题影响了人类政治、社会、经济生活的方方面面。亚当·斯密在撰写《国富论》时指出"个体追逐私利的行为会推动整个社会的进步"。经济学家们从各个角度、使用各种理论依据来研究经济行为中的道德风险问题。例如从制度经济学角度,诺斯将道德定义为"制度经济学中社会约束中非正式约束主要的组成部分,其相对于法律等正式契约约束具有成本低、自觉性高等优点,而道德风险的存在则提高了经济行为的成本,降低了效率"。② 科斯也强调经济学中对人的定义不应该局限于效用最大化的理性个体,应该定义为更为真实更为全面的"社会人",而不存在道德风险问题的完全理性经济人仅仅存在于教科书之中。③ 此外,还有学者利用信息经济学中委托—代理理论来分析道德风险问题,将其定义为"在合同签订后当事人一方不顾一切地使自己收益最大化而损害他人利益的隐瞒行动或信息的行为"。④ 从国内外诸多经济学领域的研究成果看,研究视角、理论依据的不同是导致道德风险迄今为止没有权威、统一定义的根本原因。近些年来,随着研究领域的拓展,对于道德风险的研究已经由传统的制度经济学领域拓展到社会学领域,这为我们更加清晰地认识道德风险奠定了良好的理论基础。笔者认为,道德风险是"道德"与"风险"两个概念的复合概念,要明晰道德风险和竞技体育道德风险的内涵,首先要界定"风险"这个下位概念。其中,关于风险概念的界定,理论界意见是高度一致的,他们认为风险就是造成危险、损

① 杨伯华、缪一德:《西方经济学原理》,西南财经大学出版社 2011 年版,第 161—162 页。
② 庞永红:《从诺斯意识形态理论看伦理道德的功能作用——诺斯意识形态理论探析》,《道德与文明》2004 年第 2 期,第 25—27 页。
③ 王红阳:《人性·公正·社会资本:科斯定理伦理意蕴中的误读与缺失》,《安徽行政学院学报》2014 年第 5 卷第 4 期,第 28—32 页。
④ Holmstrom B.Moral hazard and observability,The Bell Journal of Economics,1979,pp.74—91.

失的潜在因素,它与不确定性没有本质区别。①

从伦理学角度讲,道德风险是一种特殊的风险类型,是指个体在特殊领域中在最大限度地增进自身效用的同时作出不利于他人的行为的可能性。② 在体育活动这一特殊领域内发生的道德风险,就是竞技体育道德风险。简言之,就是教练员、运动员、裁判员等竞技体育主体为获取自身利益作出的一系列有违于竞技体育伦理规范秩序的行为。

二、仁川亚运会中国竞技体育职业道德风险行为

仁川亚运会是 2014 年亚洲最高级别的竞技体育赛事,中国体育代表团 897 名健儿共赢得 151 枚金牌、108 枚银牌、83 枚铜牌,连续 9 届占据亚运会金牌榜榜首位置,亚洲体育霸主的地位愈发巩固。但也暴露出一些体育职业道德风险行为,如服用兴奋剂、运动员或教练员违纪等,造成极其恶劣的国际影响,严重损害了中国体育的形象和国家的声誉。

(一) 田径名将张文秀的兴奋剂事件

兴奋剂问题严重玷污和践踏着圣洁的奥林匹克精神和理想,它就像一颗毒瘤依附在奥林匹克的肌体上,不断侵蚀着奥林匹克运动的健康。使用兴奋剂既违反体育法规,又有悖于基本的体育道德。随着体育运动蓬勃发展,体育这一象征着健康、团结和光明的事业吸引了越来越多的人参与进来。而兴奋剂的出现却日益威胁着这一事业的健康发展,严重背离了体育的宗旨,使体育的道德和价值正面临着前所未有的挑战。

长期以来,中国政府高度重视反兴奋剂工作,出台了很多措施加强兴奋剂治理,对兴奋剂违规行为实行"零容忍",每年实施的兴奋剂检查有 10000 多例,阳性率远低于国际上阳性率 1% 的平均水平。③ 但在仁川亚运会中,中国

---

① 周洪珍:《竞技体育人才培养投入与产出效益研究》,科学出版社 2011 年版,第 183—184 页。

② 赵丙军、司虎克:《论信息不对称条件下我国竞技体育道德风险》,《聊城大学学报(自然科学版)》2005 年第 1 期,第 68—72 页。

③ 黄兴裕:《中国兴奋剂检查工作现状、问题及其对策》,《华东交通大学学报》2008 年第 3 期,第 130—133 页。

田径链球名将张文秀因兴奋剂检测呈阳性,被剥夺了亚运会参赛资格,其在该项目获得的金牌也被收回。这是中国自 1994 年以来在国际综合性运动会上首次有运动员被查出兴奋剂呈阳性,无论禁药事件内因如何,都给中国竞技体育事业的国际形象造成了极为负面的影响。

（二）羽毛球名将林丹的"嘲讽"事件

尊重组委会、尊重裁判,理性对待比赛结果是运动员必须具备的基本职业道德,是运动员应有的职业素质和礼仪,也是维持正常比赛秩序的需要。运动员要遵守赛场规定和竞赛规程,要无条件地尊重组委会、裁判等赛事主管部门的决定,这样才能有助于保证比赛的纪律和公平竞赛。当然,裁判有时也难免会出现误判、错判和漏判,但绝大多数裁判是秉公执法的,不过也不排除个别裁判的裁决不公,特别是在球类比赛中,有时因为场地大,事情发生得非常突然,加之竞争激烈,裁判站位不佳等原因,可能会出现有争议的裁决,甚至是误判、错判。中国体育代表团在赛前运动员、教练员礼仪培训中重点强调,要避免因判罚的可能不公平而影响对手、冒犯观众或有损运动声誉的不良行为发生。

近些年来,在中国竞技体育职业化、市场化进程中,运动员不尊重组委会、不尊重裁判甚至谩骂、追打裁判的事件时有发生,中国竞技体育运动员的职业道德面临严重拷问。在仁川亚运会部分项目中,教练员、运动员质疑裁判员的现象仍频频发生,特别是在羽毛球项目中,包括主教练、运动员等在赛后的新闻发布会中都频频表达对组委会的不满。在 2014 年仁川亚运会羽毛球男单决赛后的记者招待会上,林丹说道:"这次比赛是一个特别的斗争,我的职业生涯到目前为止,都没有经历过这样的风向问题。谢谢韩国,谢谢仁川"。引发了国内外舆论的热议,部分国外媒体直言中国运动员缺乏礼貌。笔者认为,舆论对中国运动员职业道德的批评,其根源在于国内竞技体育领域频发的道德风险行为。

仁川亚运会中国竞技体育上述两种典型的职业道德风险,在国内竞技体育诸多项目中频频发生,是中国竞技体育领域职业道德风险的缩影,有些甚至有愈演愈烈之势,对中国竞技体育职业化、市场化、产业化都造成了极大的负面影响。职业道德风险对中国竞技体育事业发展的制约是极为明显的,这将导致项目观众的锐减、影响力的降低,进而影响到该项目的市场开发,从而产生恶性循环,最终导致市场崩溃。探究导致中国竞技体育职业道德风险产生的原因,进而有效规避职业道德风险,是我们必须认真对待的问题。

第四节　全运会存在的一些体育道德失范现象①

全运会是中国规模最大的体育赛事,代表国内竞技体育的最高水平,被誉为中国人的"奥运会",②担负着传承奥运精神,展示竞技体育魅力,检验中国竞技体育整体实力的神圣职责。同时,也是调动各地区参与体育积极性,展示竞技体育实力,锻炼新人,完成新老交替,培养高水平竞技体育人才的场所,是中国运动健儿实现梦想的重要平台。全运会的举办在某种程度上不但可以反映出中国竞技体育发展的真实水平及不同地区竞技体育实力的差距,而且可以看出中国竞技体育项目的发展趋势及改革的基本方向,为中国体育的腾飞奠定了良好的基础,为社会的和谐发展提供了精神动力。

自1959年至今,中国已成功举办了12届全运会。其中,第12届全运会共设31个大项,在数量上超过了2012年第30届伦敦奥运会(26个大项),已经成为中国规模最大,且拥有一定世界性影响的综合性运动会。全运会的主旨是选拔全国优秀体育人才,为国家奥运战略锻炼新人。经过数十年的努力,全运会的成绩有目共睹,已成为中国体育赛事的形象标杆。每届全运会都会涌现出一批优秀的竞技体育人才,对备战奥运的人才选拔具有重要参考价值,成为中国奥运战略的重要保证。此外,全运会赛制促进了竞技体育的发展和竞技体育人才的培养,促进了《奥运争光计划》的有效实施,保证和协调了以

① 本节核心观点和部分内容来源于曹景川:《全运会"灰色地带"成因及应对策略研究》,《体育研究与教育》2014年第3期。

② 黄文敏:《关于我国全运会体制的科学反思》,《体育科学研究》2006年第10卷第4期,第9—12页。

奥运项目为重点的奥运会战略项目布局系统的形成和不断完善。① 再加上各地区体育翘楚的同场竞技,使得全运会竞技性与观赏性并存,所有这些,都使得全运会独具魅力。

整体而言,全运会展示着中国体育事业的综合实力,在接轨奥运、为奥运会选拔和培养人才方面,发挥了重要的作用。在某种意义上,甚至可以说没有全运会也就没有中国奥运赛场的辉煌。在发挥竞赛杠杆作用,促进中国竞技体育水平进一步提高的同时,全运会还发挥多元功能作用和综合效益,为竞技体育与群众体育协调发展,建设体育强国作出了巨大贡献。② 它是全民健身的催化剂,无形中增强了全民的健身意识,推进全民健身的进一步发展。在全面提高人民群众身体素质的同时,宣传体育精神,传播体育文化,满足人民群众日益增长的对体育物质文化的需求。在市场经济体制的大潮中,全运会的举办为地区经济的发展创造了巨大的机遇,对提高地区的社会地位有着深远的意义。同时,全运会的成功举办也向世界展示了中国的综合实力,提升了中国的国际地位及形象。

也正因为如此广泛的影响力,全运会也就有了更大的责任和义务,这就要求全运会必须有一个完善的管理体系和严谨公正的体育道德作风引领国内体育赛事向更高水平发展。全运会是中国体育事业中不可或缺的一部分,也一直是体育界关注的焦点,随着体育事业自身的发展,全运会的机制、管理体制等都有着长足的发展,其对中国体育发展的推动、促进作用有目共睹,然而,随着中国市场经济的快速发展,全运会中一些道德失范现象频频发生,严重影响了全运会赛事的健康持续发展,造成了不良的社会影响。本章结合近五届全运会的道德失范现象的案例,从个体层面、群体层面系统分析全运会赛场存在的一些道德失范现象的表现形态。

一、个体行为层面体育道德失范

全运会作为中国竞技水平最高的大型体育赛事,同样是一项复杂的社

---

① 刘礼国、徐烨:《全运会赛制改革思考》,《体育文化导刊》2008 年第 4 期,第 10—13 页。

② 郭权、高玉花、田麦久:《奥运战略视角下全运会竞赛制度改革的成效与期望》,《西安体育学院学报》2010 年第 27 卷第 5 期,第 540—543 页。

会系统,由不同的具有自身特有生态结构的组成要素(主要是运动员、教练员、裁判员及其他工作人员)结合而成,这些组成要素之间相互联系、互相作用,在特定的时空条件下按照有机联系并相互作用的排列方式或顺序,构成了一个完整的赛场生态系统。① 个体层面的道德失范行为主要是赛事参与者的道德失范,这种道德失范行为是赛事参与者对于体育道德的反抗或蔑视。

(一) 教练员体育道德失范行为

教练员是日常训练活动的组织者,是训练的策划者和控制者,他们的言谈举止及道德水平潜移默化影响着运动员的道德水平和价值观念。中国有句古话叫"学高为师,身正为范",提高教练员的道德水平是时代发展的必然要求,是构建良好体育道德规范的重要内容。

教练员是运动队或运动员训练的指导者,教练员在队伍中的威信和震慑力是决定队伍整体活动组织和运动员个体行为是否受教练员指挥的关键因素,教练员的威信是他们开展教学与训练活动的基础。从连续五届全运会比赛看,赛场上发生的众多关于教练员道德失范的行为,让人们对教练员产生了前所未有的信任危机。在全运会赛场上,运动员的成绩直接关系到教练员今后官职的晋升和奖金的多少,奖牌对于不少教练员而言意味着未来的发展前途及巨额的奖金,特别是近年来有些省市为了提高全运会的成绩及排名,基本上都采用"金元政策"来激励教练员,利益驱使导致教练员道德失范现象频发,有些时候教练员甚至成为裁判员、运动员道德失范现象的始作俑者。有的教练员因不满裁判判罚、不满运动员表现而辱骂甚至殴打裁判员、运动员,有的教练员为了"成绩"默许或甚至鼓励运动员使用兴奋剂之类的违禁药品,赛场上教练员的道德失范现象日益频发。如表 3—1 所示是近年来全运会赛场部分教练员的道德失范现象,其中大部分道德失范行为都是因为对裁判员判罚不满而产生的不礼貌行为,这造成了恶劣的社会影响,甚至引发现场观众的越轨行为。

---

① 辛琼:《浅析市场经济下运动员职业道德失范》,《科技视界》2013 年第 33 期,第 310—315 页。

表3-1　近五届全运会赛场部分教练员道德失范行为一览

届别	项　目	事项描述
第九届	乒球男团一阶段小组赛	四川队教练员不满判罚,踢挡板、围攻裁判
第十届	柔道女子+78kg级决赛	教练员刘永福授意运动员孙福明放弃比赛
第十届	摔跤男子55kg级半决赛	湖北队教练兼队员王心军追打场上裁判
第十一届	柔道女子78kg级比赛	内蒙古选手张美玲教练大骂裁判"王八蛋"
第十一届	女足预赛北京队 vs 新疆队	新疆队教练和部分队员集体追打裁判
第十二届	摔跤男子66kg级半决赛	因教练不满裁判判决比赛一度中止
第十二届	女子橄榄球北京 vs 江苏	两队教练员赛后发生争执,甚至大打出手
第十二届	柔道女子78kg级半决赛	东道主选手教练一度冲入场地找裁判理论

其中,影响较为恶劣的是2005年第十届全运会上著名的孙福明"默契假摔"事件,不仅仅是因为它是全运会赛场众多道德失范现象中的"典型性事件",更因为事件的背后反映出教练员职业道德的缺失,能"合理"利用规则。比赛开始30秒时孙福明的教练员刘永福大叫一声"酶",孙福明当即被同样来自辽宁的选手闫思睿摔倒,最终孙福明在教练的授意下输掉了比赛。赛后刘永福在接受媒体采访时甚至说"孙福明有伤,她们两人是一个队的队友,我让金牌我愿意"。

（二）裁判员体育道德失范行为

在全运会赛场上裁判员是竞赛的执法者,对于比赛的过程及结果,以及赛事的公正性与公平性具有重要的影响。对于教练员而言,应恪守职业道德,准确、公正地执法,维护体育运动的公平竞争。在20世纪90年代之前的全运会比赛中,中国裁判员的业务水平、工作作风及职业道德水平较高,教练员队伍很纯洁,有良好的形象和较高的威望,道德失范现象几乎没有。自20世纪90年代体育职业化改革以来,包括全运会在内的大型体育赛事的商业化、市场化思潮日益兴起,随之各种拜金主义、功利思想也不断涌现,少数教练员的道德观、价值观受到了较大的冲击,比赛中执法不公、收受贿赂等违反职业道德甚至涉嫌犯罪的现象屡屡见诸报端。

其中,"黑哨"是全运会赛场上教练员公平执法观念缺失、职业道德失范的集中体现。受竞技体育商业化、市场化利益的诱惑,裁判员队伍的纯洁性越来越低,一些裁判员为了一己私利,私相授受,徇私舞弊,不能公正、公平、严肃、认真地执法,黑哨、打人情分、地方分等情况时有发生。主要表现在如下几个方面:一是裁判员在比赛前收受某方教练员、工作人员的好处或财物,在"吃人的嘴软,拿人的手短"潜规则的作用下,违背公平、公正执法的裁判原则,在执法过程中偏袒比赛的一方;二是为比赛一方谋取利益,在规则允许,可吹可不吹,可罚可不罚的情况下作出有利于比赛一方的判罚,妨碍公正执法;三是对运动员、裁判员的不礼貌行为实施报复,作出不利于比赛一方的判罚;四是为了找平衡故意漏判、错判等。全运会赛场上少数裁判员违背职业道德,不公正公平的判罚行为,不仅是对自己人生道德信仰的背叛,玷污了裁判员工作的廉洁性与公正性,也触犯了国家的法律法规,阻碍了中国竞技体育的进一步发展,应受到相关法律的制裁。其中,市场经济条件下利益的驱使是导致裁判员群体道德失范行为频发的根本原因。

表3-2　近五届全运会赛场部分裁判员道德失范行为一览

届别	项　　目	事项描述
第八届	男子水球决赛	广东选手泳裤被扯烂,裁判偏袒仍不吹犯规
第九届	拳击63.5kg级决赛	5名裁判执法不严,偏袒江西队
第九届	武术套路决赛	总裁判长温力向有关方面交出1万元受贿金
第十届	摔跤项目预赛	裁判员收取运动队现金的受贿
第十届	自行车女子记分赛	领先的云南队选手被违规挤倒,裁判不判罚
第十一届	男子古典式摔跤96kg级比赛	决赛中裁判对东道主选手的明显偏袒
第十一届	男足U20比赛	万大雪收受40万元保上海全运会夺冠
第十二届	女子武术套路比赛	裁判员偏袒东道主选手,打分出奇一致

值得欣慰的是,全运会赛场教练员道德失范的现象已经引起国家相关部门的高度重视,自第十届全运会开始就加大了对教练员群体的职业道德教育,并制定了严厉的处罚措施,其效果是非常明显的,在第十一届全运会、第十二届全运会赛场上教练员道德失范现象显著降低。

(三)运动员体育道德失范行为

体育道德是运动员必须遵守的基本的行业规范,是保证体育赛事公平、公正进行的前提,具备良好的体育道德是体育精神的基本要求。在改革开放之前的全运会赛场上,运动员道德失范的现象非常少,改革开放带动并促进了中国经济的复苏与腾飞,计划经济向市场经济转型,社会体制深入改革,东西方文化激烈碰撞,体育市场化、职业化等因素不断侵蚀着竞技体育,这些因素深刻改变了人们的思想认识,运动员的道德价值标准和体育行为方式不断变化,职业道德受到前所未有的挑战和冲击,呈现复杂而矛盾的现象,道德失范现象日益频发并趋于多样化,公平竞争在运动员中面临着严重危机。① 受市场经济条件下利益驱使的影响,少数运动员无视基本的道德标准,为了达到目标不惜采用篡改年龄、消极比赛、偷服兴奋剂、"串通"比赛等有悖于体育道德规范的恶劣手段,此外少数运动员道德水平低下,在比赛中辱骂甚至殴打对手或裁判员等,这些赛场上的道德失范行为造成了恶劣的影响,都会严重阻碍大型体育赛事的发展。

由于运动员是全运会赛场的竞赛主体,他们的道德失范行为无论是数量上还是后果方面都比裁判员、教练员的道德失范行为更加严重。不可否认,运动员职业道德深受市场经济的影响,在商品经济高达发达的现代社会,名利、名誉、奖金等对运动员的诱惑越来越大,体育中出现金钱至上甚至"一切向钱看"的现象,导致运动员过于看中个体而放低甚至丧失职业道德。近年来全运会赛场上运动员的道德失范现象日益增多,其中比较常见的几类:一是运动员自身的职业道德失范行为(如表3-3所示),如运动员隐瞒真实年龄而导致身份和参赛资格的异化行为,包括冒名顶替,以大充小,贿赂裁判员或对手、消极比赛等,这显然严重违背了体育公平竞争的原则;部分运动员为了提高或改善比赛成绩,违规服用禁药甚至兴奋剂等,还有的运动员在教练员或上级领导安排下弃赛、"假球""假摔"等。二是由裁判员或其他因素引发的运动员道德失范行为,主要是裁判员偏袒东道主或比赛一方而引发运动员不满,导致运动员出现辱骂裁判、殴打裁判等过激行为,在全运会的主观评分项目中(如武术套路、摔跤等)运动员的此类道德失范行为较多。

---

① 于英、戴红磊:《体育道德失范的表现及伦理救援》,《体育学刊》2013 年第 3 期,第 34—36 页。

表 3-3　近五届全运会赛场运动员自身道德失范行为一览

届别	项　　目	事项描述
第九届	男子拳击 69kg 级比赛	重庆代表团运动员祝衡海兴奋剂检查呈阳性
第九届	女子举重比赛	湖南代表团运动员杨炼兴奋剂检验不合格
第九届	女子 20km 竞走决赛	即将退役的老将王妍在队友"护送"下夺金
第十届	男子跆拳道比赛	当日比赛的 8 场比赛有 6 场弃权,消极比赛
第十届	女子场地自行车比赛	14 号和 17 号联手阻挡云南队选手冲刺
第十届	女子羽毛球团体决赛	龚智超/龚睿那消极比赛,故意输球
第十届	女子 10000m 决赛	名将孙英杰在决赛后尿检呈阳性
第十一届	女子 100m 决赛	福建队王静服用类固醇兴奋剂被取消金牌
第十一届	男子拳击 49kg 级比赛	云南代表团选手杨杰楠服用兴奋剂呋塞米
第十一届	男子 60kg 级自由式摔跤比赛	新疆选手阿力别克张嘴咬中甘肃选手胳膊
第十一届	女子橄榄球北京队 vs 山东队	静站微观消极比赛,出现 0∶71 悬殊比分
第十二届	男子排球小年龄组比赛	海南代表团个别运动员更改年龄,以大打小
第十二届	10km 马拉松游泳决赛	天津/江苏选手发生剧烈肢体冲撞,"厮打"

表 3-4　近五届全运会赛场运动员因其他因素导致的道德失范行为一览

届别	项　　目	事项描述
第九届	马术盛装舞步个人决赛	新疆队不满判罚围住裁判理论,掀翻裁判台
第九届	男子乒乓球团体小组赛	四川队陈俊不满判罚摔球拍,拒绝继续比赛
第十届	男子自由式摔跤 74kg 级比赛	安徽选手王志国不服裁判向主席台竖中指
第十一届	女足预赛北京队 vs 新疆队	新疆队教练和部分队员追打裁判童梅娜
第十一届	速滑比赛决赛	黑龙江宋兴宇与观众发生摩擦,互竖中指
第十一届	男足甲组第三轮比赛	天津队队员赛后追打主裁判何志彪

　　其中,服用兴奋剂问题是近年来全运会赛场较严重的道德失范现象,虽然国家体育总局三令五申严厉打击服用兴奋剂的行为,但在金钱、荣誉等的诱惑下仍有部分运动员铤而走险,在明知服用兴奋剂违法的情况下仍滥用兴奋剂,几乎每届全运会都有服用兴奋剂事件的发生。全运会赛场上频发的运动员道德失范行为,不但有损全运会的形象,也给中国竞技体育运动的发展及国家精

神文明建设造成了不良影响,给社会造成了很大的危害。

(四) 观众的道德失范行为

球场是竞技体育发展的必然产物,在促进大型体育赛事发展中发挥着不可忽视的作用。全运会的发展离不开观众队伍的壮大,而运动员或运动员优异成绩的取得离不开观众的积极参与。从最近几届全运会上座率可以看出,全运会赛场的观众人数进一步上升,无论运动员或运动队的成绩好坏观众总是积极参与,部分项目几乎场场爆满,关键场次的比赛更是一票难求,观众成为全运会发展的有力支撑。但是,每届全运会都有很多观众道德失范行为的发生,且日益严重。频频发生的观众道德失范行为,不但对比赛的正常进行造成了干扰,也产生了极为严重的社会影响。

表 3-5 近五届全运会赛场观众的道德失范行为一览

届别	项　目	事项描述
第十届	网球男团决赛	赛场裁判观众发生"武斗",辱骂声不断
第十届	艺术体操决赛	观众不满裁判判罚,辱骂裁判,喊"黑哨"
第十一届	男子古典摔跤 96kg 级决赛	现场观众在赛后向裁判员投掷矿泉水瓶
第十一届	男子柔道 100kg 级半决赛	江苏观众怒骂裁判,"黑哨"、"裁判收钱"
第十一届	速度滑冰男子全能决赛	有一部分观众肆意辱骂运动员父母
第十一届	女子橄榄球北京队 VS 山东队	北京队替补席和山东队拉拉队"对骂"
第十二届	古典式摔跤男子 66kg 级比赛	观众在现场呐喊"黑哨",情绪激动

从近年来全运会赛场观众的道德失范现象看,较以往的辱骂裁判员或运动员、投掷杂物等,近年来出现了一些新的情况。如在赛中、赛后观众与运动员、裁判员等有直接的语言或身体接触,并伴有相互的攻击行为。例如表 3-5 提到的,在第十届全运会男子网球团体决赛中,两队实力差距不大,比赛对抗非常激烈,最终江苏队夺冠,受田径队教练员、运动员情绪的影响,部分观众开始向场内及江苏队球员、裁判员等投掷矿泉水瓶等杂物,裁判员捡起瓶子后直接将其扔向看台还击,导致现场气氛更加紧张,引发了现场观众与裁判员的"武斗"。再如,在 2009 年第十届全运会速度滑冰男子全能决赛中,现场有一部分观众肆意辱骂运动员,最终黑龙江选手宋兴宇忍无可忍地向观众竖中指。

这一幕幕让我们联想到近年来的中超赛场、CBA 男子篮球职业联赛,球迷疯狂地向场内投掷矿泉水瓶、水袋、打火机等杂物,谩骂球员或裁判员,把赛场变成了垃圾场。频发的观众道德失范现象不但破坏了观众对赛事的情感,还给运动员、裁判员等造成了身体上的伤害甚至难以弥补的心理创伤,严重影响了全运会的健康发展,并造成了恶劣的社会影响,危害社会稳定,成为不和谐的社会因素。

二、集群行为层面体育道德失范

集群行为与个体行为是相对的,这一层面的道德失范主要是指省市体育局、运动员培养单位或其他相关利益联盟群体的道德失范行为,这种道德失范行为的数量虽然明显低于个体层面的道德失范,但其负面影响却远高于个体层面的道德失范。

在计划经济时代,全运会在大众心目中的公信力很高,在竞技层面的吸引力也较强。随着中国体育事业市场化、商业化改革探索的不断深入,全运会赛场中的商业性越来越强,追求权利制高点和利益最大化成为少数体育主管部门等利益群体的最高诉求,而这种诉求被利益单位自然而然地看做是一种正常的需求而大肆传播。在政绩、前途等的诱惑下,当利益群体的权利、利益受到潜在的威胁或影响时,便会采取一些非常规的甚至违背职业道德的手段来化解矛盾,挽回损失,在这种情形中逐渐形成了一系列的"既得利益联盟""腐败利益联盟",导致全运会赛场上的道德失范行为形成了一个完整的"腐败链条",集群行为层面的道德失范现象愈加严重。①

竞技体育的本质特征之一就是竞争,奖牌虽然是衡量各地竞争实力的重要标准,但不能把金牌完全作为衡量指标,在中国全运会赛场上由于各级各类利益群体的利益诉求,导致全运会赛场上"唯金牌论"盛行,并形成了上述的利益网络。在这种情况下,不同利益群体为追求利益最大化想尽一切可以利用的方法,甚至铤而走险,纵容甚至暗示运动员虚报年龄、服用兴奋剂等。

---

① 张伟:《全运会金牌"内定"调查》,《共产党员》2009 年第 4 期,第 57 页。

表 3-6　近 5 届全运会赛场集群的道德失范行为一览

届别	项　　目	事项描述
第十届	女子举重项目	湖北女子举重队 6 名队员集体使用违禁药物
第十一届	男子自由跤 76kg 级比赛	教练授意选手主动认输，以节省体力
第十一届	男篮湖北队 vs 上海队	湖北男篮为晋级将球补进自家篮筐

　　湖北省体育局举重竞技管理中心教练员刘少军自 2004 年 12 月开始组织、指使湖北女子举重队 6 名运动员集体使用违禁药物，主管领导难辞其咎。显然，功利体育在全运会赛场被无限放大，运动员和官员各取所需，"更高、更快、更强"的体育精神、公平竞赛早已被抛在身外，利益、奖金和政绩成为利益集群不断追逐的目标。只要全运会不回归本质，依然"唯金牌论""唯成绩论"，集群行为层面的道德失范行为在未来的全运会赛场上仍将继续蔓延。

　　在 2009 年第十一届全运会男子跳水双人 10 米台决赛中，该项目云集了当时中国该项目的众多优秀选手，包括北京奥运会该项目冠军组合林跃/曹缘，此外还有上届全运会本项目的冠军山西组合王亮/周昕和亚军安徽组合李孟强/王自豪。其中，湖南输送的选手王建凯与安徽输送的选手周吕鑫组合代表解放军参加了决赛。根据中国全运会现行的双计分制度，军地双计分中解放军选手获得的奖牌则两次计分，即解放军队夺金后输送省也获一金，双人项目每人按 0.5 分计，而协议双计分是指协议双计分选手一旦获得奖牌现代表单位与原注册单位各得奖牌和积分的 50%。安徽输送的周吕鑫是安徽省该项目最强的选手，而湖南输送的王建凯肩负着湖南代表团夺取本届全运会首金的最大希望，这一对组合被认为是本届全运会最具备冲击金牌的组合。但最终结果是，北京组合林跃/曹缘以 497.61 分夺得金牌，解放军组合周吕鑫/王建凯和山西组合王亮/周昕分列其后。赛后有跳水专家表示，北京组合林跃/曹缘身高差距较大，这样的组合在完成跳水动作时缺乏基本的美感，并且在他们的第五跳完全不同步，对于裁判组给出的 9.5 分的高分完全不合实际。期间，熊倪恩师、国际 A 级跳水裁判马延平在比赛次日突然离开跳水裁判驻地，官方对外公布的原因是"因为心脏病请假离开"。但这位曾长期担任湖南跳水队总教练的跳水裁判在接受媒体报道时却爆料，"自己离开裁判席并不单单是因为身体不好,而是因为不满本届全运会跳水的黑幕,竟然所有金牌都是提前内定的!"在这之后,马延平准确预判了此后四枚金牌的归属。又如,在2013年第十二届全运会武术套路比赛中,东道主辽宁选手魏红夺冠呼声很高,是辽宁武术运动员在本届全运会比赛中的重点冲金队员,比赛中魏红成功完成了整套编排动作,动作干净利落,但裁判员打分居然出奇的一致,拥有东道主优势并且成套动作非常完美的辽宁选手最终只能获得亚军。其实,在近年来的全运会赛场上这种打分项目裁判不公平的情况屡屡发生,直指金牌内定背后的利益操纵者。

第五节　中国男子篮球职业联赛存在的一些运动员体育道德失范现象

　　在进入体育事业全面发展的21世纪,运动员职业道德建设的重要性逐渐受到各方面学者和专家的关注。中国男子篮球职业联赛运动员的职业道德建设应顺应时代发展的潮流,紧跟中国经济社会发展的大环境以及竞技体育的建设发展方向。但是就目前的情况来看,中国男子篮球职业联赛运动员的职业道德建设远远落后于技战术的培养与提高,职业道德建设在运动员综合发展和培养体系中还属于一个薄弱环节。综合中国现有的运动员职业道德失范现状,结合中国男子篮球职业联赛的特点,现阶段中国男子篮球职业联赛存在的一些运动员的职业道德失范现象具有以下几个特点。

一、少数运动员人生观和价值观多样化

　　中国在20世纪80年代实行了改革开放的基本国策,对外开放、中西会通的大环境逐步形成,在国外先进技术和成果不断引进国内的同时,国外一些新思想、新观念也随之被介绍到国内,中国之前所奉行的集体主义至上的价值观念受到了西方新思想的冲击,形成了中国价值观念多样化的特点。除去中国之前所奉行的计划经济体制下的集体主义价值观念外,市场经济衍生出的重金钱、重功利的拜金主义价值观,西方社会所倡导的以个人利益至上的个人主

义价值观相互并存,共同影响着新时期国人的行为观念和处事态度。中国男子篮球职业联赛正是产生于这样一个价值观念多样化的时代之中,运动员的价值观也自然而然地受到了大环境的影响,少数运动员受到西方拜金主义、极端个人主义价值观的影响,为国家利益和集体利益牺牲个人利益似乎已成为一种"不合时宜"的选择。然而,在改革开放之前的中国体育界内,集体主义的价值观深深扎根于每个运动员的心中,集体利益高于个人利益几乎成为了运动员的行为准则。但是,对外开放以后,随着各式媒体的产生以及各项国际比赛的举办,中国运动员与国外运动员接触的机会大大增加,运动员逐渐认识到了"自我"的重要性,一种"有我"的道德价值观念逐渐在中国职业运动员群体中产生。

不可否认,这种"有我"的职业道德和价值观念为中国运动员综合素质的提高发挥了应有的作用,运动员能够为提高自身的各方面条件而努力,这一方面改善了运动员个人的生活和发展条件,同时也提高了运动员刻苦训练、为国争光的积极性。但是,伴随着中国男子篮球职业联赛的成立,在有些运动员那里,原本个人主义与集体主义相结合的价值观念逐渐畸形和变质,集体主义的价值观念逐渐淡化,而西方的极端个人主义、拜金主义等价值观念逐渐"蔚然成风"。在球迷群体看来,这种"蔚然成风"的畸形价值观念已经逐渐侵蚀了中国男子篮球职业联赛的部分运动员。

在 NBA 和欧洲职业篮球联赛中,运动员每年的薪资达到了几十万甚至是几百万美元,其给社会大众的形象也是"开豪车""住豪宅"的富豪生活,中国男子篮球职业联赛产生之后,篮球运动职业化的浪潮成为孕育运动员道德观念多样化的土壤。首先,薪资的大幅度增长使得运动员获得了较多的经济利益,根据《CBA 俱乐部球员和教练员工资总额控制暂行管理办法征求意见稿》①的规定,俱乐部教练员和所有队员的工资收入不得超过所在俱乐部总收入的 55%。这个办法还规定,现役各级国家队的运动员,以及在国家队任职的教练员和工作人员,在所在俱乐部的年薪不得超过 100 万元。对于此项规

---

① 中国篮球协会:《CBA 俱乐部球员和教练员工资总额控制暂行管理办法征求意见稿》,2009 年 9 月 23 日。

定,虽然能够在一定程度上限制中国男子篮球职业联赛运动员收入过高的情况,但是对于一些经济状况较好的大型俱乐部,虽然工资登记上的薪金总额小于100万元,但其可以通过所谓的"赢球奖""晋级奖""拼搏奖"等多种名目的经济奖励将资金发放给所在俱乐部的球员、教练员和其他工作人员。而工资表上的100万元已经远远超出了中国现阶段的平均收入水平,更不必说加之奖金和训练补助的丰厚薪酬了。运动员有了更多的追求,同时生活条件的改善也使得运动员对金钱产生了新的观念。其次,电视和各类媒体的转播和报道抬高了运动员的知名度,球迷的争相追捧以及各种"名人效应"和"名人特权"使得运动员对自身有了重新认识。

案例一:关于周琦3年4500万加盟新疆男篮,掀起了国内球员转会的报道热点。周琦出生于1996年1月16日,周琦本人身体成长的速度较快,17岁时已经具备了同龄人难以匹及的身高和臂展。周琦凭借着自身的身高臂展优势,加之早年训练所形成的扎实基本功,周琦常常在比赛中有着令人瞩目的非凡表现。

对于周琦天价加盟新疆的事件,天价转会费所带来的连锁反应已经超过了事件本身,以至于随之而来的评论、批评甚至人身攻击都在将事件的影响扩大化且必将会产生不可预知的后续反应。纵观周琦案例,给中国篮球界所带来的影响极为巨大,周琦远超现役中国男子篮球职业联赛大部分球员的转会费和年薪,必然会在篮球界掀起轩然大波,现在我们研究的不是周琦本身,而是周琦事件给整个中国职业篮球界所带来的问题和思考才更应该得到关注和重视。在如今金钱氛围加重的中国男子篮球职业联赛大环境中,周琦作为一个不谙世道的大男孩,其个人的成长和阅历根本无法从容应对媒体和球迷所带来的巨大关注效应。周琦作为中国一颗冉冉升起的篮球明星,其凭借自身的潜力和水平博得一份较高的收入本来无可厚非。媒体不应该大肆去报道一个刚成年的年轻球员,更别捧杀一个孩子,这种捧杀对于年轻球员的价值观念和行为观念的影响将会是极其负面的。名与利的突然增加以及相伴随的各种利益的驱动有可能使得运动员开始摒弃之前的集体主义人生观和价值观,转而奉行金钱和个人至上的拜金主义、个人主义价值观,这将使得中国男子篮球职业联赛运动员的整体价值观念形成多样化的特点。

二、少数运动员缺乏竞技体育精神

中国男子篮球职业联赛运动员是职业竞技体育运动员,竞技精神是职业体育的核心,也是运动员顽强拼搏、刻苦训练的精神支柱。作为一名职业篮球运动员,良好的竞技体育精神不仅可以支撑自己赛出优异的比赛成绩,也能够使得广大的球迷群体以及球队赞助商获得强大的心理安慰。八一队的主场宁波雅戈尔体育馆赛场上悬挂的横幅"赢也爱你,输也爱你,不拼不爱你"充分体现了中国男子篮球职业联赛球迷群体对广大运动员的基本要求,就是要具备顽强拼搏、永争第一的竞技体育精神。球迷群体的心理安慰、球队俱乐部的经济回报,乃至整个中国职业篮球事业的发展和提高都和这样一种竞技体育精神息息相关。中国篮球职业化以来,运动员的训练和比赛动力由之前统一的政治手段和精神手段压迫式培养转为运动员所在集体和个人双重利益的驱使式培养,这种培养和提升方式一方面实现了多层次、多角度的综合提高,同时也造成了不统一的特点,加之运动员人生观和价值观的多样化,竞技精神在每个运动员身上的表现也出现差别,有的运动员具备了更高的竞技体育精神,而有的运动员则出现了竞技体育精神的缺失。

案例二:2014 年 12 月 10 日,中国男子篮球职业联赛第 17 轮浙江稠州银行队迎战东莞马可波罗队的比赛中,在临近比赛结束前,浙江队被东莞队逆转,浙江队队员对于比赛的形势和裁判员的判罚情绪比较激动,竟然出现几名队员主动犯规进而被罚下场的局面,这种不尊重对手、不尊重自己、不尊重竞技体育精神的恶劣行为遭到了现场球迷和多家媒体的摒弃与指责,此后,中国篮协针对此事件开出罚单,责令浙江队主教练张勇军停赛五场,并核减浙江队俱乐部经费 5 万元。

竞技体育比赛精神是神圣的,要求所有职业运动员无条件服从,对于竞技比赛而言,公平竞争是最核心的主旨之一。在浙江队与东莞队的比赛中,浙江队在被逆转的情况下应该努力反思自身之前所产生的技战术失误,并在此基础上积极作出调整,通过整个团队不懈的努力将被动的局势进行扭转,而浙江队队员却置竞技体育伟大精神于不顾,面对落后的局面,不是继续努力拼搏,反而采取了主动犯规这一影响恶劣的消极比赛行为,使整个比赛失去了竞技体育的拼搏精神和竞争意识,让比赛本身失去魅力的同时,也造成了自身形象水平的下降。

从古希腊奥林匹克竞赛到现代社会竞技体育比赛,之所以能够吸引全球大众的关注,就在于其竞技体育精神的展现,在球队胜负之余,球迷更关注的是所在球队是否能够全力争胜,是否能够在激烈的比赛中拼到最后一刻,这也就是为何国外一些俱乐部虽然成绩很差,但球迷群体依然很庞大的原因。在竞技体育比赛中,裁判的漏判和误判难以避免,甚至一部分假哨、黑哨也时常出现在中国男子篮球职业联赛中,但作为球队成员,无论是教练还是队员,其所关注的应该是赛场之内的拼搏,而不是这些赛场之外的因素,浙江队队员完全无视竞技体育精神,消极比赛,希望以此向中国篮协示威、向当值裁判示威,这种行为不但有悖于竞技体育精神,更会辜负现场球迷对于球队的信心和期望,这也是中国运动员同国外优秀运动员之间存在的差距。

首先,过于追求和重视个人利益,将成绩的提高和球队的发展置于个人利益之下。一些中国男子篮球职业联赛运动员为了达到个人的经济利益最大化,漠视集体利益,常常使用罢训、罢赛、争吵、和教练唱对台戏等极端手段。还有少数队员常常和其他队员进行薪资和奖金上的攀比,过度增加俱乐部的经济负担。这些不和谐的因素常常导致球队成绩的下滑,但少数运动员丝毫不关注球队成绩,一切以自我利益为中心,严重背离了竞技体育的精神。其次,合理竞争的原则时常遭到球员藐视。从中国男子篮球职业联赛产生至今,球场上的打架斗殴行为从来没有被完全制止,当本方队员遭到对方球员的身体侵犯之后,一些性格暴躁的运动员完全无视合理竞争的比赛原则,完全不顾裁判的判罚,对犯规球员进行语言和身体上的暴力侵犯。再次,是赛场拼搏意识的不足。

表3-7 2013—2014年NBA与CBA前三名球队篮板数据统计

球　　队	平均每场每人篮板数
圣安东尼奥马刺	3.65
迈阿密热火	3.77
印第安纳步行者	4.63
北京金隅	3.51

续表

球　　队	平均每场每人篮板数
广东宏远	3.34
新疆广汇	3.11

注:篮球是篮球比赛攻防战术的重要组成部分,是攻守转换的重要手段,是控制球权的重要方式,对比赛胜负有直接的影响,篮板数据可以在一定层面上反应球队的比赛态度,反应球员的拼抢精神。

调取中国男子篮球职业联赛同 NBA 的比赛数据可以看出,在 2013—2014 年赛季 NBA 与中国男子篮球职业联赛前三名球队平均每人每场篮板球的数量对比中,印第安纳步行者队平均每场每人的篮板数是 4.63 个,而中国男子篮球职业联赛前三名中最多的队伍才能达到 3.51 个,这些数据虽然在一定程度上受到了球员身体素质和技战术能力的差异限制,但是从侧面也反映出中国男子篮球职业联赛运动员和 NBA 运动员在比赛积极性上还存在一定的差距。竞技体育的根本在于运动成绩的提高,其核心在于在公平竞争的环境下争取最大的胜利,始终将球队的比赛成绩放在第一位才是中国篮球职业联赛所必须遵循的根本原则。从古希腊奥林匹克比赛到如今的中国男子篮球职业联赛,比赛所推崇和鼓励的精神永远是更胜一筹的强者。始终为自己所在球队的成绩拼搏到最后一刻,才是竞技体育和职业体育的根本,这在中国男子篮球职业联赛中都还应该有很大的提升空间。

三、少数运动员的职业道德失范形式多样化

在古希腊体育运动中,由于受到宗教和祭祀原因的约束,赛场内外的运动员道德失范行为较少,加之失范后面临的巨大惩罚,运动员在赛场内外都能够遵循社会所倡导的基本道德准则。但是,随着现代竞技体育的不断发展,比赛成绩背后所附加的因素逐渐增多,运动成绩常常和球员的生活条件以及社会地位紧密相关,运动成绩已经超越了胜负本身,对球员和球队产生了巨大的影响。在这种大环境下,催生了一些运动员的职业道德问题,道德失范行为愈演愈烈。

在中国男子篮球职业联赛成立之前,中国竞技体育事业受到当时的政治和经济环境的影响,运动员在集体主义观念的约束下产生的职业道德失

范行为相对较少,形式也比较单一。在中国实行市场经济体制和改革开放政策以后,受当时国内经济条件和国际体育大环境的影响,中国的竞技篮球也紧跟国际篮球发展的大趋势走上了职业化和商业化的道路,在促进中国竞技篮球发展的同时,也给中国职业篮球的发展造成了许多负面影响,职业道德失范形式呈多样化发展趋势就是其中之一。纵观当前的中国男子篮球职业联赛运动员,已由联赛从成立之初如"打架斗殴"等较为单一的道德失范形式,转化为现如今"假球""兴奋剂""暴力"等场内外的多种形式的职业道德失范。

(一) 球员赛场内外的暴力行为

篮球运动是集体项目,团结一致共同为球队胜利而拼搏奋斗是球员应具备的基本素质。但是,在中国男子篮球职业联赛中,赛场暴力行为却像一个毒瘤始终在制约整个联赛的健康持续发展。由于培养体制的限制,中国运动员受教育水平仍有待提高,因此,少数运动员在情绪的控制和把握上还存在一定的缺陷,在比赛中一旦遇到一些程度较重的身体侵犯,首先不是向裁判和比赛仲裁机构进行申诉,而是采取破口大骂甚至拳脚相加的方式,运动员一旦有斗殴行为,不但影响自身在广大球迷中的形象,而且还会拖累整个球队。

表3-8　中国男子篮球职业联赛球员暴力事件统计

时　间	中国男子篮球职业联赛运动员暴力事件
1996年3月27日	辽宁队王守强与北京队单涛在联赛第三名争夺赛上斗殴。
2002—2003年赛季	北京奥神队的队员苑志南在比赛第一节伸腿绊倒了北京首钢队的外援克里斯,之后北京奥神队的苑志南又在第二节的防守中用肘部击打北京队的陈磊,导致双方不满情绪加重,进而出现互相推搡的情况。
2002年6月2日	单涛与北京一的士司机邹忠玉发生斗殴行为,导致的士司机耳膜穿孔、轻微脑震荡。
2003年10月29日	中国男子篮球职业联赛常规赛前的友谊赛中王守强与北京球员焦健在比赛中发生斗殴,焦健鼻梁骨被挫伤。
2004年12月1日	刘炜在双方身体对抗后用脚踢张庆鹏一下。
2006—2007年赛季	第19轮山东黄金客场挑战吉林东北虎的比赛,气愤的球迷向山东队投掷矿泉水瓶,一个球迷甚至向这名美国外援脸上吐了唾沫。就在终场锣响的一刹那,图科突然跑向看台,挥舞着胳膊冲着一名球迷飞奔过去。

时　　间	中国男子篮球职业联赛运动员暴力事件
2007 年 12 月 27 日	联赛第 27 轮,福建队主场迎战山东队,比赛进行到还剩下 3 分钟时,龚松林由于连续两次犯规,怒踢场边广告牌,主场球迷也被他这一举动引爆。
2008 年 2 月 25 日	王治郅在北京西直门桥附近,与发生剐蹭的轿车司机发生争执,进而发展为肢体冲突。轿车男司机称,王治郅对其拳打脚踢。
2008 年 11 月 28 日	联赛第 6 轮云南队与上海队比赛中,上海队长刘炜在比赛结束后,带领上海队多名队员冲到对方的休息室通道围殴对方外援。
2009 年 4 月 5 日	山东队队员睢冉在比赛中用肘部击打了广东队队员苏伟的脸部,随后双方球员针对这一情况纷纷上前理论,在理论过程中由于情绪失控出现了相互推搡的现象。
2011 年 10 月 20 日	在江苏队同美国本土球队的比赛中,由于双方防守动作过大,导致现场球员情绪失控,进而演变成双方的群殴。
2015 年 2 月 12 日	山西汾酒对青岛双星的季后赛首轮第三场,双方在赛场上防守动作比较激烈,导致球员比赛情绪比较差,在比赛结束后青岛球迷又对山西球员进行了辱骂和语言攻击,导致了山西队球员与青岛球迷间的肢体冲突。

　　中国男子篮球职业联赛的首次暴力事件发生在 1996 年 3 月 27 日。辽宁队出场迎战北京队,辽宁队的王守强与北京队的单涛由于在比赛中采取了防守高压战术,双方的防守动作都比较大,因而导致两名队员一时在情绪上失控,进而相互推搡辱骂,随之大打出手。再到 2009 年 4 月 5 日,山东队同广东队爆发了中国男子篮球职业联赛历史上最为严重的一起暴力冲突。起因是因为山东队队员睢冉上篮时肘部碰到了广东队苏伟的面部,随后苏伟和睢冉发生了推搡,进而多名队员被卷入到了冲突当中,形成两队之间的群殴。再到 2012 年赛季的半决赛第四回合山西队与北京队的比赛,赛后山西球迷与北京队员发生了激烈的冲突,山西球迷称北京队的外援马布里与其他几名队员对山西球迷进行了肢体上的攻击,而北京队员常林认为是山西球迷对北京的队员进行了人身攻击。虽然暴力问题是整个竞技体育中的传统问题,但是,少数中国男子篮球职业联赛运动员在吸收国外先进运动理念的同时并没有对这一不良现象进行排斥和抵触,反而是暴力现象在中国男子篮球职业联赛场上

愈演愈烈,这也是中国篮球界必须深刻反思的地方。

（二）兴奋剂行为

2012 年 12 月 31 日,媒体曝出了中国男子篮球职业联赛历史上的首例兴奋剂事件,山西队外援马库斯·威廉姆斯在赛后的药检中被检查出大麻阳性,随后中国篮协针对这一现象开出了严厉罚单,对马库斯禁赛半年,并对山西队教练员张德贵进行罚款的处罚。① 兴奋剂问题虽然是国际体坛的一个普遍问题,但是在国际篮球界中比较少见,中国男子篮球职业联赛建立以来更是从未出现兴奋剂问题,此次马库斯事件的发生,说明兴奋剂问题已经在中国男子篮球职业联赛中出现,联赛管理机构更应该加大兴奋剂的检测和处理力度,防止此种问题愈演愈烈。

（三）假球、赌球行为

随着中国男子篮球职业联赛知名度在全球范围内的提升,在吸收一些有着 NBA 和欧洲联赛履历的高水平运动员参赛之外,也吸引了国际博彩行业的入驻,甚至引发了假球、赌球等违反体育道德规范的行为。一位长期关注赌博公司盘口的中国男子篮球职业联赛名记在微博上感慨道:的确不难发现,自本赛季开打以来,许多场次的比赛结果都与博彩公司所开出的盘口相吻合,其中不乏广东队、北京队等中国男子篮球职业联赛传统劲旅的比赛。在每场比赛开打之前,一些大的博彩公司会就比赛最终的比分开出相应的盘口,然后根据盘口让投注人下注,通过所下注的盘口与最终比分的相同或相似情况赢取或输掉相应的投注金。例如,此前某一赛季的球队主场比赛前,各大博彩公司纷纷开出了主队让分 6.5 分的盘口,而最后的比赛成绩恰好是主队赢了客队 7分,博彩公司的盘口与最终比分惊人地相似,因此难以完全忽视赌球嫌疑。这也从侧面反映出,虽然还没有一个确切的证据指明哪一位队员从事假球行为,但不可否认,如果联赛运动员的职业道德还得不到相关部门的重视,那么中国男子篮球职业联赛遭遇假球之害就会成为必然走向。同时,据国内某知名媒体报道,在 2013—2014 年赛季的某场中国男子篮球职业联赛中,主队在比赛

---

① 李正:《篮协重磅处罚! 山西外援威廉姆斯吸大麻,禁赛半年》,《华西都市报》2013 年 1 月 1 日。

结束前 4 分钟的时间里还领先客队 7 分,但让人惊讶的情况是,在随后的 4 分钟比赛时间里,双方犯规忽然遭到赛场裁判的忽略,许多明显的犯规动作裁判并没有作出相应判罚,甚至业余人士都可辨别出的投篮犯规也并没有进行判罚,双方在犯规战术的影响下很难取得比分,但随后更加奇怪的一幕发生,主队突然放弃了之前凶狠的防守,让客队在毫无防守压力的情况下投中一球,得到两分,最终双方相差 5 分结束了整场比赛。比赛之后记者了解到,许多博彩公司为本场比赛开出的盘口是主队赢 5 分,虽然主队在实力上远远强于客队,但在某些因素的干扰下,双方比赛临近结束时相互胶着,将分叉定格在 5 分,比赛的最终结果竟如此"神奇"。虽然中国男子篮球职业联赛成立了专门的假球整治暗访调查组,但不可否认,球员为了自身的经济利益常常收受对方以及博彩公司的贿赂,从而不顾所在球队的成绩,将竞技体育精神搁置一边。

关于愈演愈烈的赌球行为,在中国篮协 2009 年的中国男子篮球职业联赛总结会上,掌门人信兰成承认:中国男子篮球职业联赛赌球已经半公开化。这是中国篮协首次以官方形式回应之前一直存在的赌球传闻。尤其是之前赛季广东宏远队客场挑战福建 SBS 浔兴的比赛中,福建队单节只得到 1 分并最终大比分落败于广东队,中国男子篮球职业联赛代表着中国最高水平的篮球赛事,单节只得 1 分,的确令人咋舌。实际上,随着中国男子篮球职业联赛的影响力不断提高,在澳门、香港、深圳、青岛等地下赌球泛滥的地区,中国男子篮球职业联赛的比赛已经成为必赌的项目。中国篮协联赛办公室主任张雄也曾无奈地表示道:"在球类的职业联赛中,赌球问题是一个普遍存在的问题,在中国的中国男子篮球职业联赛中也存在着赌球现象,许多国内媒体也争相报道过,同时我们也掌握了一些地下博彩公司开盘赌球的证据,但是很不好控制,无法监管到每一家博彩公司和俱乐部。"赌球行为虽然在国际竞技体育整个大环境中日益加重,但是面对这样一个毒瘤,如果不根除,那么对于中国男子篮球职业联赛这样一个新生的职业联赛所带来的打击无疑是毁灭性的,球员不思进取,一门心思"向钱",这不仅对于中国篮球今后的长远发展极为不利,同时对于中国其他职业联赛的发展也会产生消极的效仿作用。除去赌球之外,一些球员的场外私生活道德失范行为也逐年增加。

（四）球员"年龄造假"问题

运动员"假年龄"的问题一直是国际体坛由来已久也是严格控制的问题之一，在中国男子篮球职业联赛中，球员假年龄问题也是屡见不鲜。2008年，美国新泽西州当地的新闻媒体发布消息称现效力于篮网队的中国球员易建联在年龄上存在造假嫌疑，具体内容是中国球员易建联实际的出生年份是1984年而并非他的官方注册出生年份1987年，针对此报道，易建联并没有发表过多回复，只是坚持自己的年龄就是在 NBA 官方所注册的年龄，这在当时的国际篮坛引起了轩然大波，中国男子篮球职业联赛球员假年龄的问题首次被重点提上了媒体头条。之后，亚洲篮球网相继公布了中国男子篮球职业联赛多名球员涉嫌年龄造假事件，而且通过比对2007年和2008年中国男子篮球职业联赛球员注册资料显示，有多达22名的球员改动了自身的年龄，尤其是涉及"年龄门"事件的五名辽宁队球员，本赛季的官方注册出生年都比上个赛季提前了几年，尤其是国家队成员、辽宁队主力控球后卫张庆鹏的年龄，在上个赛季注册的是1985年，而在本赛季的官方注册名单上则显示其生日为1981年，类似这种一年一个年龄的事件在中国男子篮球职业联赛中比比皆是，这也让广大球迷和新闻媒体工作者一时难以捉摸，成为中国篮球联赛中的一个令人唏嘘的奇怪现象。①

表3-9　中国男子篮球职业联赛球员涉嫌年龄造假事件统计

涉嫌年龄造假运动员	造假内容
易建联	媒体曝光出生于1984年而并非他官方网站标出的1987年
张庆鹏	前一赛季注册的是1985年出生，第二赛季成为了1981年出生
解立彬	报名出生日期1985年，联赛注册日期1988年
韩　硕	报名出生日期1986年，联赛注册日期1989年
唐正东	报名出生日期1982年，联赛注册日期1984年
胡雪峰	报名出生日期1980年，联赛注册日期1982年
杨　鸣	报名出生日期1985年，联赛注册日期1987年

---

① 吴小凡：《CBA 爆36名球员年龄作假》，《解放日报》2008年12月10日。

但是,冷静思考球员"假年龄"的问题,其都存在不同程度的"被迫"与"无奈",在中国现阶段的竞技体育体制下,诸如篮球、排球、足球等已经经过几年职业化和市场化建设的项目,其成年队由所在俱乐部进行相应的训练和培养,但是青年梯队还是由俱乐部所在省市的地方体育局和俱乐部联合培养,一些优秀的青年梯队运动员都会代表所在省市参加全国运动会,而这些运动员所表现的好坏将同所在地方体育局的政绩挂钩,简而言之,俱乐部青年梯队运动员的成绩同所在地方体育局存在着利益关系,而随着年龄的增长,球员运动竞技水平也在不断提高,但是自身的年龄也在不断增大,在这样的情况下就会面临着一些地方体育局想篡改那些因不符合相关比赛年龄规定的运动员的年龄的尴尬问题。例如一名球员已经超过了赛事所规定的年龄,因此不能参加比赛,但是其自身所具备的竞技能力和赛事经验还不足以升到一线队,而教练组认为其在较小年龄梯队里的水平比较高,具有较大优势,因此还需要该名队员继续待在该比赛队,于是就出现了更改年龄的问题。

（五）球员个体意识增强,藐视球队纪律

个体意识作为独立存在的人的社会意识,是关于个人社会经历和社会地位的独特态度。在新中国成立之初,由于国家百废待兴,中国人民不惜一切投入到当时的国家建设中去,加之当时人们思想比较单一,因此,新中国成立之初的个人意识比较单薄。同样在新中国成立之初的运动员群体之中,大多数运动员个体意识也比较单薄,尤其是一些优秀运动员,经常忽视个体意识的存在,完全不计个人得失,将所有的时间和精力都投入到训练和比赛中,为了国家的荣誉不惜牺牲任何代价。

改革开放时期,市场经济体制逐渐走上了中国的舞台,市场经济在给中国带来巨大发展的同时,对于运动员群体也带来了极为深刻的变化。中国篮球职业化道路起步较早,随着篮球职业化进程的深入,中国篮球运动员的个体意识也得到了明显的增强。运动员不再无所顾忌地听取教练员和运动队主管的支配,对于教练员和上级领导的命令也不再是无条件地服从,这在运动员发挥个人主观能动性、为训练和比赛提供必要帮助上无疑具有积极的作用,但现阶段运动员增强个体意识无疑给中国竞技体育的发展滋生出了许多隐患。

在现阶段中国竞技篮球中,与教练产生矛盾、罢训甚至弹劾教练等事件屡屡发生,如浙江女篮罢训事件、男篮国青队弹劾教练范斌事件,都是运动员个体意识增强的显著表现,可以想象,此类事件在中国篮球职业化之初是难以想象的。在现阶段的中国男子篮球职业联赛中虽然类似的罢训和弹劾事件还没有发生,但是运动员个体意识的增强则是一个不争的事实。运动员个体意识增强一方面表现了其已经成长为一个有意识的人,而个体意识过强则应该及时制止,在现阶段的中国男子篮球职业联赛中,运动员早出晚归、生活懒散、无视球队规章制度等现象几乎存在于每个俱乐部中,这种个体意识增强的表现已经超出了自由的限度,是对集体意识的一种藐视。

案例三:2011 年 11 月 12 日,青岛双星队在韩国的拉练还有 1 天结束,期间,青岛队同韩国当地的庆熙大学队、高丽大学队等多只韩国球队进行了对抗赛演练,取得了不错的战绩,收到了理想的训练效果。但球队却在本日公布了对队内李根等 6 名球员的内部处罚:原因是该 6 名球员 11 日晚在规定的归队时间内并未返回球队驻地,球队对该 6 名球员处以罚款和书面检讨的处罚,甚至其中的 3 名球员遭到了停赛、停训和停薪资的处罚。

案例三中的处罚是中国男子篮球职业联赛建立以来最为严格的内部处罚,但也从侧面反映出当前的中国男子篮球职业联赛运动员个体意识正在逐渐加强,对于球队的纪律性的重视程度也在逐步下降。中国男子篮球职业联赛是中国最高水平的男子篮球联赛,每一个俱乐部每年投入巨额资金的目的就是为了让自己的俱乐部登上中国职业篮球之巅,而球队是一个集体,集体的良好运行离不开集体成员对于纪律的严格遵守,虽然球员可以针对训练和比赛问题发表自己的想法,甚至在球队不公平待遇下可以采取合法的手段进行申诉和反抗,但这种个体意识是同个人理智相结合的,是在纪律性和团体意识影响下的。青岛 6 名球员的事件反映出,在中国男子篮球职业联赛运动员中,还有个别球员无法意识到集体纪律的重要性,还在把个人享受凌驾于球队的成绩之上,把个人的相对自由主观转化为绝对自由,任何事情都按照自我的个体意识行事。由此看来,中国男子篮球职业联赛运动员急需采取一定的手段加强个体意识的培养,这种培养一方面要鼓励球员有个体意识,同时也要让球员懂得合理地发挥自身的个体意识,只有这样,中国男子篮球职业联赛运动员才能真正提高自身的职业道德修养,实现全面发展。

（六）球员生活作风失范问题

近段时间以来曝光的朱芳雨"离婚门"事件,是由于朱芳雨前妻胡美在微博上大肆曝光朱芳雨包养情妇、不顾家庭等相关负面信息和照片后,而在社会各界引起的轩然大波,从该事件所引起的联动效应可以看出,球员的道德失范行为已经由场内蔓延到了场外,已经由与篮球相关的失范转为完全意义上的生活道德失范,这不得不需要引起我们更多的关注和反思。中国男子篮球职业联赛是中国所有现役运动员中的佼佼者,也应该成为社会主义道德规范的忠实践行者,中国男子篮球职业联赛运动员不仅应该成为广大体育爱好者在体育技能学习和实践方面的模范标准,更应该是整个社会大众的道德楷模。

纵观中国当前的中国男子篮球职业联赛,各种不和谐的因素被大肆曝光,中国男子篮球职业联赛运动员的整体形象已经在国内外篮球界和广大中国男子篮球职业联赛球迷心中有所下降,在职业运动员职业道德教育滞后的今天,各种球员道德失范形式已经呈多样化发展趋势,如果不加以控制,必然会影响中国篮球事业的整体发展。

四、运动员职业道德教育滞后

就欧美竞技体育强国的情况来看,运动员的培养是一个长期性、综合性的过程,尤其是优秀运动员的培养,其技术训练与文化道德教育已经形成了一个相互结合的完备培养体系。而在中国,运动员的培养体系完全遵照于中国竞技体育的举国体制,从运动员的选拔到培养、从培养到考核完全是只重运动成绩而忽视综合素质。纵观中国现阶段的中国男子篮球职业联赛运动员,除去刘子秋、曾令旭、魏明亮、周湛东等极少数大学生运动员之外,大多数运动员都是经过各级体校和职业梯队选拔上来的,而且仅有的大学生运动员由于技战术和身体素质等方面同职业梯队运动员存在着较大差距,因此,许多中国男子篮球职业联赛俱乐部宁可选择一些缺乏比赛经验的年轻梯队运动员,都不会选拔篮球比赛经验丰富的 CUBA 优秀运动员。在这样一个运动员选拔与培养的体制之下,虽然球队的成绩可以得到很好的保证,但运动员的文化教育,尤其是道德教育就成为整个运动员培养的软肋。

在中国男子篮球职业联赛中,运动成绩决定着队员的一切,同样,运动成绩的好坏也直接影响到了整个俱乐部的运行。因此,中国男子篮球职业联赛各球队对于运动员的培养和考核往往仅限于运动成绩,在日常的训练中全部安排技战术和体适能的训练,而对于运动员的文化教育和道德教育往往加以忽视。如在山西汾酒男篮的日常训练科目中,一天两次的训练全部安排为技战术和体适能的训练,锻炼身体素质、演练基本的技战术成为这些运动员一天的全部内容,球队甚至没有聘请专门的文化教师对学生的文化课和职业道德素质进行培训,可见,职业道德教育在中国男子篮球职业联赛中依然被忽视。

由于球队所在地体育部门领导和球队本身对于成绩的过分期待和重视,希望运动员能够早出成绩、快出成绩,因此把一些天赋较好、训练刻苦的运动员当成了自家的"香饽饽",为其生活训练投入大量的人力、物力、财力,使其成为众多球迷和媒体眼中的"希望之星"。但是,这些运动员大多年轻,正是人生观、价值观和职业道德观念养成的关键时期,其本来对于道德的标准就缺乏一个准确的判断,加之球队和球迷的忽视,很容易使其误入歧途,发生职业道德失范的事件。令人痛心的是,在诸如中国男子篮球职业联赛球员"假球"事件、国家男子篮球队"斗殴"事件、朱芳雨"离婚"事件等中国男子篮球职业联赛职业运动员道德失范现象频发的背后,中国篮球相关主管部门和联赛各球队依然没有对运动员的职业道德教育加以重视,反而对这些球员的职业道德失范行为听之任之,还是采取"只重成绩,不重教育"的运动员传统培养观念,这必然会对中国篮球事业的发展产生不良影响。

第六节　体育道德失范成因探析

中国职业体育道德建设所存在的上述问题是由主、客观原因共同造成的。首先,随着职业体育运行机制的确立,过去的人才培养模式显然已经不太能适应当前体制的发展和社会的需要,如今购买运动员渐渐成为补充队伍的主要方式。这种方式往往以谋求短期利益为目的,其严重后果在于忽视了职业体育后备人才的培养,对职业体育组织的长远发展造成了不利影响,诸如重成绩轻德育,为夺金牌不择手段,等等。其次,在体育运动的市场化导向下,职业体育成为市场经济活动的一个重要组成部分,由于传统与现代在体育道德理念方面存在差异,因此人们对体育道德的理解本应随之改变。然而,部分体育从业人员的思维仍囿于对体育道德所做的狭隘性、传统式理解。理念上没能做到与时俱进,这直接影响到中国职业体育制度建设的水平。尚未完善的职业体育体制,让部分主体有了更多投机钻营的空隙。职业体育的道德约束乏力失效,因此职业体育的道德顽疾难以根除。再者,在由职业体育从业人员所构筑的利益共同体内,各利益主体之间所产生深层次的矛盾随着职业化改革的不断深入而被日益激化,当利益冲突难以调和时,便会产生诸多有违道德的行为。这些深层问题对中国职业体育道德建设的进一步发展构成了强大的制约性力量,使中国职业体育的未来面临严峻的挑战。具体来说,可以细化为以下几个方面。

一、体育道德风险的经济学视角分析

在"友谊第一、比赛第二"的体育赛场上一次次出现"黑哨""假球""注射、服用兴奋剂"等诸多不文明并且严重损害公平竞争原则的事件,归根结底是由于个人功利、集团利益所诱发的无序竞争,是竞技体育异化为经济行为的表征。[①]

（一）基于新制度经济学视角的成因分析

新制度经济学对新古典经济学的假设前提做了很大修正,提出了经济人、有限理性及机会主义等假设,为研究竞技体育职业道德风险奠定了基础。根据经济人假设,人类具有追求财富最大化和非财富最大化的双重动机。同时人类又具有有限理性与机会主义行为倾向的双重特性。[②] 有限理性假设进一步表明,具有"完全理性"是经济人实现利益最大化的根本条件,但完全理性并不符合人类行为的现实,人类的行为都是有意识的理性,这种理性是有限的。机会主义假设认为,在非均衡市场中,人们为追求利益内在、成本外化等

---

① 曹景川、常乃军:《从反兴奋剂看诚信道德与和谐体育之构建》,《上海体育学院学报》2010 年第 34 卷第 2 期,第 85—87 页。

② 卢现祥、朱巧玲:《新制度经济学》,北京大学出版社 2007 年版,第 98—103 页。

目的,会采用非常微妙而且隐蔽地逃避经济责任的手段。

由上述假设可以得到一个基本结论:建立在双方承诺基础上的交易,其未来可能面临较大的风险。随着社会的不断进步,现代社会中体育比赛有了更多的商业色彩,有了利益的分配。于是,受理性意识影响,就有人去不择手段地获得利益,所以吸食兴奋剂、幕后交易、假球等职业道德风险行为频发的原因就不难解释了。可见,中国竞技体育职业道德风险是一种行业主体(教练员、运动员、裁判员等)的机会主义行为倾向问题。

(二) 基于信息经济学视角的成因分析

人的经济行为除了受利益的影响,还会受到道德、知识水平、歧视等社会因素的影响,所以对人经济行为的传统预测往往是不准确、不科学的。因此,在这里我们依据信息经济学中委托—代理理论来分析问题,对信息经济学中的道德风险内容进行详细论述。

道德风险产生的根源在于信息不对称。信息不对称是指某些经济活动参与人拥有但另一些参与人不拥有的信息,不是简单的彼此之间信息有无之分。比如说不同个体由于其所处的社会地位、知识水平等差异而造成的对信息的理解、分析及处理等能力差别也会造成最终的信息不对称。相对于经济理论中所假设的信息对称的简单环境而言,现实环境复杂得多,那么如果我们还是用以往传统的分析手段就显得片面和不准确了。信息经济学的委托—代理理论是信息经济学对信息不对称情况下道德风险问题进行分析和解释的主要手段,主要是针对经济行为主体之间如何制定合同和对主体行为的规范、激励以及惩罚等问题。

简单来说,委托—代理理论试图去解决以下问题:在经济活动中委托人雇用代理人去完成一项工作并希望自己的收益最大化,但委托人不能直接观察到代理人所选择的具体努力水平,代理人可自主选择自己的努力水平。委托人只关心自己未来的收益,所以需要通过观察其他相关因素来决定对代理人的激励与惩罚。[①] 虽然对代理人的激励行为会给委托人的收益带来一定程度的减少,但这是委托人现有情况下的最优选择。可见,从信息经济学角度看,

---

① 杨年松:《职业竞技体育的经济学分析》,博士学位论文,华南师范大学,2003 年 7 月。

中国竞技体育职业道德风险的产生是代理人的行为问题。

（三）基于经济伦理学视角的成因分析

经济伦理学是指以社会经济生活中的伦理道德现象为研究对象,揭示经济活动中道德的形成、发展和发挥作用的规律,为社会和个人的经济行为确立道德价值准则和道德理想的科学。① 经济伦理学认为,市场经济中正式制度安排与非正式制度安排间存在一种和谐互动的关系,以伦理道德为代表的非正式制度在规范经济人道德行为、维持经济秩序及促进经济正常运转等方面发挥着重要作用,是对正式制度安排的有益而必要的补充。

竞技体育作为特殊的领域,其职业道德是社会整体道德的一个方面和缩影,受社会、体制等宏观背景因素的制约,同时也受社会道德状况、水平等非正式制度的影响,职业道德与信用构成了竞技体育人员非正式约束的第一层次。竞技体育伦理关注的道德标准是如何与竞技体育政策、体制和具体的行为相一致和适应的,伦理道德是竞技体育伦理的基石。中国处在经济转轨、社会转型的特殊时期,各种道德观念碰撞融合,互相渗透,交叉并行。传统的伦理道德准则、行为日益受到冲击,一些不良的倾向、观念日益滋生,突出表现为带有功利倾向的道德趋于极端化。在中国竞技体育领域,由于法制不健全,制度约束软化,放大了中国竞技体育道德风险,导致经济人伦理道德沦丧问题频发。

二、社会主义市场经济发展与体育道德建设失衡

改革开放使得中国社会、政治、经济、科技、文化等都发生了翻天覆地的变化,中国逐步由计划经济向市场经济转轨,给人类社会道德的进步产生了巨大的推动力,在给体育事业带来良好发展契机的同时也带来了强烈的震荡。市场经济不但要求体育事业从发展模式上作出改善,同时也对体育道德的建设提出了新的要求,社会主义市场经济条件需要与之配套的体育道德标准、规范。同时我们也应该看到,市场经济建设一方面促进了社会发展、经济繁荣、科技进步,同时也带动了中国竞技体育和大众体育的腾飞,但也为极端个人主

---

① 王珂:《经济伦理学》,北京理工大学出版社 2013 年版,第 1 页。

义、享乐主义、拜金主义等道德错位、道德滞后思想的滋生提供了沃土,社会道德水平严重滞后于市场经济发展速度,①社会道德水平下降,如"倒地老人扶不扶"的社会怪象,折射出当今社会上一些人的价值迷失和道德失范。

体育是时代、社会发展的缩影,社会道德水平下降而引发的各类社会道德失范问题对体育道德建设形成了严重制约,各类频发的道德失范现象也以不同方式渗透到竞技体育中来,公平竞争的体育精神受到了严重冲击。当前,中国市场经济建设正在进入一个深刻的调整转型期,政治、文化和社会改革必将不断深入,高科技技术、信息技术等在大众生活中的应用日益频繁,特别是互联网海量的信息资源对人们的价值观念也造成了一定的影响。当前,经济制度的改革及社会各阶层利益机构的分化、重组必然会导致利益冲突和矛盾的加剧,而中西方文化的激烈冲撞导致个体价值取向逐步多元化、复杂化,中国社会价值观的重构正处于一个真正的传统与现代,民族与世界的关键时期,各种价值观念相互影响。② 但是,多年的计划经济体制改革已经打破了旧有的社会道德价值规范,而由于社会道德建设滞后于经济发展速度,导致与市场经济发展相匹配的新的道德价值规范尚未完全确立,社会道德水平的下降及随之发生的各类社会道德失范现象必然渗透到竞技体育中来,导致当前大环境下竞技体育中不公平、消极腐败现象日益严重。领导干部受贿、徇私舞弊及执法不公等,给竞技体育赛场上裁判员吹"黑哨""打人情分"等提供了效仿的对象;运动员、教练员对社会的不满,也造成了竞技体育赛场上频频辱骂裁判员甚至殴打裁判员的发生;而社会中普遍存在的地方保护主义,也造成赛事中偏袒东道主现象的频发。

市场经济具有盲目性、滞后性等典型特征,市场经济的不断深入导致这种竞争的盲目性日益凸显,互利合作、等价交换、利益导向等市场经济原则逐步渗透到包括竞技体育赛场在内的竞技体育领域,给竞技体育赛场带来了不公平竞争的风险,个体主义盛行,集体意识淡薄,金钱至上及"一切向钱看"现象大行其道。美国著名经济学家萨缪尔森曾说:"市场是没有大脑和心脏的,市

① 陈思:《中国转型期社会道德失范的原因分析》,《企业导报》2012年第3期,第78—81页。
② 郑杭生:《社会学概论新修》,中国人民大学出版社1998年版,第11—12页。

场并不能纠正其发展中所带来的严重的社会不公平。"①整体而言,社会转型时期中国竞技体育道德建设的滞后,加之价值观念多元化,是导致竞技体育赛场道德失范现象的社会源头。

三、竞技体育商业化的影响

竞技体育职业化、商业化为竞技体育在市场经济条件下的发展提供了经济基础和技术支持,有助于竞技体育运动水平的提高,但随着竞技体育职业化、商业化等专业化程度的提高,其本身存在的道德风险日益凸显。商业活动以追求经济利润的最大化为主要目标,一切经营活动的开展都围绕上述目标展开,竞技体育的职业化、商业化进程使得竞技体育从偏重精神意义的社会文化活动转变为以经济利益为目的的商业活动,传统竞技体育文化中重义轻利的体育道德观念和公平竞争的体育基本原则受到巨大冲击,导致了竞技体育赛场上拜金主义思想的盛行,形成"金钱至上""一切向钱看"等违反传统体育精神的道德失范行为。

随着运动训练科学的提高,现代竞技体育运动整体水平较以往显著提升,竞争性越来越强,比赛的争夺更加激烈,但公平竞争的体育基本原则逐渐被人们淡化,运动员、教练员等体育主体更加关注如何取得胜利。在"拜金主义"及物质、荣誉的驱使下,为了获得比赛的胜利,体育部门管理人员、教练员等鼓励、默许运动员使用违禁药品来提升竞技能力,运动员、教练员联手篡改年龄作弊,以大打小,暗箱操作,致使竞技体育赛场上各种"黑哨""假球""假摔"等屡禁不止,来自于同一省市代表团的运动员联手"做掉"对手等,此外还有教练员与裁判员之间进行金钱交易来操控比赛,运动队与运动队之间打协议比赛等,竞技体育赛场中各利益主体违背职业道德开始采取不正当的竞争手段参与到比赛中,甚至采取非法手段,这些严重违反体育职业道德的道德失范行为,其最直接的诱因就是竞技体育商业化的高额利益。在竞技体育赛场上,金牌对于体育部门及管理人员而言是政绩,是仕途,是他们将来提升的资本;

---

① 宋建驷:《关于我国竞技体育商业化问题的探讨》,《集团经济研究》2006 年第 19 期,第228 页。

对于赞助商而言,金牌意味着他们产品或服务品牌影响力的提升,是巨大的商业利润;对于运动员、教练员而言,金牌是对他们多年系统训练的肯定,是令人崇拜的社会荣誉,唾手可得的社会职务、政治待遇,还可能是数万元甚至数十万元的奖金、房子等。在巨大利益的诱惑上,以违反职业道德来获取胜利的行为就顺理成章了。

四、社会不良环境的影响

造成体育道德失范的原因比较多样,其中,社会不良环境的影响是一个极为重要的外部因素。中国社会正处于转型期,社会中的拜金主义、享乐主义和功利主义等不良道德风气,对中国体育从业者的价值观造成了一定的冲击。同时,国外职业体育赛事所衍生出来的不良道德风气也对中国体育从业者产生了不良的效仿效应。

当前,中国正处于社会主义建设的转型期,国家的政治、经济和文化在取得丰硕成果的同时,也发生着深刻剧烈的历史变革。在中国社会主义市场经济不断发展的同时,中国体育也走上了职业化和商业化的道路,为中国体育的发展提供了广阔的市场前景和充足的人力资源。但是,职业化和商业化在为中国体育提供了历史机遇的同时,也对中国体育从业者职业道德造成了巨大的碰撞和挑战,体育从业者的职业道德受到了社会中不良道德风气的影响。

首先,从体育从业者个人价值观的方面来看,受到了当前社会所流行的拜金主义和享乐主义的冲击;中国体育从业者在接受国外先进训练理念和比赛观念的同时,也接触到了西方伦理道德中拜金主义和享乐主义的侵蚀,再加上中国体育职业化和商业化进程中转会和广告赞助的金钱诱惑,造成了一部分体育从业者在人生观和价值观上的扭曲和异化,进而导致部分体育从业者为了金钱和名利收受贿赂、服用违禁药品,造成了职业道德失范现象日趋严重。其次,体育从业者在日常生活中与一些人交往受到功利主义的影响,原本人与人之间的信任关系逐渐瓦解,相互之间的友爱关系和合作关系逐渐被争名逐利和相互利用所取代,体育从业者一切行为的最终目的始终指向名利和金钱,原本的集体主义和牺牲精神逐渐消失殆尽。再次,国外假球现象也对中国当前职业体育从业者职业道德产生了不良的影响;在国外商业化体育发展相对成熟的环境中,胜负不仅意味着运动员和球迷的心理期待和比赛训练动机,更意味着体育团队在经济利益方面的得失与否,在比赛中失利所面临的巨大经济损失下,不少国外体育从业者纷纷打上了"假 X"的主意,虽然国外各职业联赛采取各种措施制止这种不良行为,但始终没有得到有效的控制。中国体育从业者在学习国外先进经验的同时,并没有很好地取其精华、去其糟粕,"假 X"所带来的巨大经济效益使一些体育从业者迷失了自我,职业道德沦丧,在经济利益中无法自拔。

五、体育道德教育的缺失

由于文化素养教育的缺乏,很多体育从业者在职业化过程中世界观和价值观发生了扭曲,他们更加注重成功与金钱。道德教育的缺乏,使他们无法正确认识市场经济体制下道德的价值,将追求本位利益最大化视为根本目的。中国体育职业化与中国市场经济发展的步伐是一致的,根植于中国市场经济大环境中的竞技体育职业化决定了竞技体育职业化过程中不同的主体必然会产生逐利行为,这是竞技体育职业化进程的必然结果,也是市场经济发展的必然结果。①

根深蒂固的胜利至上观念将道德价值打碎。职业化代表着训练与参赛的职业化,只有通过职业化的训练并在项目中"获胜",运动员的成绩才会被肯定,教练员的工作才会被认可,因此他们更加注重成功,这一点与业余从业者显著不同。中国网球选手李娜在她的自传"序言"中写过这样一句话:"职业运动员和专业运动员,大家肯定会觉得这两个名称没有什么差别,但对我来说却是完全不一样的人生和体会。"②职业体育从业者更重视的是结果而非过程或方式,为了达到预期结果甚至可以"采取一切方式夺取胜利"。体育道德教育的缺失主要表现在以下几个方面。

（一）中国传统道德观念的式微

随着中国社会、经济的不断发展,许多新兴文化现象同中国的传统文化道

---

① 陈洪、马瑛、刘春华:《放松规制:竞技体育职业化之肯綮》,《山东体育学院学报》2014 年第 3 期,第 1—5 页。

② 李娜:《独自上场》,中信出版社 2012 年版。

德观念产生了融合与冲突,传统道德文化在新兴文化的冲击下日渐式微,诚实守信、仁义道德已经难以支撑人们心目中的道德信仰。近年来随着中国同其他国家之间的体育交流日益频繁,体育从业者原本所固守的中华传统道德文化发生了动摇,道德信仰发生了多元化的倾向,一些西方腐朽思想逐渐进入了他们的道德观念中,使得部分意志力薄弱的从业者难以抗拒,进而产生职业道德失范的现象。此外,多元文化的集合从另一方面也反映了之前占主导地位的中华传统道德文化统治力的削弱,由于不少人缺乏对传统道德的认同感,逐渐丢失了之前所具备的道德修养,对"仁义""诚信""忠贞""奋斗"等传统道德文化熟视无睹,之前一些好的道德修养,如"拾金不昧""为人民服务"等现如今被看做是"傻"的体现,被许多人所耻笑。道德文化的相互碰撞和融合丰富了人们的思想,但是,也使得人们对之前所抱有的中华传统道德产生了怀疑。中国部分体育从业者就因此产生了对国外一些腐朽道德思想观念的盲从,进而走上了违纪违法的道路。

(二) 体育从业者本身文化素养的缺失

中国竞技体育从业者的培养模式较为单一,以运动员为例,运动员的成长历程大多比较单一,一般是从地方业余体校到各省市的职业队,然后再从各省市的职业队上调到国家队,中国现行的运动员培养体制严重存在着运动训练和文化教育的失衡。中国现行的运动员培养模式相对来说比较封闭,虽然具有训练高效率、低成本的优势,但是这种培养模式中的文化教育始终是运动员培养体系的软肋,这种培养模式以训练为主,以文化教育为辅,一旦遇到大赛进行赛前备战,文化教学会全面停止,造成"练"与"学"的脱节。除此之外,运动员自身对于文化知识学习的忽视也是造成运动员文化素养缺失的主要原因,运动员由于平时需要耗费大部分时间和精力从事专项的训练和比赛,常常会主动放弃文化课程的学习,甚至一些运动员从小就从事专业训练,对于文化课学习比较反感,宁愿多花点时间进行训练,也不愿意从事文化知识的学习,中国职业运动员整体文化素质每况愈下。运动员文化素养的缺失,除去对技战术能力的理解有局限之外,更重要的就是对自身职业道德提高的忽视,一些运动员没有经过专门的文化课学习,对中国传统的文化道德知之甚少,对于一些基本的道德规范并没有专门性的学习,致使一些运动员完全处于自我放纵的状态,想干什么就干什么,从来不去考虑道德和纪律的约束,进而形成职业道德失范行为。

（三）竞技体育文化的迷失

竞技体育文化是社会文化的重要范畴,具有历史性、民族性和地域性等特点,它是竞技体育健儿在体育运动中所表现出来的人文精神。不可否认,中国依靠举国体制的优势在竞技体育建设方面取得了世界瞩目的成就,这种以集中人力、财力等优势资源来推动竞技体育发展的思路符合计划经济时期中国的国情。但随着竞技体育商业化、市场化改革的不断深入,我们在竞技体育领域不断创造新辉煌的同时,传统的体育价值观念正在发生巨大蜕变,竞技体育文化正在逐步迷失,其后果就是过于狭隘地理解了竞技体育,而忽视了竞技体育文化的本质,而将金牌、冠名、名次等同于竞技体育,体育价值观的异化现象日益严重。中国学校体育就是一个典型例子,虽然中国政府高度重视学校体育教育的开展,旨在通过体育教育来提高学生的体质健康水平,培养终身体育意识,但学生不喜欢上体育课的现象普遍存在,其根本原因就是当前的体育课成为传授健身与政治教育的工具,带有极强的功利色彩,忽视了体育的本质特征。缺少体育文化的体育失去了体育运动应有的魅力,使得体育运动成为没有灵魂的空壳,这是导致道德失范的根源。竞技体育文化的本质属性是公平竞争精神,这是一种在理性控制下的竞争,而商业化、市场化环境中的少数竞技体育运动员、教练员等在利益驱使下忽视甚至忽略公平竞争精神,为获胜可以求助于药物,为获胜可以不择手段,收买裁判……总之,竞技体育文化的迷失使得公平竞争精神成为一句空洞的口号。

（四）"金牌至上"的错误思想

"金牌至上"的思想在中国有着广泛的社会价值认同感。中国有几千年的封建社会历史,"成者王侯,败者寇"的思想观念深入人心,大众对"金牌"有着强烈的欲望。特别是在晚清时代,清政府闭关锁国导致国力日益衰落,西方列强趁机大肆侵略中国,人民处于被奴役、被压迫的时代,被西方称之为"东亚病夫",国人寄希望于在"擂台"上打败外国人。新中国成立以后,党和政府高度重视竞技体育的发展,而成为世界体育强国的标志就是在奥运会、世锦赛上多拿金牌,"金牌至上"的社会价值认同度极高。这种价值观念已经渗透到社会生活的各个方面,例如在媒体的报道中,获得冠军就有连篇的报道、无数的赞誉,而失败者甚至连基本的掌声都没有。特别是在奥运会、全运会这样的高水平赛事中,无论是主管部门、教练员还是社会大众都给了运动员很大的压力,对于他们而言"只能胜不能败",这种"金牌至上"的观念深刻影响着体育主体的行为。在这种价值观念的影响下,功利和政绩成为各省市备战、参战全运会的共同目标,成为导致全运会赛场道德失范现象频发的推动力,而各方利益牵扯是道德失范的直接原因。对于绝大多数运动员而言,奥运会毕竟只有少数人参与,而全运会夺牌的难度要比奥运会低得多,全运会才是他们不折不扣的主战场,全运会上获得奖牌甚至金牌,就意味着得到了奖金甚至房子,其退役后的就业安置也一路平坦,下半生可以衣食无忧,比赛成绩事关自身的切身利益,自然会不惜一切代价甚至违反职业道德取胜。而教练员作为运动员的培养人,运动员的成绩关系到他们的奖金,也是他们升职的"敲门砖",以至于体育局领导有了成绩自然也更加光彩。于是,从体育主管部门到教练员到运动员,每个人都能从奖牌中获得利益,在这种利益的导向下导致全运会赛场出现了集群行为层面的道德失范行为。在地方政府的考核中,地方体育局在全运会上获得奖牌的数量是考核体育部门的最重要指标,这种评价指标如同各地政府的 GDP 指标一样,是最容易被量化的指标。对于地方体育局领导而言,全运会成绩是他们任期内的主要政绩,直接关系到他们的提干及仕途走向,并且全运会成绩直接决定了地方财政局向体育部门的拨款额,在一些地方体育局心中全运会比奥运会更加重要。

(五) 竞技体育教育的错位

西方国家高度重视运动员的教育,例如美国 NCAA 高校对于运动员的招生与培养采取严进严出的措施,对于入学运动员的文化成绩有严格要求,在学校期间运动员要代表学校参加比赛必须修满规定的学分,一旦学分低于学校的最低要求必须停训补课,待学分达到最低要求的次年方可重新申请参赛。NCAA 对运动员在训期间的学分有明确规定,必须达到规定的学分才能毕业,但他们的学分制度比较灵活,运动员在规定的年限内无法修满学分可申请延期。NCAA 在运动员教育方面的做法是当今世界竞技体育人才培养的典范,良好的教育保证了运动员有较高的文化素养和道德水平,有助于提高他们的运动智能,同时有助于运动员就业后的安置等。

中国举国体制下的竞技体育人才培养模式与国外有显著差距,长期以来中国在竞技体育人才培养方面采取宽进、宽出的原则,只要身体素质条件优异就可以降低文化成绩要求招收进来,在学期间竞技体育运动员的训练是主题,不重视甚至忽视文化教育。由于部分竞技体育运动员很早就脱离了课堂教育,导致他们的文化基础薄弱,整体文化水平较低,严重制约了他们运动智能的发展,同时也给他们退役后的安置造成了潜在风险。加之他们长期封闭管理,社会化程度不高,对于他们而言只有依靠自身的专业技能获得好成绩才能在将来的就业安置中为自己赢得筹码,在这种利益动机的驱动下,利用一切可以利用的资源或手段(如服用兴奋剂、贿赂裁判等)都成为优先选择。

六、管理制度不完善

竞技体育的职业化进程要求我们变革以往的体育管理体制,逐步建立并完善与职业化相吻合的管理体制。但是,受中国特殊的政府体制等因素的制约,中国竞技体育管理体制长期以来滞后于竞技体育职业化的进程,当前中国仍采取计划经济时期条块分割、分层管理的体制,各级体育局受国家体育总局的业务指导,同时也受到地方政府的统一领导,不同部门在管理中职责不清,层次混乱。[1] 在地方政府的压力下,地方体育局要出成绩,出业绩,有压力。成绩好坏与地方政府对竞技体育项目的投入直接相关,他们所考虑到的首先是地方政府的利益,其次才能顾及国家利益。例如,近年来中国全运会中频发的道德失范行为很多情况下是一些地方政府为保护地方利益而损害其他地方或他人而产生的。

除了行政管理体制之外,目前中国竞技体育发展中的项目管理中心与各项目协会在管理分工上也有矛盾和冲突,前者属于国家体育总局下属机构,后者属于民间机构,两个不同的机构共同管理,导致管理混乱,这也是导致体育道德失范发生的重要原因。

(一) 行政管理体制不完善

当前,中国的竞技体育是国家高度统一的管理体制,其最大的特征就是举

---

① 刘春华等:《我国体育管理体制改革探索》,《体育文化导刊》2014 年第 3 期,第 1—4 页。

国体制,这种管理体制形成于计划经济时期。随着中国计划经济体制向市场经济的转轨,中国竞技体育管理体制也有了重大调整,传统管理体制中政府统包、统揽的状况发生了根本改变,但长期以来受计划经济思想的影响,中国竞技体育事业的发展仍有较强的"公益性"特点,凸显出较强的行政管理色彩。在这种行政管理体制下,我们体育事业的发展容易出现"金牌导向""一切向金牌看",竞技体育赛事以金牌、奖牌数量的多少去衡量省市或地区的竞技体育水平及综合实力,并以此衡量相关项目的发展趋势甚至存在的价值,有很多省市甚至以金牌、奖牌来衡量体育部门、主管领导的政绩,衡量教练员的升迁、运动员的前途及退役安置等,而这加剧了竞技体育赛事的功利色彩。

国家政治、经济及社会体制的改革,必然会推动中国竞技体育管理体制的改革。与经济体制转轨、社会转型相适应的,中国体育部门近年来在竞技体育体制方面也进行了不断的改革探索,其中国家项目运动管理中心的成立是最明显的标志。然而,项目运动管理中心运行中存在角色定位模糊,职能定位混乱,管理错位等问题,越位及缺位管理现象普遍存在。在现有的管理体制下,国家体育总局、项目运动管理中心及各单项运动协会、地方体育局等相关主体存在各种权利冲突现象,利益分配也有些复杂、混乱,矛盾依然存在。同时,国家体育项目管理中心所制定的一些规章制度也在某种程度上影响了俱乐部运行和发展的积极性,俱乐部作为一个自负盈亏的企业实体,其推行的政策和手段必须按照管理中心的方案施行,有的俱乐部长期失去经营自主权,投资而未见回报也严重影响了自身的发展热情。

此外,俱乐部一般为企业与体育局共同所有,政府能够直接参与俱乐部的管理、运动员转会等事务,涉及运动员的许多事务在很多时候难以分清管理主体,政府和俱乐部有时为了运动员或经济利益闹得不可开交,法治逐渐由人治所取代,为失范行为的发生提供了可能性。

(二) 个人管理制度不完善

在国外,竞技体育发展中高度重视个人理性的利益需求,通过制度导向和制度约束来保障运动员、教练员在遵守职业道德的前提下获得合理的利益需求。他们的经验告诉我们,在竞技体育商业化、职业化不可扭转的大趋势下,要将保护运动员、教练员等主体的合理利益需求提升到合理的高度,制定有效的措施、手段来保障集体、个人利益的最大化,这与我们倡导的提升体育道德水平并不相悖,符合伦理道德的基本原则,也符合市场经济框架下的行为准则。中国社会主义市场经济的发展是一种自发渐进式的发展,在社会转型时期传统道德价值观念被瓦解,而新的道德价值观念没有建立起来时,社会价值取向陷入困境,在计划经济时期建立起来的体育管理规范及法律制度中有关违反体育职业道德、道德失范等的约束与处罚机制严重滞后于社会经济的发展,滞后于竞技体育的发展速度,不少权力机关利用自己手中的权力,为集体、个人等谋取不正当利益提供了便利。由于相应的管理规章制度不健全,管理部门对体育赛场上各相关个体的行为缺乏有效监督,尤其是对于裁判员判罚不公正、各种道德失范行为等缺乏有效的认定、处理的标准与办法。

中国运动员职业道德的培养力度不够,管理层注重运动员的竞技能力、技战术、内外援的转会等可以直接转化为成绩等"有形"因素,而忽视运动员的人生观、价值观以及职业道德等"隐形"因素,运动员的职业素养和敬业精神同高度职业化比赛的要求还相差甚远,运动员在赛场内外的违纪违法行为还屡见不鲜,运动员的丑闻还屡屡登上新闻头条。与此同时,许多团队大搞"金元政策",以金钱为主要因素来管理和激励运动员,部分运动员在此种政策下逐渐变得"以钱为主",消减了刻苦训练、顽强拼搏的决心,助长了运动员的拜金主义价值观。

此外,运动员社会保障制度不完善也是不可忽视的一方面。运动员社会保障制度的建立对于推进中国竞技体育事业的健康、持续发展大有裨益,能解决竞技体育运动员常年训练、参赛的后顾之忧,对于降低和减少体育道德失范行为也有积极的意义。中国政府高度重视运动员的社会保障,国务院在2010年颁发了《关于进一步加强运动员文化教育和运动员保障工作的指导意见》,就如何加强运动员保障提出了明确要求,要求提高运动员的文化教育水平,为他们的退役就业奠定基础,同时要做好各项保障工作。2012年,国务院展开全国运动员文化教育及运动员保障工作电视电话会议,会议中提出要根据中国竞技体育事业发展的实际情况,建立与完善运动员的收入分配、社会保险、伤病防治与就业安置等保障机制。但是,现阶段中国运动员的保障制度体系仍不健全,无论是收入分配、社会保险还是伤病防治等方面都有很大缺陷,而就业安置的问题更加严重。例如在养老保险方面,运动员在训期间的养老保险由其所在的运动队主管部门按照事业单位标准统一缴纳,但运动员退役后如果无法进入事业单位将无法继续享受这类养老保险;在退役安置方面,除极少数运动员能进入事业单位或政府部门外,大部分运动员退役即面临失业,近年来奥运冠军卖猪肉、世锦赛冠军地铁乞讨、冠军无钱治病等负面报道屡屡见诸报端,这些困境表明中国运动员保障制度的不完善。① 对于运动员而言,赛场上是否能获得奖牌不但直接关系到他们的名誉、奖金,而且是运动员、教练员等今后工作走向的重要砝码,获得冠军可以退役后受到照顾,这是冠军的特权。在这种思想的影响下,也不难想象为什么越来越多的运动员、教练员等宁可违背职业道德也要去争夺冠军的做法了。

在薪酬激励方面,中国竞技体育运动员的整体薪酬水平很低,而现行的激励制度多与运动成绩直接挂钩,他们获取的奖励取决于重大赛事中的成绩、获得名次的高低及奖牌数量的多少,由于薪酬制度不健全,冠军的收入可能比他们训练几年的收入总和还要高,并且能获得更多的社会激励。虽然采取违反职业道德的行为来获取胜利有一定的风险,但获得收益的机会概率同样也显著提高。

七、法律体制不健全

现阶段中国的体育立法工作还比较落后,在一定程度上阻碍了中国体育事业的发展,特别是体育道德立法方面的缺失成为体育道德失范频发的根源。② 虽然改革开放以来中国为规范和推动体育事业的发展出台了《体育法》,极大地提升了中国体育事业发展的法制化进程,但是整体上看中国体育领域的法制建设还很不健全。在体育职业化进程中道德失范行为频发的当前,一些实体性法律难以介入体育领域,法律制度的缺失导致道德失范的风险成本较低,进而导致很多人有恃无恐,进一步加剧了体育道德失范行为的

① 邓民威、曾庆涛:《竞技体育赛事贿赂行为及防范》,《武汉体育学院学报》2013 年第 6 期,第 55—56 页。

② 龙家勇:《体育锦标赛制度的逆向激励研究》,《体育文化导刊》2014 年第 9 期,第 17—20 页。

恶化。

中国体育职业联赛的良好运行需要具备完善的法律法规以及对法律法规的高效率执行,但是中国正处于体育职业化道路的初级阶段,职业化发展水平同美国、欧洲等体育职业化发达国家还存在一定的差距。虽然中国体育职业联赛已走过 20 年的风雨历程,但中国体育职业联赛的法制体系还存在相当大的不足。首先,法律监管机构运行和管理不健全。中国体育职业联赛的法律监管机构缺乏必要的约束力,其直接后果是导致了运动员自我约束力的逐渐消失,使运动员道德水平低下。目前,中国体育职业联赛缺乏西方发达国家所设立的职业联赛仲裁机构,能够及时并准确地对运动员在赛场内外的道德失范行为作出仲裁,并对一些道德失范行为进行纪律惩戒,即对运动员采取停赛、罚款等处罚。反观中国现行体育职业联赛,对于运动员在场内外表现出的职业道德失范行为一般采取大事化小、小事化了的处理态度,除去一些知名运动员的道德失范行为会遭到媒体曝光之外,一些年轻运动员的失范行为一般选择内部处理。这样不仅不利于体育领域整体道德水平的提高,也不利于运动员主动认识自己的过失,纵容了运动员的再犯。其次,法律的制定和执行存在一定的模糊性。中国体育职业联赛中俱乐部同运动员之间的合同一般只有几页,且都是一些薪金和义务方面的规定,同美国、欧洲职业联赛中几十页的合同相比,中国职业联赛中法律规定性还很不明确。甚至一些俱乐部对于自己一手培养起来的年轻运动员,可以随时终止或者解除合同,更有甚者,运动员同俱乐部之间根本没有合同可言,致使运动员的合法权益得不到应有的保护。同时,对于一些大牌运动员的违规违纪行为,俱乐部合同中并没有规定详细的处理和解决措施,只能采取放任和迁就的手段,致使运动员的道德失范行为愈演愈烈。

从管理角度看,体育主管部门对体育赛场上各类体育道德失范行为惩治不力,在一定程度上纵容了体育道德的失范。除运动员服用兴奋剂的处罚力度较大之外,其余道德失范行为的处罚措施仅限于通报批评、取消体育道德奖评选、罚款等,只有为数不多的造成恶劣社会影响的道德失范行为(如斗殴、殴打裁判员等)被处以禁赛。参加高水平赛事的教练员、运动员大都是竞技体育的"贵族",批评、罚款对于他们的道德失范行为根本起不到有效的惩戒作用。对于影响较为恶劣的道德失范行为,禁赛的惩罚用得比较少,禁赛的时间也比较短,惩戒的效果也不好。并且,目前体育主管部门对重大体育赛事的道德失范行为缺乏统一的惩治标准,对于什么样的道德失范行为应给予什么样的惩罚完全取决于管理部门的主观判断,导致道德失范行为处罚的随意性较强,处罚的严肃性不够。

虽然改革开放以来中国体育立法不断完善,为推动中国竞技体育事业的规范化、制度化发展创造了良好条件,但整体上看中国体育立法仍不完善,明显滞后于市场经济、竞技体育职业化与市场化的发展速度,对于竞技体育商业化、市场化进程中的很多现实问题缺乏明确的法律规制,体育立法的层次不高,面较窄,目前没有任何相关的法律就体育道德失范问题做过解释,导致体育赛场道德失范的治理缺乏法律依据。并且,由于中国竞技体育管理体制与运行机制的特点,体育系统较为闭塞,体育单项立法与国家法律的衔接不畅,对于体育赛场上的各类道德失范行为基本上仍处于内部处理阶段,多由体育主管部门自行处置,但很多情况下体育主管部门本身就是道德失范行为的主体。当前体育赛场上的部分道德失范行为,如裁判员收受贿赂、体育主管部门搞"金牌内定",这些问题已不单单是道德失范方面的问题,还已经涉嫌违法犯罪,应由国家司法机关依法处理。遗憾的是,中国现行法律中对于体育道德失范行为主体的认定仍没有相应的法律规定或司法解释,通过司法介入来惩治体育赛场道德失范行为的渠道不畅,导致体育道德失范行为的成本较低。例如,对于裁判员而言,即便是收受贿赂被查,也只是体育部门的内部处理,最多是批评甚至禁赛,并且当前裁判员多为业余或兼职,这样不痛不痒的处罚相对于他们收"黑钱"的收益而言如九牛一毛,而高额的利益也让越来越多的裁判员铤而走险。显然,寻求司法介入,提高体育道德失范行为的成本是当务之急。

第四章　体育职业化走向与
体育道德建设

体育作为一种文化,是社会主义精神文明的一部分,体育道德是体育职业化内涵的重要组成部分,在体育的发展过程中发挥着不可估量的作用。体育职业化发展中的道德建设是伴随着体育发展逐步建立起来的,这就决定了道德建设必须符合体育发展的规律和特点,其根本使命是实现体育事业的可持续发展,并促使体育道德逐渐成为当代社会生活中的一项重要的无形资产。体育职业化、市场化同体育道德建设非但不矛盾,而且相辅相成,对市场化之于体育道德建设的负面影响的过渡强调和渲染不仅有害于体育道德建设,同时也影响着体育本身的职业化、市场化进程。

体育职业化进程中出现的道德失范现象,给职业化本身带来了负面影响,体育职业化的发展需要一个稳定有序的道德环境。对于正在走向职业化的竞技体育而言,厘清体育职业化进程中道德建设的基本问题,提出体育道德建设的基本思路,有助于加快中国体育职业化进程,进而促进体育事业的和谐、稳定发展。

第一节　体育职业化与体育道德建设①

一、体育职业化的必然性

（一）体育职业化是社会发展的必然趋势

职业化已成为当代社会的主题,是社会进步的一项重要标志,也是时代发

---

① 本节核心观点和部分内容来源于曹景川:《我国体育职业化进程中的道德环境建设》,《上海体育学院学报》2014 年第 3 期。

展的必然要求。体育事业以社会发展为导向,同时在一定程度上也影响着社会的发展,两者相互渗透,不可分割。伴随着社会的发展,人们的物质文化需求也在不断发生变化,就体育而言,人们对体育需求的多样化促进了竞技体育的社会化和职业化,①尤其是职业化的呼声越来越高,越来越受到国人的关注。中国政治、经济体制改革的不断深入,市场经济体制下人们体育观念的转变,体育消费意识与能力的提高,构成了竞技体育职业化发展的动因。② 当前,中国正处于社会转型期,即由计划经济体制向市场经济体制转型的关键时期,体育作为社会生活中必不可少的一部分,其职业化进程的速度将对整个社会的发展产生不可忽视的影响。

(二) 体育职业化是现代社会职业分工的必然结果

职业化能明显提高工作效率。现代社会职业分工更加细化,这也就要求不断加深专业化程度,即限定该社会成员将个人全部的精力与时间投入某一项工作。在该层面上,体育职业化就是使体育参与者将体育作为唯一的工作,并以此参与社会活动。尽管中国体育事业已取得了举世瞩目的成就,但在某些方面依旧存在不足,亟待完善。体育职业化正是填补这些不足最快捷有效的途径,基于此,体育作为新的职业成为必然。

(三) 体育职业化是市场经济体制下的必然形态

随着中国社会主义市场经济的不断发展,一些具有市场基础的竞技体育项目进入市场,进行"职业化"运作已成为体育改革和发展的必然趋势之一。③市场经济体制逐步代替计划经济体制,靠市场机制调节相关利益关系,将体育逐步纳入商业运作中,由市场发挥主导作用,加快体育职业化步伐。只有职业化的体育才能与市场经济体制相适应,才能拥有更加广阔的市场,因此,体育职业化是市场经济体制下的必然形态。

---

① 李康:《转轨时期我国体育职业化的利弊分析》,《华南理工大学学报(社会科学版)》2011 年第 13 卷第 3 期,第 97—102 页。

② 王兵:《我国竞技体育社会化进程中的职业化、院校化发展动因》,《上海体育学院学报》2005 年第 29 卷第 6 期,第 30 页。

③ 梁晓龙:《当前我国体育职业化(市场化)改革必须明确的几个基本理论问题》,《体育科研》2005 年第 26 卷第 2 期,第 1 页。

（四）体育职业化是体育自身发展的必然要求

体育的发展必须适应时代的要求,作为职业化的主体,它的发展方向决定着自身的命运。竞技体育职业化是体育发展的高级形式,是当今竞技体育发展的大势所趋。① 在国际层面,体育职业化已达成共识,各国均在加快体育职业化的步伐。中国体育正处于职业化发展的初期,体育参与者的非职业化使体育事业的发展偏离了既定轨道,呈现畸形发展的态势,在双重背景下,体育职业化是合适的补救措施。因此,中国迫切需要实现体育职业化,以保证体育事业的正常发展。

二、职业化走向中的中国体育道德建设的意义

竞技体育职业化是体育发展的高级形式,也是市场经济的必然产物。近年来,随着中国改革开放进程的日益深入,现代体育的发展和体育体制改革的推动,中国竞技体育的职业化道路迅速发展,由刚开始的初步探索过渡到积极推进阶段。但整体上中国体育职业化还处于较低水平,高度的商业性容易形成拜金主义倾向,一些参与者为了追求利益不择手段、无视原则。同时,体育竞技职业化还有可能削弱体育的健身功能、教育功能和特殊的文化功能。所以,注重职业化走向中的体育道德建设是中国体育职业化进程中的理性诉求。

（一）加强道德环境建设是提升体育参与者素养的需要

体育职业化的发展目标是促进整个体育界的良性发展,而良好的道德环境是实现体育更好发展的重要保证。当前,在体育参与者中存在多种不道德的行为及现象,这些行为不利于中国体育职业化的健康发展。此时,加强道德环境建设就显得极为关键和重要。体育参与者素质的全面提升是体育职业化的目标与要求,职业化水平越高,参与者在体育活动过程中所表现出来的道德水平也就越高。在体育的职业化进程中不能缺少"道德"的参与,体育活动的参与者被职业化的外延囊括,而道德的承载者就是这些参与者。良好的道德环境能使体育参与主体重视道德的培养,提高个人素养,进而促进社会环境的

---

① 靳勇、李永辉:《我国竞技体育职业化发展进程研究》,《体育文化导刊》2008 年第 12 期,第 15—17 页。

和谐,推动社会主义市场经济的持续发展,这也间接地促进了体育职业化水平的进一步提升。

(二) 加强道德环境建设是拓展职业体育市场的需要

体育职业化最初始于英国,是西方资本主义社会的产物。西方发达国家的体育职业化发展已达到很高水平。对于中国来说,它是社会主义初级阶段向前推进过程中所产生的新生事物,其发展还很不完善。尤其是在体育道德建设方面,中国需引用并改善国外先进的道德环境建设经验来拓展职业体育市场,促进体育产业的发展。在体育职业化发展进程中进行道德环境建设,可以充分发挥体育的人际、群体和国际交流功能,消除体育交流的障碍,使得不同文化背景的人们在强身健体、提升竞技水平、提高生命质量的道德追求中,不断推动体育产业与高科技的联姻,促使人们在分享体育产品的同时,大大提升精神文化品位和消费水平,促进体育市场的繁荣与拓展。近年来,中国体育事业取得的成就也充分印证了这一点,在职业化体育联赛中参与者以高尚体育道德引领赛事的走向,赛事的精彩程度不断增强,得到了大众的认可,繁荣了体育市场,市场的繁荣反过来提升了体育的职业化水平。

(三) 加强道德环境建设是保障职业体育秩序的需要

整个世界是相互矛盾的统一体,任何事物之间都存在既对立又统一的关系。体育职业化亦是如此,其发展在另一层面不可避免地带来诸多道德失范现象,打乱了原本公平、公正的体育秩序。体育职业化是伴随着社会生产关系不断变化而发展的,必将带有时代的烙印。职业化的竞技体育常以高工资、高奖励的方式鼓励运动员取得优异的比赛成绩。这在客观上使得过分追求物质报酬的运动员忽视了比赛的目的,将比赛视为获取金钱财富的唯一手段,导致诸如服用兴奋剂、打假球、贿赂裁判员、恐吓对手等恶劣事件的发生,以及裁判员的黑哨、错判漏判等一系列道德失范行为。这些行为不利于体育职业化的发展,特别是在中国体育职业化发展水平较低的现阶段,道德水平下滑、竞赛环境恶化等导致了职业体育中不公平、不公正事件时有发生,干扰了正常的比赛秩序,阻碍了体育职业化发展进程。这些问题如果得不到及时有效的遏制和解决,势必影响体育事业的健康发展,甚至影响社会稳定和社会主义精神文明建设的大局。因此,加强道德环境的建设才能切实维护体育竞赛的公平性、公正性、公开性和纯洁性,牢固构筑抵御不正之风的思想道德防线,保障职业体育健康有序地发展。

三、体育职业化走向中的中国体育道德建设的影响因素①

（一）体育道德状况受到整个社会道德水平的制约

改革开放后,受各种利益冲突和价值观念的影响,个体和社会的复杂化、多元化趋势愈演愈烈。从竞技体育方面来说,体育的职业化、商业化和产业化,国际和国内体育人才的流动,打破了原有体育人才部门管理方式,为体育人才的脱颖而出创造了良好的环境和条件,而且培育了人们的平等观念、公平意识,对调动人们的积极性、主动性和创造精神起到了极大的推动作用。运动员们在竞赛中所表现出来的竞技体育精神,给人们以极大的心灵震撼。我们在肯定体育取得成绩的同时,也应看到在社会市场体制下体育事业发展过程中所存在的道德问题。例如,在奉献精神、局部利益和个人利益的冲突下,滋生了小团体主义和个人主义产生的种种不道德行为:为了赢得比赛,将竞赛中的体育道德要求抛之脑后。隐瞒运动员年龄、以大打小;职业运动员参加业余比赛、弄虚作假;有的甚至采用贿赂裁判或对手、服用违禁药物等手段;有的在比赛场上辱骂对手、裁判,甚至大打出手;有的因过分追求工资、奖金和待遇,而罢练、罢训、罢赛。在体育赛场上出现了部分"球迷"对自己的球队要求只准赢、不准输,否则就要乱扔东西,围攻辱骂裁判和运动员,发泄不满,制造事端,甚至引发恶性暴力犯罪等问题。无论人们是否承认,体育道德的滑坡已成为一个无法回避的事实。如果对存在的道德问题不予以重视、加以克服,不仅对中国体育事业的健康发展会造成严重的影响,而且还危害整个社会良好道德风尚的形成,进而危害社会主义精神文明建设的进度。

（二）竞技体育商业化对体育道德建设的影响

竞技体育走商业化道路是社会发展的需要。由于中国起步较晚、制约因素较多,所以中国竞技体育的商业化发展道路坎坷。一是商业化覆盖的项目

---

① 本部分内容来源于曹景川等:《我国高校高水平运动队体育道德建设研究》(前期研究成果),《体育研究与教育》2013 年第 28 卷第 S2 期。

较少,仅限于少数几个"热点"项目,如足球、篮球、乒乓球等;二是商业化赞助的"面"较窄,多集中在个别重大国际、国内赛事,如奥运会、亚运会、全运会等;三是商业化运作的频度较低,大多数的赛事活动仍为政府职能部门的"行政行为"而非"市场行为",如由体育专业经纪人员运作的赛事很少;四是商业化经营的模式相对单一,大部分俱乐部的经营模式还属于"赛事经营型"而非"产业开发型",如缺乏对除赛事本身以外其他体育物质与文化产品的"开发与经营"等;五是商业化奖励的机制不够完善,难以对选手的竞技原动力产生长期、有效的激励作用,如以激励策略物质化为主要特征的奖励机制极易使少数具有良好潜质的优秀选手在低层次的物质生活需求骤然得以满足后急流勇退、败下阵来。由此可见,中国竞技体育商业化改革正处在起步、探索与发展的关键阶段。虽然可以为竞技体育的发展提供经济基础和技术支持,但却存在着极大的道德风险。商业的基本目标是金钱和利润,商业的目的一旦左右竞技体育,必然会与公平竞争的竞技体育原则和重义轻利的体育道德观念相冲击,这样很容易诱发人们一味追逐名利和金钱的不健康体育道德心理,忽视体育道德中的集体主义精神和奉献精神。

(三) 制度对体育道德建设的影响

制度建设的滞后也是体育道德问题大量滋生的一个重要原因。在竞技体育走商业化路线的过程中,功利追求始终是体育工作者以及俱乐部的一个重要目标。但与此同时,内部游戏规则的完善和外部制度的建设,却没有引起人们足够的重视。而在既缺乏自我约束又少有外部制度强制的情况下,体育领域的道德混乱和无序就是不可避免的。体育行业自治与法律规制界限模糊,责任性质不明确,体育行政机关不仅是比赛的组织者、规则的制定者和执行者,而且还拥有绝对的解释权,权力失去制约,必然导致腐败;配套法律制度和监管缺失,不能全面有效调动可用的司法资源,对竞技体育不正之风的法律规制力度不够,如兴奋剂赛外强制检查中,检查人员实质上获得的只是一种受检样本的采集权,可能因缺乏法定强制措施而导致无法获得相关证据。体育法制是具有国家强制性、威慑力的,是保证体育事业良好发展的有力屏障。然而,目前的体育法制还很欠缺,相关制度不健全,致使部分运动员钻了法律的空子。有的以身试法却没有受到追究,或者只是罚款等小小的惩罚。因此,在高校高水平运动员体育道德建设中,必须加强和完善体育的法制建设,以法律法规为本,以公平诚信为根,来促使高水平运动员的道德沿着法制化的轨道前进。

（四）价值观念取向对体育道德建设的影响

人是社会中的一员,人的价值观是在一定的历史条件下形成的,市场经济对于人们价值观的形成无疑有着深远的影响。社会主义市场经济的建立,不仅带来经济体制的巨大变革,同时也带来人们思想观念、价值评价体系的深刻变化,作为人们思想观念核心的价值观念的嬗变是这一深刻变化的集中反映。正是由于人们价值观念的嬗变,使人们不能更好地把握体育的道德评价标准,体育的道德评价体系也随之发生改变。

（五）道德评价缺失对体育道德建设的影响

随着社会主义市场经济体制的不断发展与完善,中国传统的体育道德评价体系正受到激烈的冲击。价值利益的过度推广导致人们的道德价值评价标准发生了巨大的变化。在生产关系相对固定的计划经济条件下,由于社会经济结构的单一化,社会人经济行为的简约化,加之社会政治结构以及社会文化结构的一元化,人们易于在道德的评价标准上趋于同一。随着社会的发展,中国体育也随之进入多元化的社会体系,其价值体系和评价标准也由一元化走向多元化,不再有适合于一切人的恒定的道德评价标准。传统体育中具有的那种占绝对优势的主导价值取向,以及在主导价值取向指导下进行体育道德行为选择的局面,在现代社会发生了巨变。在价值取向上,多种价值取向的并存使人们在体育行为的选择中缺乏道德依据,体育道德评价缺失。由此可见,面对利益的驱使、金牌的诱惑,会有越来越多的人不择手段,甚至铤而走险,走上与体育道德相违背的道路。

（六）奖惩制度对体育道德建设的影响

奖惩机制是社会(集体、国家)以种种现实利益对个人行为所进行的奖惩。它以现实为手段,以利害为中介,来促使行为主体选择社会(集体、国家)所期待或所能接受的行为。奖惩是调控运动员道德的一个有效机制,它能使运动员道德的社会功效在大众行为中得以实现,能对不具有"自律"精神的运动员形成一种强有力的外部约束力,从而影响运动员的道德面貌与状况。市场经济的确立和发展带动了新的体育道德观念的产生和发展,包括进取、竞争、创新、自由、平等、公正、公平观念等体育道德感的激发。集中表现在人们价值观念的嬗变上,即拜金主义、享乐主义和极端个人主义的逐渐蔓延。诸如运动员的"金牌效应",一枚金牌对一个运动员乃至相关人员意味深长。一块金牌看似不大,但围绕它的利益群体却是巨大的:分管体育的政府官员、体育局长、总教练、主教练、教练、运动员,乃至运动员的亲朋好友等相关人员都可以从中获益,在利益驱使下,运动员与运动队只看重所取得的成绩,致使运动员走向极端。

（七）科技进步对体育道德建设的影响

当前在竞技体育中运动员的技能与技术水平日益接近,科学技术在现代体育活动中的大量运用不仅大大提高了运动员的运动成绩和水平,也为鉴别和判定运动员成绩的好坏、真伪创造了条件,为公平竞争和公正裁决奠定了基础。但同时科学技术的两面性在体育领域中也暴露无遗:高科技的兴奋剂产品当前还无法检测,运用高科技欺骗裁判,高科技新型材料的不公平运用等;有钱的和没钱资助的运动员水平差别日益明显,使一些运动员的道德产生异化:不公平心理与依赖高科技形成鲜明对比。由此可见,科技是一把双刃剑,人为的因素可以导致科技与价值理性的分离,并引发了人主体地位在竞技体育中的缺失,体育竞赛从单纯的人与人之间的竞争变成了高科技产品的比拼,公平竞争的精神日益受到破坏和侵蚀,而且引发一系列关于体育竞赛本质和体育道德建设的冲突与争论,体育道德中的"公平性"在竞赛中受到质疑。

第二节　体育道德建设的基本问题

体育道德建设是一个较为高级的层面,要想较好地开展此方面工作,就必须正视基本问题。只有明确了这些基本问题,才能摸清体育道德建设的基本脉络,才能找准体育道德建设的基本方向,才能避免走不必要的弯路,才能加快体育道德建设的进程。这些基本问题包括道德定位、体育道德建设原则、体育道德建设宗旨等几个方面。

一、明确体育道德定位

"定位"一词出于《韩非子·扬权》:"审名以定位,明分以辩类。"南朝梁代刘勰在《文心雕龙·原道》中指出:"仰观吐曜,俯察含章,高卑定位,故两仪既生矣。"由此,可以得出定位,即确定方位,引证为确定事物的名位。故而,体育道德定位也就是将体育道德看做一种事物,确定体育道德的名位。

(一) 明确定位的意义

明确体育道德定位,对于体育道德建设工作的开展有着非同寻常的意义。任何事物在蓬勃发展之前都需要找准自身的定位,体育道德建设也不例外,明确体育道德定位也就明确了体育道德建设未来的前进方向,指引体育道德建设向更高层次迈进。

第一,有助于明确体育道德的属性。在社会公德的大范畴下,体育道德只是社会公德的一小部分,从本质上来讲,这些社会公德的分支是有区别的。因此,我们在面对这些类似的概念时,不能一概而论。明确了体育道德定位也就使体育道德的本质更加清晰,避免了体育道德的同质化。

第二,有助于加快体育道德建设步伐。明确了体育道德定位也就解决了体育道德建设的基本前提,只有明确的定位才能使体育道德建设进一步发展,才能收获更大的成效。如果连建设的对象都搞不清楚,那就很难将建设推进。尤其是中国体育职业化将体育带入了一个体育领域特定的商业环境内,体育道德也被披上了商业化的色彩,明确清晰自己的定位,因为合理正确的定位会带来无尽的利益,也将成功埋下最成熟的种子。

(二) 公平、公正与透明:中国男子篮球职业联赛裁判员职业道德定位[①]

裁判员是伴随联赛的发展而出现的,是在运动竞赛过程中,依据竞赛规程和竞赛规则评定竞赛双方成绩、胜负和名次的人员。裁判员是赛场上的执法官,是篮球规则的忠实执行者,承担着评定比赛胜负的神圣职责,具有至高无上的权力,在比赛中占有十分重要的地位。然而,反观中国男子职业篮球联赛裁判员现状,却不尽如人意。尽管中国男子篮球职业联赛已经逐步走上了职业化

---

① 本部分内容来源于曹景川:《公平、公正与透明:中国男子篮球职业联赛裁判员职业道德定位》,《搏击(武术科学)》2014 年第 4 期。

道路,但裁判员体系并没有真正走向成熟,没有与联赛保持同步职业化发展水平。国内裁判清一色是业余的,裁判是他们的兼职工作。① 在联赛日益职业化的今天,以非职业裁判员来执裁职业的联赛,必然会出现漏洞与偏差。要想避免裁判员问题的出现,实现联赛的正常有序发展,裁判员职业道德显得尤为重要。

在物欲膨胀的现实社会中,某些裁判员为了满足自身欲望,禁不住利益的诱惑,铤而走险。在比赛中出现了不公平、不公正的判罚,致使篮球赛场上出现了不和谐的现象。为什么观众对裁判习惯性偏见? 为什么执法不均的现象屡现不止? 使人不禁联想到网络媒体爆料的裁判员收受贿赂、内勾外联、结帮成派、吹"官哨"等种种道德失范行为,这些行为践踏了体育精神,损害了裁判员形象,败坏了赛场风气,阻碍着联赛正常有序的发展。之所以会出现诸如此类的行为,根源在于裁判员职业道德水平较低。裁判员只有具备了高尚的职业道德才能在比赛中真正做到公平、公正的判罚,才能维护规则的权威;才能树立威严,让人信服;才能从根本上捍卫裁判员的尊严。裁判员重视职业道德也是践行社会主义核心价值观的重要体现。裁判员高尚的职业道德应从判罚的公平、公正、透明上来体现:公平是竞争的基础,公正是竞争的核心,透明则是竞争的保障。偏离公平,不平则鸣;背离公正,不正则乱;脱离透明,不明则反。

1.公平合理:裁判员职业道德的核心体现

"公",在《说文》中如是说:"公,平分也。"本义指:把属于个人私有的时间、精力、体力、财物等平分给大众。后引申为:公正。《易·乾》中提到"云行雨施,天下平也"。又有《商君书·靳令》中说:"法平则吏无奸。"可知,"平"就是均等、平允、公正。因此,公平就是公正、均等,不偏袒任何一方。公平合理则指处理事情公正合乎情理。

公平是竞争的基础也是体育赛事永恒的追求。假如没有公平,竞争本身也就失去了意义。"公平竞争"是体育比赛中的运动员"平等"权利得到的最直接最实际的体现。② 赛场上的公平首先是参赛双方拥有相同的权利和平等

---

① 《CBA 呼唤职业裁判》,新华网,2012 年 4 月 1 日,http://news.xinhuanet.com/sports/2012-04/01/c122918336.html。

② 刘志敏等:《对竞技体育"公平竞争"的哲学阐释》,《体育与科学》2002 年第 23 卷第 1 期,第 37—38 页。

的机会;其次,竞赛是在相同的规则下进行的;最后得到与其付出相对应的利益。公平最直接的操控者就是裁判员,裁判员是"赛场上的法官",是保证公平竞赛的决策者,是公平竞争精神的化身。公平合理是裁判员职业道德的核心体现。公平合理的比赛环境有助于调动参赛者的积极性,在拥有相同待遇的前提下,也就在无形中增强了参赛者的竞争力。然而,某些裁判员在观念上存在错误的认识,往往被眼前的现实利益诱惑,忽视了比赛本身的价值,出现了不公平的判罚,违背了裁判员的执法准则。篮球裁判水平的高低直接影响着篮球竞技水平和篮球运动水平的发展。[①] 不公平的判罚不仅会引起球员的不满,受到球迷以及广大媒体的抨击与批判,更有失裁判员的职业道德水准。

国有国法,家有家规。篮球竞赛规则就是篮球赛场上的法,是保证篮球赛场公平合理能够顺利实施的基础。它虽然不能与法律相提并论,但除了某些强制因素外,还带有参赛者的自觉成分。制度公平决定着竞赛的公平,假如制度本身存在不公平,那么其他的一切都是空谈。篮协要加强对规则的重视,去除不适合当前联赛发展需要的规定,借鉴 NBA 的经验,进一步完善规则,填补漏洞,坚决杜绝钻规则空子而出现的不公平现象。篮球规则应适用新形势的需求,最大限度地发挥规则的约束性,不让任何人利用规则的漏洞腐蚀公平的体育精神,为参赛者提供等同的条件和基础,使其拥有均等的取胜机会。规则的权威可以从本质上约束参与者,维护公平。裁判员要不断学习新的规则,准确运用规则的准绳,作出不偏不倚的判罚,得到球员以及公众的认可。公平的实现需要法律的保证,需要执法者严格执行,需要全体参与者乃至全社会的共同努力。尽管没有绝对的公平,但相对的公平是可以通过努力来实现的。裁判员要不断提高自身职业道德素养,立足实际,放眼未来,坚决同不公平做斗争。剔除体系的毒瘤,保持裁判员队伍的纯洁性。

2.公正无私:裁判员职业道德的本质要求

"正",本义指平正,不偏斜。引申为正直。公正指公平正直,强调付出与回报间的平衡。公正无私就是指办事公正,没有私心。裁判的本质就是公正,

---

① 靳苗:《CBA、WCBA 裁判员裁判执法水平研究》,《首都体育学院学报》2007 年第 19 卷第 1 期,第 94—96 页。

这也是我们需要裁判的基本理由。公正是裁判员执法过程的核心内容,也是裁判员职业道德的本质要求。裁判员在赛场上应严格依据比赛规则,不论是谁犯了错,都要从实际出发,实事求是,公正无私,不卑不亢,不受球迷以及外界压力的影响,果断裁决。裁判员要时刻保持清醒,不能用感情支配自己的头脑。只有公正的判罚才能使裁判员驾驭复杂多变的比赛环境,才能得到球员、教练员以及观众的认可,才能保证比赛顺利有序地进行。

在实践中,裁判员的判罚往往左右着比赛的胜负,这是完全违背联赛体制的现象,也是被公众嗤之以鼻的。球员的努力被裁判的哨声无情抹杀,球队最终没有输给对手,而是输给了裁判。难道客场就要受到不公的待遇吗?既然承认比赛的双方是平等的,那么在赛场上不管是主队还是客队,都应该受到同等的待遇,都要受到裁判员不偏不倚的裁决。当球员的努力与回报间不能平衡时,必然会引起球员的不满,引发赛场上的不和谐现象。

是谁导致篮球赛场上不断发生这种不和谐的场面?归结起来,到底是谁的责任?值得我们深思。裁判员是最直接的责任人,职业道德水平低下成为了阻碍联赛正常发展的绊脚石。尽管篮协为了保证裁判工作在公正的环境下进行,制定了很多的措施,包括裁判员自行评估、五方评判机制等,但笔者认为相应措施没有从根本上触及裁判员问题屡现不止的原因,其根本原因在于裁判员职业道德水平较低。提高裁判员职业道德是联赛发展的需要,是广大球员以及俱乐部的意愿,也是公众的期待。落实责任制,对比赛过程中的每一次判罚进行记录,赛后组织裁判员回顾比赛,对每一次判罚要求当值裁判员给予解读。赛前做好裁判员的保密工作,确保裁判工作的严密性,直至比赛开始前宣布临场裁判,不给任何个人或组织可乘之机,净化赛场风气,确保裁判体系的清明。

3. 公开透明:裁判员职业道德的完美呈现

公开即不加隐藏;透明,本义指透亮明白,比喻公开、不隐藏。公开透明,指彻底、不加任何隐藏,也就是说裁判员的每一次执法,都要对大众公开,接受大众的监督。裁判员作为比赛的执法者,判罚的好坏体现其职业道德的高尚与否。公开透明的判罚是维护裁判员威信最有效的手段。只有以公开确保公平,以透明促进公正,才能得到公众的拥护,才能满足比赛的需要,才能促进联赛的发展。比赛的透明程度越大,裁判员面临的考验也就越大,采用录像回放制,可以减少许多不必要的争议。在篮球赛场上会出现处于两可之间的判罚,如:盖帽还是打手、带球撞人与阻挡、投篮命中或是进攻超时等,出现这些情况时,录像回放可以帮助裁判作出正确的判断,保证比赛在公开透明的环境下进行。尤其是在比赛关键时刻,比分胶着上升,裁判员的每一次判罚对比赛的结果都有着决定性的作用,一次关键的判罚可能就会改变比赛的结果。由于受到多方面因素的干扰,要求裁判员在这种复杂多变的比赛环境下,及时作出正确的判罚难度很大,裁判员出现错误也是难免的。要勇于改判,某些裁判员顾忌改判后可能自身的威信受损,即使在明知错判的情况下,依然维持原判。这是一种错误的观念,要摆正自身位置,真正做到对组织负责、对比赛负责、对球员负责。将每次的判罚公开透明,接受大众的监督,接受媒体的批判,一个具备高尚职业道德的裁判员终会得到球员的钦佩,得到公众的认可。

对在单纯人力条件不能判断的情况,我们可以借助录像回放。当判罚出现争议时,裁判员可从多个角度观看比赛的录像回放,从而帮助作出正确的判断。中国男子篮球职业联赛从2011—2012年赛季开始采用录像回放制,但是三个赛季以来,录像回放制的使用成效并不明显。中国男子职业篮球联赛的录像回放技术处于起步阶段,与 NBA 成熟的录像回放相比存在很大差距,需要在比赛中不断积累使用的经验。篮协有着明确的规定,只有在每节比赛的最后两分钟,使用范围为界定球员是否脚踩三分线以及出手投篮是否到时可以使用录像回放。[①] 这项规定在一定程度上限制了录像回放的使用,当不在上述规定之内出现争议的时候,裁判员就不能依照录像回放,而只能根据自己的判断,作出自身认为正确的判罚,裁判员判罚的正确与否就无法得到检验。既然如此,公开透明的判罚将靠什么来保证呢?

纵观整个赛季,要想做到全方位公平公正的判罚,目前的录像回放远远不能满足比赛的需求。可以借鉴网球中鹰眼技术成功的经验,篮协应尽快制定出一套行之有效的录像回放方案,保证判罚的公开透明。当然,为了保证比赛

---

① 《CBA 将逐渐放开录像回放 篮协承认硬件难媲美 NBA》,网易体育,2013 年 4 月 8 日,http://Sports.163.com/13/0408/16/8RUVII3800052UUC.html。

的流畅性及观赏性,并不是要求只要有争议就使用录像回放,而是在比分胶着、胜负存在悬念的时候才扩大录像回放的使用。扩大录像回放的使用,不让网络媒体钻空子,对不利说法给予有力还击,真正让中国篮球得到认可,真正让中国篮球职业联赛裁判员得到认可。录像回放只是维护比赛正常发展的一种手段。切实做到比赛的公开透明,还应从裁判员抓起,坚持业务素质与职业道德并举,高水平的综合素质才是比赛正常有序进行的保障。

裁判员在比赛中扮演着双重角色——组织者与管理者,为联赛的正常发展做贡献是裁判员义不容辞的职责。裁判员是伴随职业联赛产生的新生事物,联赛在发展过程中忽视了对裁判员的职业道德的教育,导致裁判员的职业道德素质较低。作为一名裁判员,受到外界事物的诱惑,失去执法准则,违背职业道德,严重影响着联赛的正常有序发展。裁判员只有具备了高尚的职业道德才能在比赛中秉公执法,正确判断是非,作出公平公正的判罚,用行动去践行一名裁判员应履行的职责。

二、体育道德建设原则

《关于加强体育道德建设的意见》中提到:加强体育道德建设必须从我国国情和体育工作的实际出发,坚持以人为本、重在建设的原则,坚持正面倡导、正面教育;坚持继承与创新相统一的原则,树立与时俱进的观念,把继承优良传统与弘扬时代精神紧密结合;坚持与社会主义市场经济相适应的原则,正确处理国家、集体和个人的利益关系,反对个人利益至上、金钱至上的错误思想;坚持突出重点、全面建设的原则,重点抓好体育行业道德建设;坚持依法治体与以德治体相结合的原则,做到教育与管理相一致,自律与他律相补充。①

(一) 坚持以人为本、重在建设的原则

体育是以人为本、为了人的存在和发展而进行的身体教育活动,它不仅能够促进人的身心健康,而且能够促进人的全面发展。换言之,人是体育的第一位存在,人的发展是体育追求与发展的根本目的所在。② 国家体育总局颁布

---

① 国家体育总局:《关于加强体育道德建设的意见》,2002 年 11 月 18 日。
② 于英、戴红磊:《体育道德失范的表现及伦理救援》,《体育学刊》2013 年第 20 卷第 3 期,第 33—36 页。

的《体育事业发展"十二五"规划》明确指出：发展体育事业要"坚持以人为本、服务民生"，要"把增强人民体质、提高全民族身体素质和生活质量、促进人的全面发展作为出发点和落脚点"。要明确体育发展的目的与标准是人，要把人视作体育事业工作的根本出发点。

体育道德作为体育建设的重要组成部分，在体育道德建设中要以体育工作者、爱好者为本，关注他们的需求，给予关心。对体育工作者通过培训、教育、宣传，建立行为准则和要求来提高其素养，逐渐养成主体的思想道德良知、信念，让体育道德规范成为其自身的约束力与推动力，进而树立起正确的思想道德观念，可以让行为主体实行自我监督，时刻调整自己的体育行为，并且可以参与到社会行为的调整过程中，对其他参与者提出体育道德要求与进行相关的道德评判，进而让体育道德建设在体育事业中发挥出真正的作用。

重在建设即体育道德建设不应该以"破"为主，而应该以"立"为本，建设符合现代社会发展的体育道德。重在建设昭示了体育道德建设的长期性、艰巨性和紧迫性，揭示了体育道德建设必须持之以恒，常抓不懈，贵在落实。如前所述，体育道德建设应该而且必须以人为本。这种以人为本的体育道德建设的根本要求是，全面提高人、体育工作者及爱好者的道德素质，努力树立他们正确的体育道德观念。

（二）坚持继承与创新相统一原则

随着体育逐步走向职业化、商业化和市场化，给体育道德的发展带来了许多积极和消极的影响。面对竞技体育中出现的一系列道德失范现象，我们不能完全否定我们传统的体育道德，重新创造出我们所需要的全新的体育道德，但是也不能完全按照传统行事，最为合理有效的方法就是在继承与创新中建立一个符合经济体制转变的体育道德。

处理好继承与创新的关系，继承和发扬体育道德中优良的部分。尊重对手、尊重观众、尊重裁判，在今天的《运动员守则》中，仍作为对运动员体育道德方面最基本的道德规范来要求。这些传统体育道德积极、健康的因素，今天在中国体育道德建设进程中仍将并继续产生其应有的作用。在宣扬传统道德价值观的同时，应不断探索体育道德与社会主义市场经济相适应的特点与规律，更多地弘扬与市场经济条件相适宜的价值观，对体育从业人员进行正当的竞争观、义利观、荣辱观、公私观、胜负观、苦乐观和金钱观的教育,使其树立正确的、与时俱进的体育道德价值观,自觉规范自身的体育行为。

(三) 坚持与社会主义市场经济相适应的原则

在传统计划经济体制向社会主义市场经济体制转变的过程中,随着体育逐步走向职业化、商业化和市场化,竞技体育出现了一些不和谐的音符,假球黑哨、服用兴奋剂、违纪肇事、弄虚作假等道德失范现象层出不穷,由此引发了一系列的伦理道德问题。[①]

根据历史唯物主义社会存在决定社会意识的原理,新的经济体制的建立必然要引起人们道德观念的变化。社会主义市场经济的建立和发展使人们的道德观念发生了积极的变化,传统的义利观、效率观中与经济社会发展不相适应的内容受到挑战。随着市场经济的发展,商品交换的法则也容易侵蚀到人们的精神领域,引发见利忘义、权钱交易,导致国家意识、集体意识和互助精神、奉献精神的减弱,一些人的个人主义、拜金主义和享乐主义思想得以滋生和膨胀,这些思想进一步腐蚀人们的灵魂,败坏人们的道德品质,污染社会风气。竞技体育中的道德失范现象也是由此产生的,因此,我们当前在认识和调整体育道德关系时,最重要和最迫切的是要符合市场经济的特点,正确区分正当的个人利益和不正当的个人利益,要正确认识和处理各种利益关系,把个人利益与集体利益、局部利益与整体利益、当前利益与长远利益正确地统一和结合起来,努力形成把国家和人民利益放在首位而又充分尊重个人合法利益的体育道德观。

(四) 坚持突出重点、全面建设的原则

在社会主义市场经济条件下,体育逐步走向职业化、商业化和市场化,体育工作者的价值观念、行为方式、道德境界面临严峻、复杂的考验,备受关注的体育行业道德建设也呈现出复杂、矛盾的态势。在体育道德建设中,应以体育行业道德建设为重点,以体育行业道德为圆心,发挥其示范作用,从而带动体育道德的全面发展。

---

① 马景卫、蔡艺、池斌:《我国竞技体育中的道德失范现象探究》,《伦理学研究》2010 年第48 卷第 4 期,第 96—104 页。

（五）坚持依法治体与以德治体相结合的原则

江泽民同志曾指出:法治属于政治建设,属于政治文明,德治属于思想建设,属于精神文明,二者范畴不同,但其地位和功能都是非常重要的,我们应该始终注意把法制建设与道德建设紧密结合起来,把依法治国与以德治国紧密结合起来。体育道德建设也一样,要坚持搞好依法治体与以德治体的有机结合,把道德教育与严格管理、严格执法执纪、自律与他律结合起来。凡是体育道德坚持和倡导的行为,应当从体育法规制度上予以支持、鼓励和保证;凡是违背体育道德的行为,要善于运用体育法规制度进行约束。要把遵守职业道德的情况作为考核、奖惩的重要指标,使从业人员养成良好的职业习惯,树立行业新风。①

而相对于法,德是一种自律性的信仰、意识、心理结构和规范准则,它以"应该"的方式向人们发出道德指令以协调相互间的关系。② 以德治体的实质就是要使体育工作者形成正确的体育道德观,通过教育、培训、书籍、广播等途径,使体育道德深入人心,只有他们的自律才能从根本上逐步杜绝体育道德失范现象的发生,从而更好地促进体育道德建设的进程。

依法治体与以德治体是加强体育道德建设的两种手段,两者互为依托,相辅相成。以德治体是实现依法治体的基础,依法治体是实现以德治体的保障。在体育道德建设中,必须坚持德法兼治的原则,大力弘扬体育道德观,以德治促法治,大力实施依法治体,以法治保德治,最终走上体育道德建设的正确之路。

三、体育道德建设宗旨③

（一）以社会主义制度为基础

中国体育职业化发展不同于西方国家的模式,在体育职业化发展进程中进行道德环境建设也必须以社会主义制度为基础。社会主义制度是相对于资

---

① 国家体育总局:《关于加强体育道德建设的意见》2002 年 11 月 18 日。
② 张中秋:《法治及其与德治关系论》,《南京大学学报》2002 年第 3 期,第 237—244 页。
③ 本部分内容来源于曹景川:《我国体育职业化进程中的道德环境建设》,《上海体育学院学报》2014 年第 3 期。

本主义制度而言的政治经济制度。其基本要素是实行公有制、计划经济、实现人民当家作主,是指社会主义国家机关在其法定的职权范围内依照法定程序,创制、认可、修改和废止法律,以及规范法律文件的活动。

道德环境建设是社会主义体育文明建设的重要组成部分,是对中国特色社会主义道德体系的完善与发展。社会主义文化制度决定了社会主义文明建设的发展方向,也就间接决定了中国体育职业化进程必须以社会主义制度为基础。社会主义道德之所以能够得以不断完善与发展,是因为它与社会主义制度的要求相一致;同样,中国体育职业化的良性发展及道德建设目标的顺利完成也必须与社会主义发展道路相一致。

(二) 以"以人为本"为原则

"以人为本"的观点不仅主张人是发展的根本目的,回答了为什么发展、发展"为了谁"的问题;而且主张人是发展的根本动力,回答了怎样发展、发展"依靠谁"的问题。"为了谁"和"依靠谁"是分不开的。人是发展的根本目的,也是发展的根本动力,一切为了人,一切依靠人,二者的统一构成了以人为本的完整内容。只讲根本目的,不讲根本动力,或者只讲根本动力,不讲根本目的,都不符合唯物史观。

在体育职业化进程中进行道德环境建设的最终受益者是人,它不单纯指体育相关人员,还包括社会上各行各业的人。对体育工作者而言,高尚的道德是其职业道德良好的表现形式,也是在体育活动参与过程中必须遵守的。道德与法律是体育比赛得以正常、有序进行的保障,违反体育道德的人,同违反法律一样要受到制裁,迫使体育工作者必须重视道德约束。对非体育工作者而言,道德在无形中渗透并影响着他们的观念。体育是随处可见的文化,有着强烈的感染力,使非体育工作者也能融入体育环境,以良好的道德为导引,树立正确道德观,乃至形成习惯并自觉遵守道德。对整个社会而言,每个社会形态、每个国家也都有自己的道德要求,各个社会都构建了体现各自社会重大领域和不同层次道德要求的道德规范。① 从根本上而言,体育的职业化发展及

---

① 吴赣荣、何蜀伟:《新时期中国体育道德科学内涵探析》,《科技创新导报》2010 年第 3 期,第 215—216 页。

其道德环境建设最终是要为人服务,"以人为本"是中国体育职业化进程中道德环境建设的基本原则。

（三）以促进体育发展为使命

体育职业化发展中的道德是伴随着体育发展逐步建立起来的,这就决定了道德环境建设必须符合体育发展的规律和特点,其根本使命是实现体育事业的可持续发展。对道德的强调是体育职业化内涵的重要组成部分。运动员、裁判员、教练员等相关人员具备高尚道德才能使中国体育职业化发展驶入快车道。同时,在体育职业化进程中道德有别于法律,从规范作用的范围来看,道德的适用范围比法律的适用范围广泛①,道德规约可以在一定程度上弥补法律的空缺,以其特有的形态发挥作用,规范体育参与者的行为,清除体育法律治理的盲区。

人类热衷于体育竞争,最重要的原因之一就在于其严格、公平的竞争规则。然而,随着现代体育逐渐走向职业化,体育运动中的某些方面已背离了奥运会创始人顾拜旦的"和平、友谊、进步"的理想,取胜变得比参与更重要,于是很多不正当手段应运而生。黑哨、假球等腐败现象屡禁不止,严重地扰乱了体育竞技秩序,公然地违背了公平比赛的道德原则。在此背景下,在体育职业化进程中强调道德环境建设是维护体育的公平性、促进体育良性发展的必然要求。

第三节　从麦金太尔的德性理论谈中国体育道德建设②

思想观念的改变是变革的先声,人类社会每一次伟大的变革或革命,都是以思想观念的产生和变化为前提的,而道德观念的变化是人类思想观念变化

---

① 丁素文:《体育道德与体育法关系辨析》,《体育文化导刊》2011年第1期,第9—12页。
② 本部分内容来源于樊云庆、曹景川:《从麦金太尔的德性理论谈新时期我国体育职业道德建设》,《山东体育科技》2016年第38卷第1期,第12—15页。

初期的集中体现。① 随着全球一体化过程的加快,东西方思想文化相互冲击的加剧及中国经济体制的进一步转型发展,中国传统的道德标准不断受到外部环境的冲击,如何提升全民道德和整个国家的文明水平,是值得我们深思的。新时期,随着体育职业化的改革的推进和市场化程度的加深,传统的体育思想伦理受到了强烈的冲击,传统体育道德思想功能不断弱化,诸如兴奋剂、暴力事件、恶性犯规等体育职业道德问题日益凸显,并不断蔓延和扩大,体育道德标准的重建显得日益重要。面对新时期日益加剧的体育职业道德问题,很多学者从健全外部约束机制、加强媒体宣传引导及实施更加严厉的惩罚等方面提出了自己的见解,实际上收效甚微。② 在这种情况下,必须从伦理层面来审视、重建中国体育职业道德标准,而麦金太尔的德性论为解决新时期中国日益严重的体育职业道德问题提供了全新的思路。

一、麦金太尔的德性论概述

麦金太尔是当代美国著名的道德哲学家、反主流伦理学的代表。他以深刻的历史洞察力剖析当代西方道德危机的伦理根源,循着伦理与社会实践结合、传统与现代性融合的新思路,提出旨在为当代西方社会重建道德基础的德性论,自成独特的思想体系,表现了复归传统道德的倾向。麦金太尔认为,道德重建是社会性的,社会的基础以伦理为本,重建德性有三个要点,即德性是在人类实践中培植的、德性和人生都是动态的统一体、德性维系传统。③ 这三个要点也是步步深入培植德性的道德生活的三个阶段,从而使德性在人们生活的实践活动、各个领域及社会传统的演进中凸显出来,通过对社会的德性改造,以求通向一种真正以人为目的,有稳定道德基础的社会。

(一) 德性是实践性的品质

麦金太尔认为实践是社会中建立协调、复杂的人类合作活动形式,德性则

---

① 杜灵来:《当代中国道德建设实效性研究》,中国社会科学出版社2008年版,第1—2页。

② 陈玉军、张廷安:《中国运动员道德建设:基于麦金太尔的德性论研究》,2013年全国竞技体育科学论文报告会文集,第747—748页。

③ 张玉堂:《利益论:关于利益冲突与协调问题的研究》,武汉大学出版社2001年版,第148—149页。

是在这种有规则的社会共同体活动中实现人的内在本质,表现人的优良品质的道德基础,它合乎理性。在《德性之后》一书中,麦金太尔将人们在实践中所获得的利益分为内在利益与外在利益,并指出这两种利益往往是对立和冲突的,并不总是统一在人们的实践活动中。其中,内在利益是实践活动本身所具有的,是在实践中为追求卓越的过程中而获得的,外在利益是与内在利益相对应的,如金钱、地位、权势等。内在利益与美德相连,外在利益的本质是竞争,这是一种真正的利益,它们使内在利益有了意义。麦金太尔认为,实践不仅在于追求外在利益,而是一种追求内在利益、追求美德的活动。美德(如诚实、守信、正义、勇敢等)有助于建立良好的社会关系,同时能促进实践活动的可持续发展。①

(二) 德性是个人整体性的表现

从社会学意义上看,人不复完整,在不同领域中个体扮演着不同的角色;从哲学意义上看,个人是原子式的存在,是孤立的主体。麦金太尔看到了人的片段化,认为实践中生成的各种德性是内在关联、生生不息的整体,而并非相互分离和割裂的,为了更好地理解美德,必须将美德放在这个整体中考察。麦金太尔认为,人的行为取决于行为者的意图,而这种意图必须在特定的背景条件下(包括个人的历史背景、行为者意图所处的历史背景)才能得到很好的解释,并将个人与人类共同体生活的统一性称之为"历史的叙述结构"。② 麦金太尔指出,人生实际上是一个历史的叙事,人的行为是这种背景条件下的可以被理解的"一个片段",从而使"人格同一性"表现出来。

麦金太尔认为,人生的追求和探寻的统一性是个人生活统一性的表现,而个人生活统一性又是"人格同一性"的表现,"人格同一性"以"叙事""可理解性"为基础。人的实践活动构成目的性的连续序列,不断追求美好生存状态,探求善,不断增长自我知识和善的知识。

---

① [美]A.麦金泰尔(Alasdair MacIntyre):《德性之后》,龚群等译,中国社会科学出版社1995年版,第241页。

② 何睿洁:《麦金太尔与传统德性理论的复兴》,《西北大学学报(哲学社会科学版)》2007年第1期,第122—125页。

（三）德性的传统演进过程

麦金太尔主张从"建构传统和传统建构"的立场考察和培植德性,它认为任何人生来都是出于特定的社会和历史文化传统中。因而,从历史传统的角度去考察个体,他所代表的历史和传统,而不仅仅是他自己,只有从历史的角度去理解个人的实践活动才是可以理解的。麦金太尔认为,传统并不是僵死的化石,是活生生的,在历史中进化,在更新中蔓延,从而使传统保持着长久的生命力,为生活在这个传统中的成员提供意义和价值。现代人追求生活中的善,建构德性新范型中,不仅维系了社会传统,而且使它融入现代性,从而得到丰富和发展。

麦金太尔认为,相关美德的践行维持并强化着传统,个人的实践和德性修养共同融汇在社会传统的发展之中,在协力趋向于普通善之中实现个人善的目的。

二、麦金太尔的德性论对新时期中国体育道德建设的启示

麦金太尔的德性论汲取了亚里士多德道德传统理论的精华,根据当代社会的实际,重建以人为目的、以理性为指导,扎根实践、融汇传统的道德哲学。在他看来,道德重构是社会性的,社会的基础以伦理为根本,他所倡导的德性论旨在通过个体的自我道德追求来解决西方社会存在的"道德顽疾",对于新时期中国体育职业道德的建设也有深刻的启示。

（一）客观对待运动员对外在利益的追求,促进其全面发展

德性论强调德性是实践性的品质,内在利益应是实践活动的主要目标,但同时不能否认个体对外在利益的追求。然而,在中国体育职业化、市场化的大潮中,部分职业运动员对名利、金钱、地位等外在利益备为推崇,实践逐渐成为追逐外在利益的重要手段,他们将追求外在利益作为个人的最大追求,逐渐被外在利益奴化,美德逐渐沦丧。与此同时,实践活动对于运动员内在利益的发展,如充实个人的精神世界、职业道德等慢慢被人们忽略,运动员的物质生活与精神生活间的平衡被打破,显然不利于运动员对幸福的追求。实际上,正当的外在利益是运动员个人发展的物质基础,长期以来中国一直强调运动员的无私奉献、付出,但忽视甚至忽略运动员合法正当的外在利益,这是影响运动员参训积极性不足以及一系列不道德职业行为的根源。鉴于社会和个人发展的方向具有一致性,应在强调人类道德价值观的前提下,客观对待运动员对外

在利益的追求。当然,肯定运动员对外在利益的追逐行为,应在遵循社会主义核心价值观的前提下,让运动员在遵守竞技体育职业道德的前提下,促进其内在价值与外在利益的统一,实现个体的全面发展。

因此,德性渗透是无所不在的,它存在于我们的日常生活、工作及学习过程中,因此新时期中国体育职业道德的建设应从运动员身边的点滴做起,从小事做起,实现道德的升华。

(二) 强调自我的完整性,提高职业运动员的整体道德素质

麦金太尔认为,德性与人生都是动态的统一体,维系个体自我的完整性有助于提高个体的美德水平。无论是计划经济时代还是市场经济时代,运动员自我呈现都是在一个多维的领域中,只不过市场经济体制的深入及中国体育职业化、市场化的深入使得这种多维的领域更加复杂。在体育领域,运动员既要遵循人们普遍遵循的各种社会规范和准则,还要遵循特定体育项目的特定规则和规范,在体育职业化和市场化的进程中,来自于不同层面的职业道德规范必然会碰撞并产生冲突,让运动员不知所措。同时,运动员自我的不完整性也导致中国体育领域中一系列不道德问题的加剧。在竞技体育领域,其特殊的职业道德规范是规范运动员行为的最低要求,使运动员的行为具有正当性,而忽视培养具有高尚道德情操的运动员,必然会导致道德评判价值的失范,引发一系列不道德的行为。麦金太尔的德性论强调自我的完整性,运动员应当是一个具备美德资源的自我,这为职业运动员的成长及发展提供了参考,能帮助他们解决所面临的道德冲突,从而提高职业运动员的整体道德素质。

(三) 正确对待传统文化,用传统改进道德建设

传统文化在规范运动员职业行为方面发挥着重要作用,近年来有不少学者指出随着中国市场经济的转型,传统文化与中国社会经济发展越来越不适应,传统文化的固有缺陷是导致当代中国体育职业道德缺失问题频发的重要原因。但德性论强调,德性融汇在社会传统的演进中,通过德性和传统的双向互动,有助于我们正确认识中国传统文化在规范运动员职业道德中的重要作用。[1]

---

① 王妍:《麦金太尔的德性论及其对我国道德建设的启示》,《荆楚理工学院学报》2010 年第 4 期,第 28—30 页。

在当前的体育伦理中,体育伦理价值受到功利主义侵蚀,职业化和市场化也带来了一些负面影响,已经开始偏离竞技体育本身的初衷,而中国传统文化中所蕴含的丰富的体育伦理思想为解决中国体育领域日益频发的不道德的现实问题提供了有益的帮助。德性论强调,美德践行的过程中离不开传统。中国传统文化是一个发展与积累的过程,是中国历史不断延续的重要推动力,从延续、开放的视角出发我们可以发现,传统文化具有重要的现代价值,其已经成为现代体育伦理建设的精神资源。中国传统文化主张"仁德"和"礼让",追求公平公正的比赛精神,追求超越自我和反求诸己的胜负观,提倡重义轻利,倡导"仁者爱人"的劝善思想,可以显著提高运动员的职业道德思想。在中西方思潮激烈冲突的当前,应用"取其精华、去其糟粕"的眼光对待中国传统文化在新时期中国体育职业道德中的作用,应结合历史并根据现实的实际情况进行重新解读,让中国传统文化成为与现代社会经济条件相适应的美德规范。

麦金太尔的德性论阐明了实践、人生统一性与传统三大观点,通过实践来解释内在利益与外在利益的冲突,极为精彩地将人生统一性理解为一种对善的生活不断探寻的统一性,同时指出实践的优秀、人生的目的都来自于一个特殊的历史传统。虽然德性论并没有彻底解决西方社会日益普遍的道德危机问题,但其倡导的三大观点对于新时期中国体育职业道德建设有深刻的启示。中国体育职业道德建设取得的成绩是值得肯定的,但德性的缺失导致中国体育领域出现了年龄虚假、比赛虚假、滥用兴奋剂及运动员暴力等一系列不道德的行为,并有不断蔓延扩大的趋势。根据德性论,应客观对待运动员对外在利益的追逐问题,强调运动员自我的完整性,同时赋予中国传统文化以新的生命力,以德性论的中国化来构建与现代社会经济条件相适应的职业道德体系。

第四节　体育道德建设与传统文化

一、"传统文化"的解读

(一) 文化

对文化的概念进行界定是一个复杂的难题,关于文化的定义,众说纷纭,可谓"仁者见仁,智者见智"。据不完全统计,时至今日,人们关于文化是什么的答案有近三百种之多。英国人类学家泰勒是现代第一个界定文化的学者,他指出,文化,就其在民族志中的广义而言,是一个复合的整体,它包含知识、信仰、艺术、道德、法律和个人作为社会成员所必需的其他能力及习惯。[①]

从词源上说,现代汉语中"文化"一词是个外来语,在西方,"文化"一词源于拉丁文 cultura,原意是耕作、培养、教育、发展、尊重。在中国,"文化"一词古已有之。"文"的本义,系指各色交错的纹理,有文饰、文章之义。《说文解字》称:"文,错画也,象交文。"其引申为包括语言文字在内的各种象征符号,以及文物典章、礼仪制度等。"化"本义为变易、生成、造化,所谓"万物化生",其引申义则为改造、教化、培育等。

"文化"作为一个专有名词最早见于汉刘向的《说苑·指武篇》:"圣人之治天下也,先文德而后武力。凡武之兴,为不服也,文化不改,然后加诛。"另如南齐王融在《三月三日曲水诗序》中说:"设神理以景俗,敷文化以柔远。"这里说的"文化"是指"文化和教化",与武力征服相对应,即所谓"文治武功"。刘向的表述基本上代表了中国传统学术界的文化概念。[②]

中国 1989 年出版的《辞海》对"文化"一词进行了较为详细的注释,包括以下几个方面:(1)广义指人类社会历史实践过程中所创造的物质财富和精神财富的总和。狭义指社会的意识形态,以及与之相适应的制度和组织机构。(2)泛指一般知识,包括语文知识。如"学文化"即指学习文字和求取一般知识。(3)中国古代封建王朝所施的文治与教化的总称。

可以看出,文化是一个非常广泛的概念,文化既是一种社会现象,又是一种历史现象。之所以说是一种社会现象,是因为文化是人类长期创造得来的,是人类文明的产物,是真实存在与社会生活的现象;又因文化是社会历史积淀的产物,故而说它是一种历史现象。具体地说,文化是指一个国家或民族的历史、地理、风土人情、传统习俗、生活方式、文学艺术、行为规范、思维方式、价值观念等。在社会的推动下,文化的概念处于不断发展与完善的动态过程中,随

---

① ［英］泰勒:《原始文化》,连树声译,上海艺术出版社 1992 年版。
② 常乃军、曹景川、曹永林:《现代体育与和谐社会建设研究》,山西教育出版社 2010 年版,第 16 页。

着人类社会的演化不断向高层次的认知变迁。

（二）传统文化

"传统"，基本解释为，世代相传的精神、制度、风俗、艺术等。引证解释包括三个方面：一是谓帝业、学说等世代相传。《后汉书·东夷传·倭》："国皆称王,世世传统。"明代胡应麟《少室山房笔丛·九流绪论上》："儒主传统翼教,而硕士名贤之训附之。"二是指世代相传的具有特点的风俗、道德、思想、作风、艺术、制度等社会因素。孙犁《秀露集·耕堂读书记(一)》："从庄子到柳宗元,我以为是中国散文的非常重要的传统。"三是指世代相传的、旧有的。杨沫《青春之歌》第一部第五章："这些作品的主题全是反抗传统的道德,提倡女性的独立的。"传统,世代相传、从历史沿传下来的思想、文化、道德、风俗、艺术、制度以及行为方式等。对人们的社会行为有无形的影响和控制作用。传统是历史发展继承性的表现,在有阶级的社会里,传统具有阶级性和民族性,积极的传统对社会发展起促进作用,保守和落后的传统对社会的进步和变革起阻碍作用。[1]

传统文化是一个庞大的聚集体系,它的内容也是十分丰富的,是民族历史上各种思想文化、观念形态的总体表征,是指居住在中国地域内的中华民族及其祖先所创造的、为中华民族世世代代所继承发展的、具有鲜明民族特色的、历史悠久、内涵博大精深、传统优良的文化。它是文化的一个分支,用于区别当代文化与外来文化,是民族历史各时期、各地区、各群体民族特质以及独特文化的展现。传统文化不是某一个体的专有名词,它是具有一定共性的,各民族都有自身独特的传统文化。

在中华民族发展的辉煌历史进程中,留下了悠久、灿烂的传统文化,构成了中国新时期物质文明、政治文明和精神文明建设的重要组成部分,对当今文化的传承与发展起到了至关重要的作用。文化的传承是一个动态的过程,中国传统文化是由中国历史延续并且具有中国特色的文化。如今,文化的发展倡导与时代结合,传统文化亦不例外,我们必须在传承优良文化的同时,打破古代糟粕文化的禁锢,创新中国特色文化发展之路。

---

[1] 《辞海》,上海辞书出版社 2009 年版,第 321 页。

二、传统文化对体育道德建设的意义

在中共中央印发《公民道德建设实施纲要》中明确指出："新的历史条件下,从公民道德建设入手,继承中华民族几千年形成的传统美德,发扬党领导人民在长期革命斗争与建设实践中形成的优良传统道德。"弘扬中国传统文化,用道德力量来协调社会、保持社会正常运转,是社会文明的表现。体育道德建设作为公民道德建设的一个分支,就必须接受总体实施纲要的指导,也只有这样才能实现体育道德建设与公民道德建设的同步发展,才能实现对传统文化的有效传承。中国传统文化道德,始终是制约着社会主义市场经济条件下的道德建设,它对我国的改革开放,进一步建立新型的社会主义道德,实施可持续发展战略,以及为政府提供宏观决策具有深远意义。①

体育是文化的一部分,长期以来,中国体育在自身的发展长河中,归纳出了"为国争光、无私奉献、科学求实、遵纪守法、团结协作、顽强拼搏"的中华体育精神,它是中国体育工作者继承中华民族传统美德的体现。中华体育精神在一定层面上可以看做是中国体育道德的缩影,树立中华体育精神,建设中华体育道德,必须以中华传统文化作为辅政,走中国特色社会主义体育道德建设之路。

中华民族的传统文化源远流长,其中的道德传统与道德文化博大精深,儒家文化中的"仁义"精神构成了中华传统道德文化的核心。中华传统道德精神是维系中国道德建设的理论之源,对于中国体育道德建设也有着极为重要的指导意义。团结一致的集体主义道德观念可以帮助体育从业者抑制个人主义敛财的欲望,能够促使他们一起通过努力获得好的比赛成绩;和谐统一的道德思想有助于体育从业者的相互理解,能够让他们主动为他人着想,促进整个队伍和谐上进的整体氛围;自强不息的精神在体育运动中极为可贵,通过培养体育从业者自强不息的奋斗精神,能够认识到胜利是靠双手创造出来的,能够为了追求胜利而不辞辛苦,能够避免因"抄近道""走斜路"的思想而投机取巧,以免酿成大错;儒家道德文化中"以义取利"和"尚义务实"对于体育从业

① 莫尔高:《中国传统文化与新时期道德建设》,《广西师范学院学报》2005 年第 26 卷第 1 期,第 43—47 页。

者职业道德修养的提升有极为重要的现实意义,它告诉体育从业者,面对名誉和金钱利益,要有一种内外的理性约束,能够在利益面前不贪图妄想、不见利忘义,在当下体育从业者职业道德失范现象严重的今天,儒家的传统义利观能够让他们在巨大的金钱面前把持自我,能够避免让其成为金钱的奴隶。同时,也告诫体育从业者在高额的金钱回报下,能够勤俭节约,主动回避毒品、赌博等社会不良现象,争做社会精神文明建设的楷模。

三、贵身与炼形:道教养生思想中的体育精神①

与国外宗教对于"来世"、"天国"等彼岸世界的向往不同,道教对今世的健康长寿更为在意,也恰恰在这一点上,道教更为契合现代的"体育精神"。而与现代体育观相比,中国道教的身体观不注重竞技性,而以追求身体之"精""气""神"和谐为本,取法自然,力求融入自然法则,追求身心和谐,身体康健,长生久视。在这种意义上说,中国道教体育思想是中国博大精深的传统文化在体育方面集中的体现,也恰恰在这一点上,它区别于对 mind(心)多有忽视的 physical education 的西方体育,由此,也成为构建当代体育文化时必须予以引起重视的传统思想。

(一) 中国道教对身体的高度重视

道教是中国本土宗教,与更为注重"精神"提升的其他宗教和哲学形态不同,其对人的肉体(body)之"生命"价值最为关切。"道家的学术,渊源于上古文化的'隐士'思想,而变为战国、秦、汉之间的'方士',复由秦、汉、魏、晋以后的神仙,再变为道教的道士,到了唐、宋以后,便称为'炼师'……道家学术的中心思想,便建筑在这一系列修炼的方法上。"②具体而言,道教的"修炼"可分为"内""外"两部分,但以追求"身体"之"精""气""神"的和谐统一为目标,重视身体各种机能的协调运动与适度锻炼。就此而言,它是中国传统文化中最具体育精神的文化载体。

---

① 本部分内容来源于曹景川:《贵身与炼形:道教养生思想中的体育精神》,《体育科学》2013 年第 10 期。

. ② 南怀瑾:《道家神仙修炼的学术思想》,见《南怀瑾选集》(第4卷),复旦大学出版社 2003 年版,第 422 页。

中国道家认为,生命以"气"为根本,是精、气、神三者的和谐统一。先秦典籍《易·系辞》曰:"天地缊缊,万物化醇。男女构精,万物化生。"①将世间万物的肇始归因于天地之间阴阳二气的交互运动,男女(雌雄)的构精则使得万物得以生息繁衍,人类的生命化育自然亦在其中。《道德经》云:"载营魄抱一,能无离乎? 专气致柔,能如婴儿乎?"②营即为天地之元气,庄子曰:"人之生,气之聚也;聚则为生,散则为死。"③在道家的理论视野中,精、气是物质的形体,神则是精气的作用,是人体内在和谐的外在体现,三者结合起来构成了人的生命的本真状态,这种状态同天地自然之间又是同质的。《黄帝内经》云:"人以天地之气生,四时之法成。""人生有形,不离阴阳。"④《管子·水地》则认为:"人,水也,男女精气合,而水流形。"⑤道家认为,这种"同质状态"在婴儿时期表现得最为明显,《太平经》对人出生前后的不同生命形态进行了颇具想象力的说明:

> 人本生受命之时,与天地分身,抱元气于自然,不饮不食,嘘吸阴阳气而活,不知饥渴,久久离神道远,小小失其指意,后生者不得复知,真道空虚,日流就伪,更生饥渴,不饮不食便死,是一大急也。⑥

"本生受命之时"亦即出生之前的胎儿期,此时,人虽不吃不喝,却也"不知饥渴",但出生之后,"真道空虚",无法保持"抱元气于自然""嘘吸阴阳气而活",即后世所谓的"胎息"状态。由此,如能重返胎儿状态,即可抵达长生不死。抛开道教对于肉身不死这一无法从科学角度验证的想象不谈,这种思想本身却演化出一种极具体育意味的思想内涵。"胎息"被理解为以绵绵之呼吸,调节身体,这种绵长舒缓的呼吸调节自先秦道家到汉以后的道教都得到了特别重视,成为后世"气功"的滥觞。

---

①　孙振声:《易经今译》,海南人民出版社1988年版,第387页。

②　《道德经·能为文子·九守》,见《道藏》(第11册),文物出版社1986年版,第475页。

③　陈永品:《庄子通释·外篇·知北游第二十二》,中国社会科学出版社2006年版,第336页。

④　高士宗:《黄帝素问直解·宝命全角论第二十五》,科学技术文献出版社1982年版,第193—195页。

⑤　《管子》,上海古籍出版社1989年版,第134页。

⑥　王明:《太平经合校》,中华书局1960年版,第43页。

在"养气"的同时,道教对于身体的运动也同样重视,并且总结出一系列极具特色的身体观和运动观。在道家的视野之中,人的身体同宇宙自然之间呈现出一种默契的同构关系,《太平经》中说:"三百六十脉者,应一岁三百六十日,日一脉持事,应四时五行而动,出外周旋身上,总于头顶,内系于藏。"①更早的《黄帝内经》中也有类似的说法。人体之脉络同宇宙运行之间显示着清晰的契合状态。汉代另一部重要的道教经典《周易参同契》对人身体的认识又有进一步的发展,进一步阐明了生命的产生同宇宙的形成在发生论原理上的一致性,进而,身体的运动同宇宙运行之间也有着和谐的契合关系,人体即是宇宙的微缩。这些表述和认识反映出道教从一开始就重视探索人的生命现象,对于人身体的认识表现出的热忱关怀,其将身体看做是与自然相类的有机协调的统一体,精气、经脉构成身体的物质元素,这是西方文化中所没有的,对指导身体的体育锻炼至关重要。

人同自然相契不仅表现在人的"身体"及其结构同自然的契合,同时,也表现在对于"身体"之长久,亦即"长生"的向往。东晋葛洪在《抱朴子》中说:"天地之大德曰和,生,好物者也。是以道家之所以秘而重者,莫过乎长生之方也。"②天地最为重生,人顺应天地之大德,也当以"长生"为其诉求,也正是在这一同《道德经》《太平经》一脉相袭的"重生"思想基础上演化出独具特色的深蕴体育精神的道家养生思想。

葛洪主张生道合一,肯定人类的生存欲望,并且坚持道教所认为的人是自己身体和生命的主宰,甚至连天地都不能干涉,充分表达了人在控制自我生命中积极乐观的态度和主体地位。所谓:"我命在我不在天,还丹成金亿万年。古人岂欺我哉!"人的寿命短长,取决于自身的体育锻炼,而非天命。这种思想同儒家主张的"死生有命,富贵在天"的宿命论有天壤之别,是道教提倡向自然学习,与自然和谐,加强身体锻炼的理论根基。葛洪进而把体育锻炼的目标设定为:"耳目聪明,骨节坚强,颜色悦怿,老而不衰,延年久视,出处任意。寒温风湿不能伤,鬼神众精不能犯,五兵百毒不能中,忧喜毁誉不为累,乃为贵耳。"③

---

① 王明:《太平经合校》,中华书局 1960 年版,第 43 页。
② 葛洪:《抱朴子·内篇》,载《道藏》(第 28 册),文物出版社 1986 年版,第 180—244 页。
③ 葛洪:《抱朴子·内篇》,载《道藏》(第 28 册),文物出版社 1986 年版,第 180—244 页。

这一目标非常全面,既有外在身体器官的康健,亦有内在精神气质的超然,追求内外一致,身心和谐。这就决定了道教体育思想的内容既注重形体的锻炼,也注重精神的保养。

正是基于这种"重生贵身"的思想,道教形成了以"身体"和"生命"为本体依归的修道系统,其中蕴含着"尊道贵身""我命在我"等高扬个体生命,且极具主体意识的思想观念。历代修道者,积极主动地创造种种有利于身体康健、人格完善的"身体"锻炼方式,积累了丰富的体育锻炼思想和具体的体育锻炼的运动形式,使中华民族重视生命健康,追求生命永恒的宝贵文化财富。

(二) 道教体育锻炼的具体形式——炼形与炼神

在道教看来,注重身体锻炼可以促使身体素质发生转变,使身体由弱变强,延年益寿,甚至返老还童,其具体锻炼形式是"炼形"与"炼神"相结合,和谐并进。在物(宇宙客观存在)、我(人类、生命个体)之间具有内在契合关系的思想基础上,《参同契》论证了物的可变性,由此推导出人体的可变,而"变"的方式则要通过身体的锻炼,并辅以金丹的服炼,最终可以到达"变形而仙"的境界。"成仙"自然是一种幻想,但道教对于身体锻炼的具体阐述,却是一笔值得重视的精神财富。

东晋葛洪曾倡"禹步法",《抱朴子·内篇》载:

> 禹步法:前举左,右过左,左就右。次举右,左过右,右就左。次举右,右过左,左就右。如此三步,当满二丈一,后有九迹。

又载:

> 禹步法:正立,右足在前,左足在后,次复前右足,以左足从右足并,是一步也。次复前右足,次前左足,以右足从左足并,是二步也。次复前右足,以左足从右足并,是三步也。如此,禹步之道毕矣。凡作天下百术,皆宜知禹步。[1]

"禹步"是道士作法时的一种特殊步伐,因传说是大禹治水时创立的,故此得名,又称步罡踏斗,其转折行步,宛若踏在罡星斗宿之上。究其实际,应是模仿星辰线图,其行走运动之舞步,则可能来源于远古巫师行法之舞。"禹

---

[1] 葛洪:《抱朴子·内篇》,载《道藏》(第28册),文物出版社1986年版,第180—244页。

步"行走中配合以服气之法，契合道家法范自然的精神内质，同时又被道教赋予能遣神召灵的功效。而从实际效果看，行步、运气本就是锻炼身心一体，以实现身心和谐的目的。

此外，葛洪还继承并创新了聪耳、坚齿、明目的方法。坚齿之道："能养以华池，浸以醴液，清晨建齿三百过者，永不摇动。"①清晨叩齿三百下，将产生的醴液咽下，有健齿、固齿的保健作用。如此"能龙导虎引，熊经龟咽，燕飞蛇屈鸟伸，天俯地仰，令赤黄之景，不去洞房，猿据兔惊，千二百至，则聪不损也"。"能引三焦之升景，召大火于南离，洗之以明石，熨之以阳光，及烧丙丁洞视符，以酒和洗之，古人曾以夜书也。"②"叩齿"的动作同样被赋予模仿各种动物的导引姿势的含义，与华佗五禽戏相通，如与药剂相互配合，内补与外练结合，通过"龙导虎引，熊经龟咽，燕飞蛇屈鸟伸"使修习者血活脉通，心绪舒缓，肾气旺盛，耳聪目明，使身体与大自然达到和谐统一。

除身体的锻炼之外，道家同样强调了精神调养的作用，认为只有二者相互配合，才能保证身体的和谐健康：

> 遏欲视之目，遣损明之色，杜思音之耳，远乱德之声，涤除玄览，守雌抱一，专气致柔，镇以恬素，遣欢戚之邪情，外得失之荣辱，害厚生之腊毒，谧多言于枢机，反听而后所闻彻，内视而后见无朕，养灵根于冥钧，除诱慕于接物，削斥浅务，御以愉为乎无为，以全天理尔。③

修习者需要不断减损所见、所闻之外欲的诱惑，守雌抱一，专气致柔，清净淡泊。心境对体育锻炼至关重要，一方面，心思专一才能使锻炼到位，另一方面心思淡泊，才能保养精气，精神饱满。否则，利欲熏心，锻炼不能心思一致，外欲炽盛，则心思混乱，不能冷静专一，将使成效大减。

葛洪认为："为所不胜而强举之，伤也；挽弓引弩，伤也；沉醉呕吐，伤也；饱食即卧，伤也；跳走喘走，伤也；欢呼哭泣，伤也；阴阳不交，伤也；积伤至尽则早亡，早亡非道也。"④同样是对精神修养之重要性的强调，过分的思虑、高强

---

① 葛洪：《抱朴子·内篇》，载《道藏》（第28册），文物出版社1986年版，第180—244页。
② 葛洪：《抱朴子·内篇》，载《道藏》（第28册），文物出版社1986年版，第180—244页。
③ 葛洪：《抱朴子·内篇》，载《道藏》（第28册），文物出版社1986年版，第180—244页。
④ 葛洪：《抱朴子·内篇》，载《道藏》（第28册），文物出版社1986年版，第180—244页。

度的运动、暴饮暴食、情绪过度都会对身体造成极大的伤害。人之身体运动和精神情绪都是以中和适度锻炼为界,过度激烈的表现无益于身体健康。

不仅如此,道家还对如何秉持"中和适度"的精神状态进行了极为有益的探索,"炼气、养神"便是秉持中和的有效法门。在道教看来,人离不开气,"人在气中,气在人中,自天地至于万物,无不须气以生者也。"①这里的"气",同今人所谓"空气"并不完全一致,而是指流通着的微细难见的物质。人生活于气中,离开气人则难以存活。气也存在于人体之内,形成和促进人体各种脏腑器官的运动功能,即所谓:"身劳则神散,气竭则命终。"气在道教修炼中的重要作用,由此可见。"气"之外,"神"也是道家体育思想中的重要范畴。"神,犹君也。血犹臣也,气犹民也。故知治身,则能治国也。夫爱其民,所以安其国;养其气,所以全其身。民散则国亡,气竭则身死。死者不可生也,亡者不可存也。"①神、血、气三者之中,神起主导作用,而血起协调配合作用,气则是基础,遍布于整个身体。调气是最为简单和适用的修习方法,也是最为基础和有效的强身门径。

道教以为,对于气需要"割嗜欲所以固血气,然后真一存焉,三七守焉,百害却焉,年命延矣"。应尽量减少各种过度的嗜欲,以坚固血气,就可祛病延年。"善行气者,内以养身,外以却恶","服药虽为长生之本,若能兼行气者,其益甚速"。②"行气"亦称"服气"、"食气"、"炼气",即通过身体内外的"气"的沟通运行,达到对体内之"气"的培固、颐养。行气之时,需凝神净虑,呼吸吐纳应做到轻、缓、匀、长、深。练习行气要循序渐进,即呼吸轻细,运气舒缓,节拍有致,呼吸间隔时间长,使气渗进肺腑百脉。强调"炼气"是中国道教养生思想的重要内容,而长期实践也证明,其对身体康健具有重要作用,这可谓是中国传统体育思想区别于西方的精华所在。

究其实质,"炼气"实为"炼形",即身体锻炼的一种手段,或者说表现之一。早期道教以通过服食外丹"炼形"追求肉体的长生成仙,刘宋颜延之《庭诰》曰:"为道者,盖流出于仙法,故以练形为上;崇佛者,本在于神教,故以治

---

① 葛洪:《抱朴子·内篇》,载《道藏》(第28册),文物出版社1986年版,第180—244页。
② 葛洪:《抱朴子·内篇》,载《道藏》(第28册),文物出版社1986年版,第180—244页。

心为先。"①在道教看来,佛教以治心为先,而道教则长于养身。《西山群仙会真记》强调人生在世不可不知"养形"即养身之法:"万象群生,不能无形。……不知养形之端,精魄耗散,而阴壳空存。未死之前,已如槁木,余喘既绝,尽为粪壤。养形之道,可不深思!"②养形所以如此重要,乃在其是修仙者抵达"大道"、"存生"的不二途径,而"养形"之法则重在"炼气养神",《吕祖全书》谈道:"必欲长生不死,以炼形住世而劫劫长存;必欲超凡入圣,以炼形化气而身外有身。"③《三洞群仙录序》云:"炼形致仙,虽贤者不能笃信。故神仙显迹,昭示世人,使炼气存真,保命养神,以祈度世,脱嚣尘,超凡秽,而游乎八极之外。……仙者,养形以存生也。"④《大丹直指》亦云:"若用炼形,而曰地仙,形神俱妙。"⑤《谷神篇序》云:"修道者即是修身也,炼丹者即是炼形也。"⑥又云"炼形成真者,神仙事也"。⑦《真一金丹诀》云:"真一金丹炼形之道,付吕青牛受之,因从终南修炼功成,神形俱妙。"⑧

剥去这些论说以长生、成仙为目标的迷信色彩,可以发现,道教对于"炼形"的强调,其目的就是要使人的身体发生一种质变,实际上是追求身体锻炼与精神修养的和谐统一,从而使修炼者青春永驻。炼形自然不可能使身体不朽,但却可以起到益寿延年的功效,体现了道教致力于彰显人类自身生命活力,开发人体生命潜能的体育精神。

早在汉代《淮南子》中,"神"就得到了高度的强调,所谓"治身太上养神,其次养形"⑨,将养神视作高于"养形"的修炼目标。这种对"神"的重视,到7世纪以后,更见普遍,并演化出"形神合一"的诉求。司马承祯《坐忘论》中所

① 僧佑:《弘明集》(卷13),上海古籍出版社1991年版,第90页。
② 施肩吾:《西山群仙会真记》(卷2),载《道藏》(第4册),文物出版社1986年版,第427页。
③ 吕嵒:《吕祖全书》(卷30),载《藏外道书》(第7册),巴蜀书社1994年版,第489页。
④ 陈葆光:《三洞群仙录序》,载《道藏》(第32册),文物出版社1986年版,第233页。
⑤ 邱处机:《大丹直指》,载《道藏》(第4册),文物出版社1986年版,第395页。
⑥ 《谷神篇序》,载《道藏》(第28册),文物出版社1986年版,第534页。
⑦ 《无上玄元三天玉堂大法》(卷18),载《道藏》(第4册),文物出版社1986年版,第571页。
⑧ 王常:《真一金丹诀》,载《道藏》(第4册),文物出版社1986年版,第328页。
⑨ 《淮南鸿烈解》,载《道藏》(第28册),文物出版社1986年版,第15—162页。

谓"形神合同,故能长久","神不出身,与道同久",①都强调唯有形神不离,方可达到与大道同一,乃至生命之"长久"(长生)的意思。《西升经·邪正章》云:"伪道养形,真道养神。"②唐代王玄览把修道进行了等级的划分,认为炼形只能修得较低位的仙阶,而炼神则是较为高级的修行,必然能到达高阶位的仙界。"神在则为人,神去则为尸。岂不痛哉!"③神对人的生命来说至关重要,《西升经》云:"身者,神之舍、神之主也。主人安静,神即居之;主人躁动,神即去之。神去气散,其可得生?是以人耳目手足皆不能自运,必假神以御之。"④在他看来,身体只是生命的载体,而只有神才是生命的本质。神可运作耳目手足,可以运气以健身;"神"若不去,"身"则"不坏",炼神自可使人益寿延年。

在高度强调"养神"的重要性的基础上,道教还提出了具体的"炼神"之法。一是使"精神内守形骸而不外越",这样精神便会日益充盈,"精神盛而气不散则理,理则均,均则通,通则神,神则以视无不见,以听无不闻,以为无不成也"⑤;二是保持精神的平静虚寂,《泰族训》云:"神清志平,百节皆宁,养性之本也。"其关键在于人能守静,在宁静的环境中保持身心的松弛与平和。实现所谓的"性命双全,形神俱妙,与道合真"⑥。形神俱妙即形神合一,超脱死生。可见,"守静养神"成为中国道教体育思想的又一重要特点。不仅如此,养神还对人的认识活动有着直接的帮助,"神者,智之渊也,神清则智明矣。智者,心之府也,智公则心平矣。人莫鉴于流水,而鉴于止水者,以其静也"。如能保持"神"的"清静",则人对世界的认识也将如"止水"一般,对世界有更为本真的体认。相反,不注意精神的调养,必然给身体造成极大的损害:"人大怒破阴,大喜坠阳;大忧内崩,大怖生狂。"⑦而精神修养对身体健康的直接影响,已为现代科学所证实。

道家"养神"观念对现代的体育思想也具有重要的启发意义,即在体育锻

---

① 司马承祯:《坐忘论·得道七》,载《道藏》(第22册),文物出版社1986年版,第896页。
② 《西升经·卷上》,载《道藏》(第11册),文物出版社1986年版,第495页。
③ 杜光庭:《墉城集仙录》(卷1),载《道藏》(第18册),文物出版社1986年版,第166页。
④ 《西升经》(卷上),载《道藏》(第11册),文物出版社1986年版,第495页。
⑤ 《淮南鸿烈解》,载《道藏》(第28册),文物出版社1986年版,第15—162页。
⑥ 李道纯:《中和集》(卷4),载《道藏》(第4册),文物出版社1986年版,第505页。
⑦ 《淮南鸿烈解》,载《道藏》(第28册),文物出版社1986年版,第15—162页。

炼过程中注重"动"的锻炼形式与"静"的锻炼形式相互结合,积极开发"静"态锻炼方法,同时应更加重视精神修养与体育锻炼相辅相成的关系。

（三）小结

从体育思想角度看,首先,中国道教倡导的身心一体,也就是要求精神与身体运动和融致一。在道教看来,自然是统一而非分裂的,人作为自然的缩影,同样是一个完整的统一体,内在的精神同外在的身体之间应当具有一种圆融统一的关系,人的身体的运动,应当根据内在的生命运动法则予以指导和协调。其次要求以静为主,动静结合。通过动静结合的修习理念,协调人体之形体与精神活动的和谐一致,合乎生命本身之运动规律。道教非常反对违背自然运行规律,违背生命运动规律的运动和锻炼,提倡向自然学习,与自然一致,顺应生命运动的规律,促进身体活动的自然化、有序化,反对刻意的违背精神意志的强力运动。再次,主柔重缓。道教一直主张"柔弱胜刚强","柔"是人体生命力处于充沛、润泽、和谐状态的表征。道教的体育锻炼一般都以柔和、舒缓的形体动作配合徐徐的心、气调节而实现身心和谐相济为主要特色。

总之,同西方现代崇尚竞技的体育思想不同,道教将人的"身体"视作宇宙运行的一个微缩场域,在以"长生"为目的的修炼过程中,道教赋予了身体锻炼以及其重要的地位,也就在这种关注中,形成了以对生命、自然本真的回归为诉求的独特的"身体观",以内在的精神和外在的身体之间的和谐、契合为目标的运动观,并提出了以"养形""炼神"等为核心的修炼法门,从而构建起极具中国文化精神的体育思想系统。

第五节　体育道德建设与主体教育

主体性是人在实践过程中表现出来的能力、作用、地位,即人的自主、主动、能动、自由、有目的地活动的地位和特性。实践表明,主体性是人的全面发展的核心,教育的过程是教育者帮助受教育者实现由"自在"主体向"自为"主体的转变。主体教育是一种基于主体哲学对教育培养什么样的人以及教育活动的认识,是一种教育的观念或教育哲学思想,它相对于依附性教育或客体教育而言。主体教育的过程就是充分发挥事物主体性,它强调人是教育的出发点,人的价值是教育的最高价值;培育和完善人的主体性,使之成为时代需要的社会历史活动的主体,是教育的根本目的。体育道德教育,从实质上来说,是对体育从业者的主体教育的过程。在这一过程中,必须将"主体"放在首要地位,强调主体教育就抓住了体育道德教育的核心。

体育道德教育是指通过广泛的、多样的道德教育形式,把道德要求、规范从外在灌输到体育行为主体的意识中,养成体育行为主体的道德良知、信念,使道德规范成为其内在的约束力和推动力,从而树立正确的道德观,使其既能实行自我监督,调整自己的行为,又能参与社会行为的调整过程,对他人提出道德要求和进行道德评价,从而使道德在体育活动中真正发挥作用。由于体育从业者与其他普通学生不同,在接受文化教育的同时还要有比赛与训练任务,由于这一特殊原因,致使他们几乎没有时间和精力接受系统的文化教育。因此,加强体育从业者的道德教育,不仅可以提高个人自身素质,而且对整个团队也是有百利而无一害,培养他们从心灵深处将良好的体育道德视为一种崇高的信仰,从而自觉地遵守各项道德规范。

一、以诚信为准则,全面推进道德教育

诚实守信是中华民族的传统美德,也是一个人立足于社会的根本,更是体育职业化进程中体育行为主体必须遵守的一项基本道德准则。党的十七届六中全会明确指出,"要把诚信建设摆在突出位置"。诚实守信似乎是一个老生常谈的话题,但又是一个不得不谈的问题,中国体育职业化进程中频发的诚信问题不仅影响了职业化的进程,而且影响了中国良好的社会形象。

国家层面,重点推行体育道德教育,在全社会范围内强化体育道德宣传,要坚持职业利益与社会责任相结合的原则,使包括运动员在内的广大体育工作者,树立科学的人生价值观,遵循"诚实守信"的道德价值取向,在社会道德规范允许的范围内为实现自己的利益而努力。要通过弘扬"诚实守信"精神,建立一种以人为本、文明健康、公平竞争、自由和谐的体育文化,净化不良的社会风气,使广大体育工作者诚信做人。同时,要充分认识到职业化的商业性和市场经济的竞争性,正确处理国家、社会和个人利益的平衡关系,鼓励运动员通过诚实守信的行为实现个体价值,实现国家、个人合法利益的同步发展。

个体层面,从运动员、教练员等体育行业主体入手强化个体道德建设。在运动员方面,要从选材育才的基础阶段做起,强化素质教育,提升文化素养,培养诚信意识,提高文化素养和道德素养。树立正确的输赢观,深刻认识体育特别是竞技体育作为挑战人类自我极限、实现人类自我本质力量的本质属性,形成诚信光荣、欺骗可耻的理念,使体育赛场成为讲究诚信的赛场,并由此对整个社会产生积极影响。① 在教练员方面,通过诚实守信的体育文化教育,帮助他们树立科学的价值观念,优化创新传统的奖励政策,通过更加科学的管理方式和奖励制度来对教练员和裁判员形成良性的刺激。②

此外,从体育管理部门、机构等顶层部门入手,加强机构道德建设和诚信建设,通过顶层领导的榜样作用及他们对待体育道德失范行为的处理方式来塑造良好的行业风气,在职业化进程中形成一种良性道德舆论导向,引导、规范体育行业各主体的道德自律。

二、弘扬人文精神,回归竞技体育实质

首先,大力弘扬人文精神,让竞技体育回归本质。人文精神强调以人为本,是重视人的全面发展的精神,其目标是化解人与人之间的矛盾冲突,建立一种平等、互利、合作、和谐的关系。人文精神的基本要素之一就是诚信,竞技体育公平公正竞争的本质特征实际上就包括了对诚信道德的追求,对于体育赛场道德失范行为的治理而言,诚信建设必然要贯穿于体育比赛的始终。近年来中国体育赛场上频发的各种道德失范行为,是对竞技体育人文精神的背离。要在体育赛场营造良好的人文环境,就要大力弘扬人文精神,坚持竞技体育中"以人为本"的基本原则,加强对运动员、教练员等相关主体人文素质和主体意识的培养,让竞技体育回归为促进人的健康发展服务的本质特征。竞技体育回归本质,实际上就是回归人本与人道,这是竞技体育发展的时代需要。

---

① 曹景川、常乃军:《从反兴奋剂看诚信道德与和谐体育之构建》,《上海体育学院学报》2010年第34卷第2期,第85—87页。
② 王斌:《对市场经济条件下体育道德失范的探讨》,《成都体育学院学报》2002年第28卷第2期,第39—41页。

其次,竞技体育要回归全面教育。长期以来,中国竞技体育人才培养中忽视甚至忽略教育,片面强调训练的开展及运动水平的提高,这种训练思想在举国体制实施初期取得了良好的效果。但随着时代的发展,这种竞技体育脱离教育的弊端越来越突出,其中最突出的问题就是运动员文化素质低下,道德水平不高,成为诱发赛场道德失范行为的重要原因。在今后的运动员培养中要推动竞技体育回归全面教育,通过教育来提高运动员的人文素养和道德水平。

三、加强爱国教育,倡导无私奉献精神

道德外在的标准需要借助学习方可转化成个人的修养、品德及行为习惯,才可真正发挥指导作用。对于体育从业者而言,只有不断强化道德教育,正确引导他们的良知及道德观念,才可以使职业道德规范逐渐成为他们行为的规范准则。帮助他们了解自身行为对于比赛形象的影响,比赛形象和他们自身今后的发展之间具有密切的关系。

一方面,要加强爱国主义教育,爱国主义是市场经济条件下体育道德教育的核心内容,因为国家荣誉感和自豪感是个人或团体积极参与训练或比赛及在比赛中奋力拼搏的首要动力。在当今世界体坛,部分项目已经达到人体极限,运动员想要取得更好的成绩,除了不断完善训练及技术之外,另外一个重要的方面就是是否能将个人与集体、个人与国家荣誉和利益联系在一起。

另一方面,提倡无私奉献的精神。体育市场化、商业化在一定程度上满足了运动员、教练员等的个人正当利益,在一定程度上激发了体育工作者的积极性与创造性。但强调金钱追求物质会诱发金钱至上的观念,发展到极限就是极端个人主义与拜金主义,置国家、集体利益和道德规范于不顾。中国正处于社会转型的关键时期,国家利益、国格与人格等东西比金钱更有价值,不能过分强调金钱的作用,而要强调人的精神境界,要培养运动员不计名利、勇于拼搏的无私奉献精神。

四、重视文化学习,优化道德教育环境

由于中国体育人才培养体制的问题,文化课的学习始终是体育从业者培养过程中的薄弱环节,文化水平较低直接决定了其综合素质低下,也使得他们

很难取得长期显著的发展和进步。随着 21 世纪知识时代的到来,文化知识在日常生活中的地位和作用得到了前所未有的凸显,同样也已经影响到了中国体育职业化发展的方方面面,尤其是体育从业者的职业道德建设。由于中西方体育文化的不断交流,文化观念形成了多样化,加之有些体育从业者文化素养较低,无法客观地判别各种道德文化观念的正确与否,也由此导致了人生观、价值观出现了参差不齐,也由此形成了不同的职业道德观念。

加强中国体育从业者文化教育,首先要做到改革文化教育的模式和理念。文化教育的主要形式是文化知识的学习,但是文化知识的学习并非完全局限于学校的教室之内,各管理部门和联赛各俱乐部要充分适应运动训练这一角色特点,充分利用现代传媒技术的特点、利用训练和比赛的空余时间进行全方位的文化课学习,例如在休息和用餐时间可以播放带有文化知识学习的教学视频和教学录音,在空闲时间进行一些知识竞赛等。其次,要创造合适的文化教育场所,教室并非是文化教育的唯一场所,例如,可以根据运动员经常异地打比赛的特点,安排队员参访当地的名胜古迹,学习当地的文化常识和风土人情,让队员在不同的场所一样能够领略到中华大地的文化底蕴,进而陶冶自己的道德情操。再次,应该配备专门的文化教育专项教师。在运动训练整个体系内,有针对体能的体能教练,有负责运动损伤的理疗师,有负责全队营养的营养师,但唯独没有负责运动员文化教育的"文化培训师",应该选取具有较高知识储备和文化修养的专业人士担当此任,要根据不同群体的不同需求和特点制定不同的学习计划,列出适合他们本人的学习书目等。只有将体育从业者文化知识水平提升上去,才能将职业道德教育真正的落实到实践中来,才能确保综合全面的发展,减少体育道德失范行为的发生。此外,重视文化学习,提升其道德水平,还可以有效抵御不良风气,为培养高水平体育精英奠定良好的基础。

五、强化道德意识,重视职业道德教育

提升体育从业者的道德责任感及道德意识,体育赛场职业道德失范的直接原因就是体育从业者过度关注自身利益,缺乏正确的职业道德意识,对国家社会缺乏足够的责任感。因此对于体育从业者来说,应以身作则,树立正确的

职业道德意识,良好的集体意识以及拼搏精神,在队内形成一种"团队与我,荣辱与共"的意识。

虽然党中央始终将精神文明建设作为国家建设的重要部分加以强调,但现阶段中国的职业道德教育总体上还处于薄弱阶段,还有待于各方面进一步完善。首先,应注重培养顽强奋斗、刻苦拼搏、遵纪守法、公平竞争的职业道德品质,强化以集体利益为主、个人利益为辅的集体主义道德观念,采取正面教育、侧面教育、情感教育以及榜样教育等道德教育方法,配合自身实践、慎独、内省等自我道德提升方法来进一步强化职业道德素养,同时,还应加强文化知识学习,提升体育从业者历史、文学等方面的基本修养,尤其是对于中国传统文化的学习和理解。其次,要提高职业道德意识,这是体育从业者履行本职工作、获得良好比赛成绩所具备的基本道德素质。在职业化的浪潮中,体育从业者一跃成为有着较高收入和知名度的职业人员,各项经济收入得到了质的改变。但是,其自身所具备的职业道德意识却没有进行很好的过渡,还停留在较低的职业道德意识水平,个人主义、拜金主义、享乐主义和相互攀比的不良思想在一定层面上导致了道德失范行为的产生。对此,管理机构一定要大力培养体育从业者的职业道德意识,不断激励他们刻苦训练、顽强拼搏。再次,要加强体育从业者的纪律性教育。不论在任何比赛中,良好且严谨的组织纪律性是极为重要的。例如,假如运动员在比赛中不顾赛前战术部署,一时兴起,为所欲为,完全按照自己的想法进行比赛,这种行为在影响运动员自身形象的同时,对于比赛成绩也有严重影响。因此,要加强体育从业者组织纪律性教育,在进行培训、交流的同时,对于一些违反组织纪律的行为也一定要严格处理,从而加强自我纪律的约束性,学会在集体生活中摒弃个人自由散漫的不正之风,进而取得理想的比赛成绩,实现自己的人生目标。

第六节　体育道德建设与法律法规

法治是时代的代名词,是实现国家治理的有效手段。党的十八大报告将"全面推进依法治国"确立为推进政治建设和政治体制改革的重要任务,"科学立法,严格执法,公正司法、全民守法"被称为建设法治中国的"新十六字方针"。推进法治中国是一个漫长的过程,必将面对诸多社会难题。在这一过程中,法律作为关键核心,发挥着不可替代的作用。"法治体育"是当前政治话语在体育领域中最为集中的体现,也是深化体育改革、提升体育形象、振兴体育产业最为有效的手段。①

一、法律法规的作用

法律法规是一种社会规范,具有规范作用,规范作用是法律法规作用于社会的特殊形式;从本质和目的看,法律法规又具有社会作用,社会作用是法律法规规制和调整社会关系的目的。具体来说,可以分为以下几个方面。

（一）法律法规具有明示作用

法律法规的明示作用主要是以法律条文的形式明确告知人们,什么是可以做的,什么是不可以做的,哪些行为是合法的,哪些行为是非法的,违法者将要受到怎样的制裁等。这一作用主要是通过立法和普法工作来实现的。法律所具有的明示作用是实现知法和守法的基本前提。

（二）法律法规具有预防作用

对于法律法规的预防作用主要是通过法律法规的明示作用和执法的效力以及对违法行为进行惩治力度的大小来实现的。人们在日常的具体活动中,根据法律的规定自觉调节和控制自己的思想和行为,从而达到有效避免违法和犯罪现象发生的目的。在每一个人的心底上建立起一道坚不可摧的思想防线。收到欲方则方,欲圆则圆的良好的规范效果。

（三）法律法规具有校正作用

这一作用主要是通过法律的强制执行力来机械地校正社会行为中所出现的一些偏离法律轨道的不法行为,使之回归到正常的法律轨道。对一些触犯了法律的违法犯罪分子进行强制性的法律改造,使其违法行为得到了强制性的校正。

（四）法律法规具有社会性效益

理顺、改善和稳定人们之间的社会关系,提高整个社会运行的效率和文明

① 曹景川:《法治视域下的竞技体育伦理》,《山西日报》2016 年 9 月 20 日。

程度。真正的法治社会应该是一个高度秩序、高度稳定、高度效率、高度文明的社会,这也是法治的最终目的和最根本性的作用。

二、法律法规的局限性

尽管法律在社会生活中具有重要作用,但是,法律不是万能的。法律只是调整社会关系的其中一种手段,有些社会关系不能由法律调整,法律也调整不了,还需要其他社会规范进行调整。法律法规有效性的实现受到自身属性、调整范围、实施的外界条件等方面的制约,由于这些制约的存在使其局限性凸显。

首先,法律法规只是许多社会调整方法的一种。法律法规不是社会调整方法的唯一方法,除法律规范外,还有政策、纪律、规章、道德及其他社会规范,还有经济、行政、思想教育等手段。在某些社会领域和社会关系、社会生活中法律法规并不是调整社会关系的主要方法。其次,法律法规作用的范围不是无限的,而是有限的。在社会生活中并非什么问题都适用法律,社会关系的主要、重要方面需要法律调整,其作用非常广泛,涉及的范围有经济、政治、文化、社会生活的方方面面。但是,不少社会关系、社会生活领域采用法律调整是不适宜的。法律法规的作用不可能涵盖整个生活,社会生活是具体的、形形色色的、易变的。而法律一旦制定颁布后就具有稳定性,法律不能频繁变动,更不能朝令夕改,否则就会失去权威性和确定性。所以在立法时不可能预先包容全部社会生活,法律法规的作用还存在一定的空隙和一定的不适应性。其次,法律法规的作用在实施过程中所需要的人员条件、精神条件和物质条件不具备的情况下,法律法规的作用是不能实现的。如果没有具备良好法律素质和职业道德的专业队伍,法律再完善,法的作用也难以发挥。人们和社会的精神条件和文化氛围、权利义务观念、程序意识等都直接制约和影响法律法规的作用的发挥,在健全法律法规的过程中,最重要的是全民懂法、秉公执法、有法可依、有法必依、执法必严、违法必究。

存在局限性的原因在于:其一,法律是以社会为基础的,因此,法律不可能超出社会发展需要"创造"或改变社会;其二,法律是社会规范之一,必然受到其他社会规范以及社会条件和环境的制约;其三,法律规制和调整社会关系的范围和深度是有限的,有些社会关系不适宜由法律来调整,法律就不应涉足其间;其四,法律自身条件的制约,如语言表达力的局限。在实践活动中,法律必须结合自身特点发挥作用。

三、体育道德建设过程中的法律法规

(一) 完善体育法律法规建设

作为惩治与预防体育道德失范行为依据,体育法律法规具有引导及规范的功能,具有全局性、根本性、稳定性以及长期性等特征。对体育赛场上日益严重的道德失范现象的综合治理,实际上就是中国竞技体育法律法规不断丰富与完善的过程。

在竞技体育发展职业化、商业化和产业化的过程中,我们要把思想政治教育融入到道德教育中,要建立健全各项规章制度,不但要有科学完备的体育竞技规则,还要对违规者进行严厉而公正的法律惩罚,巩固运动员脆弱的道德心理防线以抵挡商业化过程中巨大的利益诱惑。可以说,若不加强和完善体育道德建设法规,体育道德将会走更多的歪路。建立健全与当前社会主义市场经济相适应的竞赛法律法规体系,不仅有助于良好的运动员体育道德的弘扬与发展,而且对体育事业的健康发展提供有力保证。

一方面,进一步完善体育法律法规。相关部门应针对体育赛场各类道德失范行为,进行深入细致的调查,了解问题的根源,加强法律法规建设,从根本上治理并预防道德失范行为的发生,转变以往"治标不治本"的传统做法。随着中国社会主义的不断发展,依法治国已经成为国家治理的基本方略,对于中国体育事业来说,随着市场化、职业化的不断推进,完善的制度体系已经成为其健康发展的基本保障。相关部门应依据法治的要求,进一步完善体育法律法规。以此确保相关主体间的管理及利益分配科学、公正,保障它们的合法权益;赛事的比赛规则、组织要求及道德规范等;参赛主体的行为准则、评判标准以及实施办法;违规认定标准、惩罚措施、如何追究相关责任以及补偿等。

另一方面,提升法律法规建设水平,确保各项规章制度能够得到真正的落实。强化对道德失范行为治理制度的建设与完善力度,将国家法治建设和体育法治建设协调起来,以推动体育事业改革的顺利进行。对于体育赛场道德

失范行为,如收受贿赂、"黑哨"、踢假球、进行地下交易等行为,应通过司法介入进行严厉打击,并给予相应的法律制裁,而非只是在体育系统内部处理。通过法律的威慑力,提升道德失范行为的成本。另一方面,对于那些现行的、过时的规章制度应及时废止,对于存在明显漏洞和缺陷的法律条款应及时予以完善和修订,细化相关细则,制定相关的配套制度,确保制度建设的科学性与适用性。此外,对于依法治体的各项策略应予以严格落实,对于道德失范行为所造成的危害应有清醒认识,对制度的落实情况进行监督及定期检查,真正做到"法治"。

（二）实现德治与法治的协调配合

道德受个人主体意识的影响,自由支配性较强,主要依靠社会舆论制约人的体育行为,不具有强制性,在对一些不道德行为的约束过程中体现了它的局限性。中国体育职业化的发展一直受到道德问题的困扰,找不到治理的根本,禁赛、罚款等措施无法减缓道德日渐下滑的趋势。足球的职业化就是典型的事例,足球走过了近 20 年的职业化道路,至今职业化水平仍旧不高,"踢假球""吹黑哨"使本就难以为继的中国足球道路充满了崎岖与坎坷。社会的舆论、球迷的声讨、足协的罚单并未改变实际的体育道德水平。

体育职业化需要和谐稳定的道德环境,而依靠道德难以给予有效的治理,法治化是最直接且行之有效的手段。道德的管辖范围较法律更为广泛,所以法治与道德的协调配合可以在一定程度上填补现有法律的漏洞,也补充道德规约的不足,完善整个职业体育的管理体系。值得一提的是,对体育职业化进程中的道德失范进行治理,不能全部用法律手段代替道德制约,要有所选择,有所侧重,针对道德失范的性质决定拟采取的措施。

相关立法机关、司法部门以及体育行政部门,要根据中国社会主义经济发展的特点及体育职业化的实际,加强体育道德法治化建设,推动中国体育事业的长远发展。

首先,加快体育立法工作,完善相关的法律法规。笔者认为,借助法律实现部分体育道德法治化是规范体育道德失范现象的最佳途径,相关部门要立足于现实、着眼于长远,以实际为基础,设立针对性与可操作性的实体性法律,突出法律对解决问题的实效性。其次,在法律的前提下,明确执法与监督的重要地位。建立体育道德失范严惩机制,增强体育法律的威严性,发挥震慑作用,做到执法必严,违法必究。再次,拓宽宣传渠道,在全社会范围内进行体育法的普法教育,通过讲座、培训等方式向社会大众进行体育法相关知识的宣传,充分发挥电视、广播等媒体的宣传作用。各级体委系统可借助体育法治专栏等方式,向大众介绍本地区体育法治工作的新动向,在处理违反体育法律的案件时,务必做到公开公正,杜绝包庇违法行为的发生。

四、法治体育视域下运动员非体育道德行为治理途径探索①

法治是国家治理现代化的必由之路,2012 年党的十八大明确提出"法治是治国理政的基本方式"以来,法治得到了空前的强调;2014 年党的十八届四中全会首次将"依法治国"作为会议主题,指出了依法治国的总目标:建设中国特色社会主义法治体系,建设社会主义法治国家;2015 年党的十八届五中全会再次指明,法治是发展的可靠保障,要运用法治思维和法治方式推动发展。注重通过法律和政策向社会传导正确价值取向,弘扬社会主义法治精神,全社会形成良好法治氛围和法治习惯。②

"法治体育"作为建设社会主义法治中国不可或缺的有机组成部分,是当前政治话语在体育领域中最为集中的体现,也是深化体育改革、提升体育形象、振兴体育产业最为有效的手段。"法治体育"也成为学界关注的重要议题。于善旭提出建设体育强国,必须面对体育多方面的法治需求,积极推进我国体育改革发展和体育法治的建设进程,③并指明法治体育在推进体育治理现代化中居于主导地位,提出依法落实国家部署、将体育纳入法治轨道、构建体育法治秩序等途径推进体育治理现代化;④张奇等基于体育治理现代化的

---

① 樊云庆、曹景川:《法治体育视域下运动员非体育道德行为治理途径探索》,《首都体育学院学报》2016 年第 28 卷第 5 期,第 440—443 页。

② 《中国共产党第十八届中央委员会第五次全体会议公报》,新华网,2015 年 10 月 30 日,http://news.xinhuanet.com/zgjx/2015-10/30/c_134765061.html。

③ 于善旭、闫成栋:《论深化体育改革对体育现代治理的法治依赖》,《体育学刊》2015 年第 22 卷第 1 期,第 1—8 页。

④ 于善旭:《论法治体育在推进体育治理现代化中的主导地位》,《上海体育学院学报》2014 年第 38 卷第 6 期,第 1—6 页。

视角指出,将体育纠纷的化解全面纳入到法治化的轨道;①胡伟指出,以法治的方式规范政府购买公共体育服务权,并从三个维度进行了阐释。② 不过,也应当承认,即有的法治体育研究多为宏观层面的探讨,围绕具体现实问题的研究相对较少。而在非体育道德行为这一社会关注度极高的问题域中,"法治体育"更有着重大的现实和理论价值,本文尝试就此作一初步探索。

（一）法治体育的提出

法治,突出在"法",强调将法律作为治理国家的主要手段。1995 年党的十五大报告中提出"健全社会主义法制,依法治国,建设社会主义法治国家",将"依法治国"确立为党领导人民治理国家的基本方略,③社会主义法治观念初步成型。同年,《体育法》颁布,结束了体育工作无法可依的历史。在这个意义上,似乎可以说,"法治体育"的实践同"依法治国"具有一定的同步性。作为一部国家法律,《体育法》是我国体育事业发展的保障,标志着我国法治体育建设的开启,也是依法治体观念逐步深入人心的重要表现。此后,国家体委、体育总局、国务院等行政主体相继出台了一系列体育法规、文件、部门规章等,如 1997 年国家体委颁发的《关于加强体育法制建设的决定》、2004 年国务院颁发的《反兴奋剂条例》等,进一步推动了体育法制建设。经过历史的积淀,法治理念正逐步走向成熟。

2012 年,党的十八大进一步确立了法治在社会治理中的主导地位。体育治理体系作为国家治理体系中不可缺少的一环,理应将法治作为治理的基本方式,这体现着国家治理现代化的内在要求。法治体育概念的提出,凸显了"法治中国"这一基本治国理念在体育领域的具体化。所谓法治体育,即将法律作为治理体育领域问题的基本方式,强调体育法律、法规的突出地位。在社会治理现代化的时代召唤下,法治体育的主导地位,不仅是体育发展与国家治

---

① 张奇、李亮:《我国体育纠纷化解机制的法治化路径选择》,《武汉体育学院学报》2015 年第 49 卷第 9 期,第 38—42 页。

② 胡伟:《政府购买公共体育服务权法治化的三个维度》,《体育科学》2015 年第 35 卷第 10 期,第 3—9 页。

③ 罗重谱:《改革开放以来依法治国基本方略的演进轨迹》,《改革》2014 年第 8 期,第 11—12 页。

理现代化的一般外部要求,也是国家治理现代化对体育发展的内在需求。①
在社会转型发展,传统思想备受冲击的特殊背景下,人们的体育观念也在潜移
默化中发生着改变。法治体育的提出,是规避体育道德问题,实现体育治理现
代化的最佳途径。

（二）法治引入非体育道德行为治理的逻辑基础

所谓"非体育道德行为",顾名思义即通过违反体育道德的不当体育行为
获取或未获取直接利益的体育行为,是指运动员或其他体育活动主体为了个
人或集体的利益,在体育运动中,作出的违背社会道德规范,违背竞赛规则规
定,对社会或他人带来不良影响或后果行为的总称。② 体育道德作为体育事
业发展的精神支柱,违反体育道德的行为是对体育事业精神层面的根本性伤
害。不过,"非体育道德行为"外延的核心并非违法犯罪行为,将法治引入"非
体育道德行为"治理的恰当性、必要性,是一个必须予以正视和证明的议题。

法治思想在人类历史发展的长河中源远流长。古希腊亚里士多德的法治
理论是世界法治理论的重要起源,我国古代法家学派也有富国强兵、以法治
国,大力推行法治的主张,他们的论述为近现代法学研究奠定了坚实的基础。
但值得留意的是尽管在现代社会之前出现了诸如古希腊城邦政治为典型的早
期"民主"政治制度,但从文明的整体演进发展来看,从人治到法治的根本性
转折是伴随现代国家的发展而出现的。换言之,法治是现代化治理的一个重
要特征。

体育作为一种同样拥有悠久历史传承的人类文化载体,其内在的规则意
识、公平竞技、公正裁决的诉求同现代法治精神都极具契合性。从某种意义
上,体育运动自身也为现代法治精神、法治文化的形成提供了重要的文化意义
上的参照。在相当长的时间尺度内,体育精神本身就是公平、公正的某种象
征。在这一历史语境中,道德自律、社会监督之于体育道德的培育有着极其有
力的合法性和正当性。但是,进入现代社会之后,体育运动特别是竞技体育发

---

① 于善旭:《论法治体育在推进体育治理现代化中的主导地位》,《上海体育学院学报》
2014年第38卷第6期,第1—6页。
② 关莉、梁殿乙:《对我国青少年男子足球运动员非体育道德行为的研究》,《中国体育科
技》2006年第42卷第1期,第85—88页。

生了巨大变化。从以个人修身养性、强健体魄，小范围内的群体竞技、娱乐为目的人类活动迅速走向职业化、市场化，并成为衡量某一社会群体（国家、地区、省市）综合实力的重要标尺。这一转变的历史轨迹和必然性这里不拟展开，恰恰是后者构成了我们所说"非体育道德行为"治理的基本文化语境。

首先，政治是社会治理的顶层设计，法治体育既是体育治理现代化的必经之路，在当下的历史文化语境中，也极具体育领域的政治方略实施的意义。纵观历史，法治一直就是我国社会治理的一部分，1954 年《中华人民共和国宪法》的出台，开启了探索法治之路的篇章。1995 年党的十五大确立"依法治国"基本方略，1999 年"依法治国"写入宪法及至 2012 年党的十八大再次指明"法治是治国理政的基本方式"，这些调整为法治的进一步开展奠定了坚实的基础。在社会治理现代化、依法治国逐渐深入人心的背景下，在政治诉求的呼唤下，体育治理，这一关乎体育发展的核心命题，引入法治的时代必要性得以凸显。以 1995 年《中华人民共和国体育法》的颁布为契机，体育事业的运行和发展迈入了法治化轨道。非体育道德行为作为体育事业健康肌体上的毒瘤，纳入法治轨道，是历史的必然，也是落实法治体育的必由之路。

其次，长久以来，受传统文化和体育道德治理惯性的影响，体育道德问题在治理中有着浓厚的德治身影。通过爱国主义教育、典型人物宣传、弘扬拼搏斗争精神等形式的"德治"手段长期以来成为体育道德领域治理的主导形式。应当承认，在长期的体育道德规范、治理、弘扬等方面，以道德感化、舆论监督为主要手段的"德治"方式取得了一定的时效，也积累了大量的经验。但从另一方面看，当前关于运动员这一体育参与主体的体育纠纷事件不断上演，运动员之间、运动员与裁判员、运动员与教练员、甚至是运动员与观众之间矛盾频发，这些现象暴露出了管理的不足。非体育道德行为发生群体分布上呈现多元化，从级别较高的职业联赛到基层赛事，均有发生。以我国职业化程度最高的足球联赛为例，中超第 13 轮山东鲁能与贵州茅台比赛中，由于球员不满判罚引发冲突，鲁能主帅库卡遭到了边裁的拳击而眼角受伤，边裁手臂受伤出血。尽管事件发生后相关组织或部门根据相关规定也给予了一定的惩罚，但这种惩罚在实施中似乎并未起到强大的震慑作用。体育比赛的暴力、丑闻层出不穷，原因固然是多方面的，但是应当承认，对这些非体育道德行为的规制没有上升到法治的高度,是在治理中追求公平、正义的终极目标未能实现的一个重要原因。

特别是在竞技体育走向市场化、职业化和传媒日益发达的今天,非体育道德行为往往导致经济甚至刑事犯罪,而通过媒体传播,其引发的对于体育运动本身的怀疑与伤害,甚至远远超过某些孤立的犯罪的影响。曾经轰动一时的足坛腐败案件对于中国足球运动的伤害,福利彩票运营过程中的不规范对于福彩自身的影响等都是典型的案例。

将体育作为一种文化来看,法治体育即是体育文化发展的新趋向,也是文化发展的内在逻辑。将体育置身于人类社会文明发展过程中来看,体育事业需要法治做保障才能长久健康发展。

第三,在现代化进程中,植根于农耕文明,以道德自律为基准、强调人情纽带的传统道德观念系统受到以市场为基本经济运行手段,以公平、秩序、利益、风险共担为诉求和特征的现代道德系统的巨大冲击。由于种种客观条件和历史原因的限制,在新的观念系统尚未成形之际,在体育道德领域极易引发缺失乃至失序。譬如被媒体多方关注的竞技赛场上的"让球""默契球",就是这种失序的重要体现。从传统道德观念看,这种行为不仅无可指摘,甚至有"成人之美""甘做奉献"的君子之风,但从现代道德系统看,这种行为却是对于公正的极大挑战甚至是亵渎。在这样的历史转型期,尽管政府大力倡导,社会各界也一直在呼吁加强体育道德建设,如针对体育比赛中存在的使用违禁药物、裁判不公、弄虚作假等不正之风,2002 年国家体育总局发布文件指出,要加强体育道德建设,牢固构筑抵御不正之风的思想道德防线。[①] 然而,在德治理念框架中,依靠道德的评判力量约束非体育道德行为的收效并不令人满意,关键的原因可能不在于德治自身,而在于德治的道德标准本身尚未得到广泛和有效的认同。受此影响,道德失约局面已经成为当前社会亟待解决的痼疾。在这样的背景下,将法治引入道德问题治理的呼声越来越高。

法治作为一种治国理政的理念与德治相辅相成,两者存在不同,却又共生互补。法治的提出弥补了德治力度不足的短板,法治将法律作为治理的重要

---

① 国家体育总局:《关于加强体育道德建设的意见》2002 年 11 月 18 日。

手段,强调法律在社会治理中至高无上的地位,在实际的操作中具有强制性。与德治相比,法治具有明显的优势,主要体现在:法治不会轻易随着人的改变而变化,在长期有效性方面得到了保障;在避免人为感情因素、体现公平和公正方面也是德治无法比拟的。在当代引入和借鉴法治的权威性、强制性对于现代体育道德系统的建构,无疑有着极其重要的现实意义。

（三）运动员非体育道德行为法治治理途径

法律法规是道德的最低限度,揭示的是人类行为"能不能"的问题。① 法治的强制性是任何手段都无法替代的,对维持社会稳定、构建法治中国有着不可替代的意义。在法律面前人人平等的前提下,实施法治将在最大程度上保障公平。对运动员非体育道德行为的法治规制既保障了人权的平等,又体现了国家治理法治化的需求。法治的实现必需扎根于对实际问题的解决,突出时效性。当然,法治的规制并不是某一组织能够单独胜任的,需要多方在政府的主导下协同推进,依法完善法治体育建设,依法促进体育道德良性发展。

1. 宏观引导,确定专项立法

立法是实现法治的第一步,也是必须最先迈出的一步。体育法治化的推进,对体育法律法规的要求上升到了更高的层面。目前,我国适用于体育事业的法律法规除《体育法》这一根本大法之外,主要是由国家体育总局等国家层面的体育行政部门所制定的规范性文件和规章制度,严格意义上尚未构成系统的法律法规体系。② 在《体育法》中也仅有两处提及"道德"问题,其一"对运动员进行爱国主义、集体主义和社会主义教育,以及道德和纪律教育"（第二十七条）,其二"体育竞赛实行公平竞争的原则。体育竞赛的组织者和运动员、教练员、裁判员应当遵守体育道德,不得弄虚作假、营私舞弊"（第三十四条）。对于道德教育的具体要求、体育道德的具体内涵,乃至于对于非体育道德行为的处理方式,都缺少明确的界定。作为根本大法,固然不能苛求面面俱到,但制定和完善与此相应的法律解释、乃至相应的体育法律法规,顺应体育

① 刘煜、龚正伟、刘周敏:《竞技体育所面临的道德风险及其化解》,《首都体育学院学报》2007 年第 19 卷第 5 期,第 39—42 页。
② 兰孝国等:《体育强国建设背景下的法律环境现状与优化研究》,《成都体育学院学报》2013 年第 39 卷第 11 期,第 1—5 页。

法治化发展的潮流,是治理非体育道德行为的一把利器和基本途径。

体育立法部门要认清现行《体育法》中多数法律原则、若干法律规则与时代发展诉求之间的互动性要求,部分法律概念亟待重新确定的实际,[①]敲定立法、修法的内容。如有必要,可专门制定反非体育道德行为法,将体育道德法治化提升到一个新的层面。在法律的烛照下,明确体育道德和"非体育道德行为"的基本内涵和外延,对于新的体育道德系统的建构,将起到不可估量的积极意义。

2. 稳步推进,有效突破

将运动员的非体育道德治理问题置于法治视域也就意味着体育道德治理进入了司法的程序中,司法作为坚守社会正义的"最后一道防线",应当成为所有法律纠纷的最后仲裁者,这也是法治中国的必然要求。[②] 在非体育道德行为大有蔓延态势的时下,法治成为了必然的选择。司法强调依法惩处,是实施法律,发挥法律功效的最佳手段。

非体育道德行为涉及面广,层次复杂,从其影响看,即有直接获得利益,也有无直接利益获得,甚至还有违反道德者损害自身利益的情况。在法治的框架内,从非体育道德行为的直接危害程度以及间接影响进行划分、论证,并明确体育道德主体以及非体育道德行为实施者、责任人相应的法律权力和承担责任。

法律与道德的区别就在于是否具有强制力,实现非体育道德治理的法治化是将部分范围内的道德治理赋予法律效力,提升对非体育道德行为实施的震慑力度。需要强调指出的是,非体育道德行为的治理纳入法治轨道,并非意味着一切体育道德行为都要通过法律的方式予以规定,更不意味着要用法治彻底规范道德。同时,非体育道德行为的治理纳入法治轨道更不在既有法律框架内,对于非体育道德行为滋生出的权力寻租、贪污受贿乃至暴力犯罪等经济、行政、刑事犯罪的否定。

---

① 马宏俊、袁钢:《〈中华人民共和国体育法〉修订基本理论研究》,《体育科学》2015 年第 35 卷第 10 期,第 66—73 页。

② 于善旭:《论法治体育在推进体育治理现代化中的主导地位》,《上海体育学院学报》2014 年第 38 卷第 6 期,第 1—6 页。

非体育道德行为的法治化旨在重点突破一些诸如使用兴奋剂、赛场暴力等性质恶劣、且产生恶劣后果或巨大不良社会影响,但却往往由于情境的特殊性,不适用于相应的民法、刑法条款,而仅仅依靠行业规定处理,远远无法形成有效震慑的非体育道德行为。有了司法的保障,非体育道德行为可以得到有效遏制,展现良好体育道德必将成为运动员必须遵守的行为准则。

3. 因地制宜,实现法治"本土化"

非体育道德行为治理的法治化不是目的,而是手段,其效果要依据实施效果进行判断。引入法律手段的治理过程中,充分借鉴成熟的法律法规系统、先行的国外经验,是一条必然之路,但切不可简单化照搬。

体育运动具有特殊性,竞技体育,特别是一些关注度高的大型赛事更由于比赛节奏的激烈,身体对抗性强,情境的烘托、渲染,容易诱发一些非道德行为,同时也给"非体育道德行为"的界定带来巨大的困难。譬如赛场上的(恶意)犯规并产生严重后果导致对方运动员重伤甚至死亡的,是否适用于刑法?如果直接照搬其他领域的法律、法规,对非体育道德规定太多、太刻板,势必影响体育运动自身的发展。

同时,非体育道德行为治理要从实际出发,以解决现实问题为根本。通过多种可利用途径深入调研当前存在的非体育道德行为现状,澄清这些问题的关键,把握治理的核心点。对我国而言,道德观念深入人心,但由于历史和文化的原因,将法治引入对道德问题的治理依然存在着一定的观念问题和执行上的难度。要从培养人的法治观念做起,立足我国本土的法治,构建中国特色社会主义体育法治,立足于我国特有的政治和经济制度,立足于我国体育事业的发展,立足于本土国家法治建设,立足于中国体育传统与法治文化的源流。① 正确看待市场经济体制下,体育道德所受的冲击,厘清他们之间的关系,在强调法治的同时兼顾中国特色,保留优秀传统文化,传承法治精神。

4. 重在实施,培养法治自主意识

在确立了法治体育这一基本思路的前提下,实施就成为了最为关键的一

---

① 龚江泳、常生:《体育法治生长的社会文化渊源与实践路径》,《成都体育学院学报》2014年第40卷第8期,第15—18页。

环。有法可依、有法必依,是体育乃至整个国家法治化治理的通则。对非体育道德行为的法治化治理,不能停留在口号中,要更多的予以实践,在实践中检验效果。司法过程中不同阶段的法律主体、责任主体、实施程序等必须明确,要通过典型个案的实施,扭转风气。

此外,培养法治自主意识也是不得不提的一面,应当承认,在非体育道德的认识中,法治的观念还未深入人心,甚至一些关注度较高的非体育道德行为案例的处理中,已有的行政处罚存在巨大的争议。司法实践如果同样面临争议,对于法律的权威性将产生不可估量的负面影响。在强调司法实践的公平、公正的同时,积极培养法治意识、树立良好的道德观念不仅是法治体育的重要保障,也是法治体育的最终目的。

在全行业、全社会范围内树立依法对非体育道德行为的治理是体育法律的职责与义务,也是对依法治体的综合诠释;在依法治体治理理念指导下,维护法律法规的权威性,对非体育道德行为的处理必将做到最大程度上的公正,遏制非体育道德行为,为体育道德的良性发展保驾护航。培养第一时间拿出法律武器,规范处理非体育道德行为的意识和习惯。

总之,在国家治理现代化,法治逐渐深入人心的时下,法治体育的提出是符合政治基础、文化渊源和现实诉求的。运动员非体育道德行为的法治治理途径可以考虑从以下四个方面展开:(1)宏观引导,确定专项立法;(2)稳步推进,有效突破;(3)因地制宜,实现法治体育本土化;(4)重在实施,培养法治体育自主意识。这些途径着力促进法治在体育领域的贯彻实施,为规范体育道德行为提供法律武器,为体育道德建设以及体育事业的良性发展给予法律支持。

第七节　体育道德建设与体育体制

体育体制是指人类社会在有规律的体育运动过程中,影响体育运动的各种组成因素的机构、功能及相互联系,以及这些因素产生影响、发挥功能的作用过程和作用原理。具体而言,体育体制是国家关于体育事业的机构设置、领导隶属关系和管理权限划分等方面的体系和制度的总和。体育道德建设与体育体制有着紧密的联系,只有它们形成合力才能有效促进体育职业化的健康良性发展。

一、规范体育竞赛体制

(一) 规范体育竞赛与训练体系

在体育竞赛体系与训练体系中,对各级各类竞赛的管理、考核、量化要全面,训练要科学、合理。大力整顿体育竞赛市场,要把握好商业化的参与度;建立公正、公平的竞赛体制,严厉打击和处理违法的裁判员和参赛单位,促使其建立良好的运动员道德品格。运动员道德制度保障及其实施,离不开社会舆论的道德监督。我们要借助社会舆论,通过合理的道德评价对运动员行为作出判断,并把判断结果反馈给行为者本人,也可以给社会以及个人以借鉴和参考,积极调动运动员的荣辱感和体育道德良心,使其对自己不道德的行为知耻、愧疚,并及时改正,从而培养运动员正确的道德观念,树立高尚的运动员道德观。

此外,在体育竞赛与运动训练过程中,体育管理者的言谈举止,都是对体育道德的集中表现,对于运动员的道德规范的形成有着重要的意义。俗话说"为人师表",在体育道德建设过程中,体育管理者、教练员的道德规范直接影响整个运动队伍的道德建设。在体育道德建设中,必须对除运动员以外的体育系统人员进行科学、全面、实际、合理、量化的考评,杜绝那种从上到下的不良的道德作风的蔓延。

(二) 创新职业体育发展体制

其一,加快职业体育后备人才培养的体制创新。后备人才培养对中国职业体育的未来发展有着重要影响,走教体结合之路已然成为发达国家开展高水平体育人才培养的有效手段,中国也有在这方面取得成功的典型案例,比如培养"眼镜飞人"胡凯、王宇等田径人才的"清华模式",连续征战大运会男足比赛的"北理工模式"等。在当前的环境下,只有让教育系统和体育专业系统这两条并列运行但又迥然不同的轨道加强合作,产生足够的联动,才能为建设高水准的职业体育队伍提供坚实的保障。针对现阶段高校体育的实际情况,一些学校体育专家认为,高校体育要有所突破,应该形成小学、中学和高校"一条龙"的培养形式,重视体育从业人员在文化素质、人文底蕴等方面的培养,建立健全人才输送通道。在教育过程中,要兼顾体育从业人员的品德和成绩;在教育方式上,要把有形的"教"和无形的"育"相互统一;在思想道德教育的方式方法上,说教应当与身教相结合;在实践效果方面,既要追求立竿见影的短期效应,又要追求百年树人的长期效果。

其二,全面实现职业体育组织结构形态的创新。中国职业体育改革是在中国社会面临结构转型的时代背景下产生的,改革的动力来自竞技体育为适应市场需求变动而进行的组织形态创新。[①] 中国职业体育的相关组织是从较为完善的专业经济体育体制向职业体育体制的转轨过程中脱胎的产物,在职业化的改革进程中,其发展目标、价值观念、行为方式、制度规范以及利益格局等各方面都发生着深刻的变迁。体育道德建设是一项具有综合性的社会工程,如果仅仅依靠劝导、说服以及教育的方式,那么将难以把职业体育道德推进到一个新的层次。只有创新职业体育的组织形态,充分协调好利益共同体各方面的关系,同时建立整合利益共同体各方力量的激励与约束机制,辅之以行政赏罚、经济奖惩以及法律制裁等措施,才能促使体育工作者将个人利益和社会利益有机结合起来,使其在追求个人利益的同时还能够兼顾集体利益和国家利益,从而提高个人的职业体育道德水平。

(三) 完善职业联赛规章制度

中国职业联赛中现行的法制制度已经严重限制了中国体育职业化的发展,在这样一个大环境下,道德建设也始终难以快速提高和发展。首先,责权关系的不明确使俱乐部对于运动员的控制力减弱,不能很好地加强队员的职业道德建设。其次,管理中心管理和服务职能的重叠也使得其不能很好地对运动员职业道德建设进行指导和调控。最后,中国职业联赛的各项制度对于体育道德失范行为缺乏明确的、具有针对性的规定,使得道德失范行为很难得到有效的控制与惩戒。因此,应及时续订和完善中国职业联赛的各项制度,进

---

① 张兵:《转型经济学视角下中国特色职业体育建构理念分析》,《西安体育学院学报》2011 年第 28 卷第 4 期,第 385—390 页。

一步明确各机构和组织的责、权、利关系,以调动各方面的工作积极性。此外,应进一步明确道德准则,对于一些道德失范行为要制定出明确的惩戒方式,摆脱"模棱两可"、"可有可无"的惩罚方式,使每一种职业道德失范行为都能够得到严肃且具体的惩罚,使体育从业者能够认识错误、引以为戒。体育职业道德的法制化建设,使职业联赛中职业道德赋予了法律的形式,可以使道德建设获得强制性的现实力量。

二、完善体育管理体制

从源头上看,中国竞技体育管理体制不健全而导致的利益博弈是体育赛场道德失范现象频发的根源。因此,改革并创新中国竞技体育管理体制,是治理体育赛场道德失范行为最基本的要求,也是最有效的途径。

(一)转变政府职能

为了进一步适应市场经济的发展,相关主管部门应转变政府职能,彻底转变传统的管办一体、政企不分的情况,确保在政府的调控作用下,在资源配置过程中市场能充分发挥基础性作用。从现实情况看,由于中国尚处于计划经济向市场经济过渡的关键时期,体育市场化发展、社会组织的发展等还不成熟,像全运会那样承担着奥运练兵重要职责的大型体育赛事,目前不具备由社会或市场主要承担其发展的条件,政府主导下的发展仍是未来中国竞技体育事业发展的主要体制,但政府主导并不是政府统包统揽,将具体的事务性工作和具体的管理事务可以委托社会力量开展,避免不同利益部门在竞技体育管理中的利益寻租、职责不清等问题。

此外,要加快裁判制度改革,通过竞争机制,转变传统的业余制度,完成优秀裁判员人才的优胜劣汰,提升他们的执法质量。此外,还需要整合社会上各方面的力量,对体育赛场的道德失范行为进行综合管理,通过行政、市场以及法律等手段,还竞技体育一个良好的成长环境。

(二)加强竞赛监督力度

在体育赛场中,监督是确保比赛公平、公正的关键。要完善体育赛场的技术监督体系,对于比赛中的判罚争议可以公开申诉并交给裁判评议委员会集体审议。为提高裁判委员会审议结果的权威性及公信力,委员会成员应来自于不同的省市地区。积极借鉴国外的先进经验以及技术，构建体育竞赛观察员体系，对比赛进行严格监督，减少道德失范现象的发生。

强化司法监督以及社会监督。长期以来，体育赛事的组织及运行等多由体育部门独立承担，赛事的运行情况也多为内部监督，这种单一的监督方式必定会有一定的漏洞与局限性，需要多种监督形式共同作用，确保竞技体育运行机制达到制约有效、配置科学及结构合理的理想结果。要扩大监督范围，将观众、社会及媒体等纳入到责任体系内，对于健全体育赛事的监督机制有重要意义。司法监督的介入能有效约束体育赛场中频发的道德失范行为，推动体育腐败的治理进程。因此，相关部门应当制定或出台相关法律规章制度，厘清项目运动管理中心及项目团体的法律地位，以法律作为准绳，充分发挥司法监督的功能，是推动体育职业化健康发展的重要途径。

中国应借鉴西方先进国家的职业道德建设理念，在联赛管理机构中设置专门的职业道德管理机构。职业道德建设是中国职业联赛发展的薄弱环节，缺乏专门的职业道德管理和监督机构，也缺乏制定职业道德建设政策措施的高级专门人才，从而导致中国职业联赛体育道德失范行为频频发生。在中国体育职业联赛中设置专门的职业道德建设和监督管理机构，并配备专门的人才，具有十分重要的现实意义。机构主要负责制定道德法规规章条例，进行相关的职业道德培训，对体育从业者的职业道德行为进行必要的指导和帮助，对赛场内外的职业道德执行情况进行有效的监督，对道德失范行为进行有效的惩戒等。在机构人员的配备上，要仔细选取具有相关学术背景的高级专门人才，这些人员不仅要具备较高的学术素养以及相关的教育学、心理学和管理学的知识背景，更应该具有较高的思想道德修养，能够以身作则，成为整个队伍的道德模范和榜样。

（三）加大竞赛惩治力度

预防和惩治是治理体育赛场道德失范现象的两个重要方面，通过对体育赛场的有效监督能有效预防道德失范现象的发生，加强对道德失范现象的惩治力度能提高赛场相关规章制度的权威性与约束力，同时提高比赛监督及道德失范行为惩治的震慑力。

对于体育赛场道德失范现象的惩治，务必从严。目前体育主管部门常用的批评、罚款等惩治手段的震慑力不够，导致道德失范行为的成本较低，达不到有效惩治目的。对于体育赛场上性质较为恶劣的道德失范行为，如运动员或教练员行贿、教练员受贿、服用兴奋剂、协议比赛等，要严肃查办从中谋取利益的道德失范行为的相关主体，让他们这种严重的道德失范行为付出高昂的代价，从而起到震慑的作用。体育主管部门要加强与司法机关的协调配合，对于体育赛场上涉嫌违法乱纪的道德失范行为，应交给公安部门、司法部门进一步查处。要统一对赛场上道德失范行为的惩治标准，对于道德失范行为的处罚做到公平、公正。对于体育赛场上典型的道德失范行为，体育主管部门要深入分析导致道德失范行为发生的根本原因，从根源上找问题，重视和发挥惩治的治本功能。

（四）构建运动员社会保障体系

面对新的形势，顺应环境的变化，构建完整的运动员社会保障体系，是预防运动员在利益驱使下道德失范行为的根本途径。当然，构建完善的运动员社会保障体系，也是中国构建和谐社会的基本内容。在养老保险方面，要建立起运动员保障与社会普通保障的协调机制，通过制度设定实现退役安置时运动员保障向社会普通保障的过渡，避免其退役后出现的保障空窗期。在伤残保险方面，体育主管部门应借鉴国外的经验，协调保险公司开发有针对性的运动员保险险种，加大对运动员商业保险的投入力度，保证运动员伤病发生时能得到充分保障；其次，要充分利用信息技术和互联网技术建立运动员伤病信息库，详细记录运动员伤病的具体情况（如不同训练阶段的伤病、伤病治疗与干预方案、历史伤病、伤病致因及治疗效果），不但能为运动员下一阶段的训练提供依据，提高训练的科学化程度，而且能明确不同训练阶段运动员伤病的责任；此外，要制定专门的运动员伤残鉴定标准，建立面向运动员伤残鉴定的专门机构，切实保证鉴定机构的独立性，有效保障运动员的利益。① 在退役安置保障方面，这是运动员最为关心的问题，也是体育赛场很多道德失范现象的根本原因，因为金牌直接关系到未来他们退役安置的去向，首先应当进一步完善运动

---

① 邰峰等：《我国专业运动员薪酬制度演进及改制路径》，《成都体育学院学报》2014 年第 6 期，第 22—26 页。

员退役后的深造制度,充分发挥高校、职业院校等的教育作用,帮助退役运动员进一步完善、弥补他们知识上的缺陷与不足,为其职业后续发展奠定基础;其次,应充分发挥运动员就业指导及技能培训单位的作用,针对退役运动员的特长开展针对性的职业培训,使他们在退役后能与社会顺利对接;此外要进一步加大对退役运动员退役后自主创业的优惠政策,在税收、贷款等方面出台相应扶助措施,为他们的自主创业提供良好的政策环境,可设置自主创业奖励基金。

（五）调整运动员薪酬

在薪酬方面,除职业化程度较高的足球、篮球等项目外,当前中国其他项目竞技体育运动员的整体待遇水平偏低,如媒体报道中国女足队员每月工资仅1000多元,这一薪酬水平明显低于中国平均最低工资水平。在体育商业化、市场化的大环境中,大幅提高运动员的薪酬待遇水平是一个非常紧迫的问题,由于运动员长期代表各省市参训、比赛,他们的付出要远高于普通人,但当前的薪酬明显低于其人力资本价值,特别是精神薪酬严重缺失。针对这种情况,要根据地区的经济发展情况、运动员的参训年龄等设置灵活的薪酬制度,大幅提高运动员的薪酬水平。除经济性薪酬之外,要提高精神薪酬（又称非经济性薪酬）的水平,包括外在薪酬（如荣誉、社会地位、优越工作环境等）和内在薪酬（如学习机会、工作认可、参与决策等）。中国职业运动员（如足球、篮球运动员等）的经济薪酬较高,职业生涯的收入完全可以满足他们退役后的消费,而邹春兰、张尚武、才力、艾冬梅等专业运动员退役后的困境说明,现行的运动员薪酬体系是不完善的。而专业运动员薪酬体系的不足之一就是非经济性薪酬的缺陷,这一问题是中国体育部门今后完善运动员薪酬体系过程中必须要重点解决的问题,其内容包括加强文化教育,加强退役保障和职业规划等。在奖励机制方面,要丰富奖励内容,要进一步丰富精神方面的激励内容,其次要丰富奖励模式,建立持久奖励的办法,例如中国台湾地区规定获得奥运冠军的运动员每月可以获得体协7500元新台币的奖金直到去世,我们的邻国韩国也建立了类似的持久性奖励办法。① 笔者认为,中国各地市体育局

---

① 张建等:《试论我国优秀运动员奖励机制的问题与对策》,《体育文化导刊》2014年第6期,第11—14页。

应当改变以往一次性奖励的激励机制,建立持久性的激励机制,使运动员参训、参赛的动力更加持久。

三、构建体育道德规范体系

体育职业化的转变,要求对体育道德规范体系进行适当的调整,而调整的关键在于理清现有的道德规范体系,哪些是不能与时俱进的内容,需要删除或调整、补充的,哪些是依然有价值的,需要继承或在创新中继承的,从而达到对现有体育道德规范体系有继承有扬弃,取其精华,去其糟粕的最终目的,实现对原有体育道德规范体系的有效传承与发展,实现与现代社会的协调、同步、和谐发展,使新的道德规范体系能符合职业化的需要,并具有时代性特征。

（一）建立职业化体育道德制度

道德制度是保证体育道德得以实施的基本前提,道德制度的滞后给体育不道德分子留下了可乘之机,助长了其嚣张气焰。优化道德制度是职业体育发展的需要,也是体育进步的要求。首先,通过大量的实证调研,了解当前存在的制度问题,深入分析其缺陷。从当前体育职业化发展中的道德现状出发,分析道德失范的根本原因,在已有制度的基础之上取其精华、去其糟粕。其次,制度的更新必须结合中国正处于社会主义初级阶段的实际,力争建成与现阶段政治、经济等体制相适应的道德制度。最后,新制度的确立要明确道德建设在职业体育中的地位,在体育的职业化进程中,凸显道德的重要性,确立道德在整个体育系统中的地位,是保证制度能够满足现实需要的前提。

（二）规范体育道德评价体系

道德评价是反映道德主体行为是否符合规范,道德是否高尚最直接的形式。尽管已有针对体育领域的道德评价体系几经完善取得了显著的进步,但应该看到其存在的不足之处。现有的评价体系未能与体育职业化的发展实现良好的匹配,针对出现的种种道德失范行为,评价体系并未发挥其应有作用。道德评价体系要体现体育本身的特点,重视实践,构建全面、细致的评价体系。以社会主义制度为基础,以社会主义道德为依据,立足职业化现状,中国体育职业化还处在较低的水平,以高度职业化的道德标准评判职业化的初级阶段是不合适的,并不能达到促进体育进一步职业化的效果。职业化的水平越高,对道德的要求也就越高,对标准进行细化是为了满足高度职业化发展的需要。比如:可以制定不同项目、不同人员特有的道德评价体系,不可一概而论。以中国男子篮球职业联赛的裁判员为例,在比赛过程中细化到对裁判员的每一次判罚实事求是地作出评判,在保证公平、公正的同时也就提高了裁判员的道德水平。

(三) 巩固并发展体育道德监督机制

就实际而言,体育道德可以由"软约束"通过内容的制度化建设转化成为"硬约束",其中有效的途径就是借助社会力量和社会舆论形成完善的道德监督机制。[①] 在职业化进程中,应充分发挥社会舆论在体育道德建设中的积极作用,在核心价值观的引导下、在新的体育道德评判标准的框架内充分发挥其作用,大力弘扬社会主义道德价值观,同时对体育行为主体进行多方位、多渠道的监督,帮助体育行为主体纠正失范行为,减少体育道德失范现象的发生。

第八节　体育道德建设与体育经济

体育经济是衡量一个国家生产力水平的重要指标,也是衡量人类健康和社会文明程度的关键。在欧美国家,体育经济占 GDP 的比重平均达到10%以上,而2011年中国的体育经济仅占 GDP 的 0.58%。这说明中国体育的经济价值远未被挖掘出来,市场潜力巨大。在全面建成小康社会的关键时期,如何把握新的时代特征和发展规律,让体育经济走出"价值洼地",成为摆在我们面前的崭新课题。[②]

一、体育经济面临的新环境

体育经济是生产力发展到一定程度的必然产物。经过 30 多年的发展,中国 GDP 已跃居世界第二位,这为体育经济的发展奠定了坚实的物质基础。

---

① 张玉超等:《我国体育道德失范成因及预防对策研究》,《体育文化导刊》2007 年第 6 期,第 52—54 页。

② 曹景川:《体育经济如何走出"价值洼地"》,《光明日报》2013 年 1 月 2 日。

"体育热"使中国不仅成为全球体育用品最重要的生产基地,也成为世界第二大体育用品消费市场。随着城镇化进程和全民健身工程的大力推进,体育经济已成为国民经济中最具活力的新增长点。

全面建成小康社会给体育经济提出了新要求。健康是促进人的全面发展的必然要求,也是全面建成小康社会的题中之义。当前,中国已迈入中等收入国家行列,社会消费结构正由生存型消费向发展型消费转变,体育消费需求日益多元化、多层次。例如,社会生活中出现了面向青少年的体育培训业、面向老年群体的"白发健身业"、面向都市白领的体育俱乐部等。这就要求体育经济要适应全面建成小康社会的要求,积极转变发展方式,提供多样化的产品和服务,满足人们不断增长的消费需求。

由体育大国迈向体育强国,体育经济是必须补齐的"短板"。近年来,中国在竞技体育领域取得的成就世所瞩目,但不容忽视的是,现阶段中国国民整体健康状况堪忧,"金牌大国"远非体育强国。实践表明,一个体育强国需要由竞技体育、群众体育和体育产业共同支撑,中国必须摒弃"重竞技、轻群众体育和体育产业"的观念,促进体育与经济的高度融合,做大做强体育经济,以增强自我"造血"能力。

经济全球化、体育国际化给体育经济带来新挑战。经济全球化时代,现代体育经济走向全球化、集约化的趋势日益明显,市场竞争愈发激烈。一些大型运动用品跨国公司垄断国际市场的现状和国际贸易保护主义势力的抬头,给中国体育经济的发展带来外部压力。

二、发展体育经济的瓶颈

传统管理体制制约。当前,阻碍体育经济发展的体制障碍主要是管办不分的管理模式。在该模式下,体育管理部门集管理机关、事业法人、社团法人和企业法人四种身份于一身,既是裁判员,又是运动员,不仅缺乏实现体育资源效益最大化的动力,反而用金牌"绑架"了诸多资源。由于工作的开展紧紧围绕狭隘的竞技体育,故难以形成核心竞争力。

有效需求不足。体育经济的发展程度取决于整个社会的参与程度。现阶段,中国居民的参与性和观赏性消费明显低于体育实物消费。尽管潜在的消费群体庞大,但由于缺乏科学引导,潜力难以释放,导致体育产业的发展举步维艰。因此,实现产业结构的优化升级,把体育真正还给社会、还给人民,才有可能带来体育经济的市场化,带来体育产业的未来繁荣。

体育经纪人缺乏。体育经济的发展需要既懂体育,又懂经济和管理的复合型人才。而现阶段,中国的体育经营管理人员大都是退役的运动员、教练员,他们一般只熟悉体育工作,而缺乏对市场运作及其规律的深入了解。目前,全国仅有 600 多人获得国家体育经纪人资格,这一数字难以满足市场需求。

三、坚持推进市场化改革

后北京奥运会和后金融危机时代,中国体育经济的发展面临着艰巨的改革任务和转型要求,突破体制约束,走出"价值洼地",其本质是坚持体育经济与体育事业协调发展,实现体育资源与利益的再分配和再调整。

加强"顶层设计",形成结合型的管理体制。要加快体育行政部门从"办体育"向"管体育"转变,坚持"政企分开、政事分开、政社分开、营利性与非营利性分开"的原则,充分发挥市场在体育资源配置中的基础性作用;按照"小政府、大社会"的改革思路,积极调动社会力量参与市场化运作;鼓励社会体育消费,使群众体育由福利型向消费型、由事业型向经营型转变,形成充满活力的群众体育管理体系。

拓展资金筹措渠道。要建立和健全体育产业投融资制度和政策。确立企业的投融资主体地位,引进多样化、市场化的筹资方式,扩大直接融资的比重和渠道,积极引进风险投资机制;扶持民营体育企业,吸引民营资本参与体育产业;充分利用体育基金和体育博彩业,发展 BOT 等新型投资方式,形成多元所有制并存的体育产业发展格局。

尊重市场规律和职业体育发展规律,开放体育市场,加快体育产业市场化、社会化、商业化进程。打造中国的顶级职业赛事,进一步放开体育赛事经营权,促进民间资本和体育经济紧密结合,提高体育事业为社会服务的整体效能。

打破体育市场的地区性和封闭性,建立全国有机统一的体育市场体系。

积极探索体育无形资产开发模式;支持体育企业创建自主品牌;鼓励高校开展体育产业复合型人才的培养、培训工作,为体育经济可持续发展提供人才和智力储备。

四、体育经济体系中的体育道德建设

体育赛场道德失范行为的治理需要良好的外部环境,而建立与体育经济相适应的体育道德体系是建立良好外部环境的重要举措。良好的道德体系有助于提高全民的道德素质,形成健康文明的经济秩序和社会秩序,有助于推动体育经济,乃至社会经济的发展及和谐社会的构建。

现阶段,由于中国社会道德体系的建设滞后于体育经济发展速度,社会道德水平下降,各类道德失范行为频发并侵蚀到竞技体育领域,建立社会主义道德体系是解决体育道德失范必须要考虑的问题。建立社会主义道德体系必须要坚持正确的世界观、人生观和价值观同德治的统一,能理性对待拜金主义、享乐主义等对我们思想的侵蚀,坚持自己的理想、信念和追求,增强自我意识、竞争意识,这是提高社会大众整体道德素质水平、拒腐防变的重要途径,这是搞好社会主义精神文明建设,建立与体育经济发展相匹配的职业道德体系的根本。良好的世界观、人生观和价值观能够帮助运动员建立良好的参训、参赛动机,以良好的心态参与到体育的竞争与比拼中,严格遵守自己的职业道德,公开公平的参与竞争。其次,要坚持为人民服务的核心,竞技体育商业化、职业化的深入发展,使得教练员、运动员等对利益的追求愈发严重,而逐渐忘记了他们所承担的为省市或国家争光的责任,要把为人民服务作为体育经济体系中体育道德建设的核心内容来抓,从根本上提高大众的道德水平。

第九节　体育道德建设与社会环境

一、社会环境的含义

环境是指主体的活动赖以进行的自然条件、社会条件和文化条件的总和。

环境一般包括自然环境、社会环境。自然环境是人类生存的基础。社会环境主要是指人类生存和发展所依赖的社会经济条件、社会政治制度、社会文化，是社会整体发展变化的一切因素和条件的总和。社会环境为人类发展提供了空间，人类通过不断改造自身与自然的关系，从而改造了社会环境。社会环境体现了人与自然、人与社会、人与人之间的和谐发展，文明的社会环境是人类进步的体现，是人类改造客观世界和主观世界的必然结果。在现代社会，文明的社会环境是判断社会发展和人民生活的重要指标。

马克思主义伦理学科学地揭示了社会环境和人的品质之间的辩证关系。认为道德品质是在一定的社会环境和物质条件下，在一定的社会实践和教育中，经过自觉的个人锻炼和修养形成的。体育道德品质的形成，要受到一定的社会发展环境和物质生活条件的制约。体育活动参与者在体育道德实践中，怎样造就自己的体育道德人格，固然取决于体育活动参与者自身的自由选择，但归根结底，无法摆脱社会环境的制约。在体育活动参与者的体育道德实践中，处于特定环境中的个人会形成何种道德品质，在很大程度上取决于他们的物质生活和精神生活状况。体育活动参与者的体育道德品质作为其个人本质的基本方面，与各种复杂的社会环境以及他们的生活条件是分不开的。离开了体育活动参与者个人体育道德实践的客观现实和社会物质生活条件，任何个人的体育道德品质都不可能形成，更无从探讨体育活动参与者个体道德形成的根源。

二、社会环境与体育道德建设

按照社会环境的影响范围来看，社会环境可分为大环境、软环境与小环境。大环境又称为宏观环境，是影响大多数人的思想道德行为和德育水平的社会环境，大环境不仅影响特殊的人群，而且影响社会中的全体成员，主要是指社会经济、社会政治、社会文化等。软环境是指对一定群体的思想行为和德育的特定影响的文化环境，包括对人的思想产生影响的社会舆论和大众传媒等因素。小环境又称微观环境，一般指与人的活动直接相关的环境因素，比如家庭、社区、学校对人的直接影响。大环境制约着软环境和小环境；软环境影响小环境并连接大环境和小环境；小环境是大环境发挥作用的基础，对软环境和大环境具有反作用。①

从社会环境的作用方式来看,三个环境对体育道德建设的作用力是不相同的,体育道德建设的主体是体育工作者及爱好者,应该说社会环境中与体育工作者思想道德建设结合越紧密,其作用力越大,对体育道德建设的影响最大的是小环境,包括家庭、学校、社区。而随着网络媒体环境的迅速发展,其对体育道德建设的作用力日益增加,大环境作为间接环境,一般是通过影响软环境或小环境,而对体育工作者的道德观念产生影响。三者之间,大环境是体育道德建设的基础,软环境是体育道德建设的关键,小环境是体育道德建设的保证,软环境与小环境直接影响体育工作者,是其思想道德建设落实的重要平台,三者对体育道德建设的影响是相互渗透、相互作用、相互影响的。

(一) 社会大环境与体育道德建设

一方面,社会大环境决定、规定、制约体育道德建设状况;另一方面,体育道德建设状况对社会大环境起到影响、推动、促进作用,两者是相互影响、共同发展、相互促进的,在对社会大环境进行优化时,要突出体育道德建设环境的优化。

1.社会经济环境与体育道德建设

经济环境是对人的思想政治道德素质产生影响的人们经济活动、经济关系及相应制度等一切外部经济因素的总和,它是人们在改造自然以满足自身物质需要的活动及其结果。② 经济环境是社会环境的基础,经济环境决定社会的政治环境和文化环境,以存在和发挥作用的现实基础,决定了其发展变化。经济状况决定着人的思想水平,作为社会环境重要组成部分的经济环境,它从根本上决定着体育工作者的道德素质状况,它是体育工作者道德素质产生变化的基础因素。

社会经济环境决定着体育工作者的观念和行为方式。体育工作者观念和行为方式,受到社会占主导地位的世界观、人生观和价值观的影响,思维观念的形成与物质利益和由物质生产关系所决定的意志有着密切的联系。现代科

---

① 张耀灿等:《现代思想政治教育学》,人民出版社 2001 年版,第 236—237 页。
② 戴钢书:《德育环境研究》,人民出版社 2002 年版,第 214 页。

技的发展,社会生产力的提高,给人的思想政治道德素质的形成发展带来了巨大的影响。新的科学技术、不断更新的生活方式,正在渐渐改变人们的行为方式,随着社会主义市场经济的建立,体育工作者明显受到了市场经济的影响,其价值取向从封闭走向了开放,从单一走向了多元。

市场经济作为一种资源配置方式,它同自然经济、商品经济一样,对于社会的发展,既有有利的一面,也有不利的一面,是一把双刃剑。由传统的计划经济向市场经济转轨的过程中,伴随着由厌利性价值取向功利性价值取向的转变,功利性价值取向的泛滥必然导致竞技体育道德的沦丧,从而造成极端利己主义的膨胀,对竞技体育价值观造成不良影响。① 社会主义市场经济的这些负效应扩展到体育生活中,使得一些人在逐利思想和行为的驱动下,为了个人和小团体的利益,不顾道德和法律,甚至不择手段地损害他人和集体利益。社会经济环境决定体育工作者的生活状况。社会经济环境的状况为体育工作者政治道德素质形成和发展提供载体条件。经济环境的状况决定着体育工作者物质生活需要的满足程度,经济环境相对较差的体育工作者价值观念就更容易偏向功利主义。这就要求十分重视经济环境的建设,从基本经济制度、社会利益分配、监督机制等方面不断改善,培育良好的社会经济环境,为体育道德建设打下坚实基础。

2. 社会政治环境与体育道德建设

政治可以看做是社会最基本、最宏观的控制、调节系统,政治必然要对社会的各子系统施加影响。社会对体育的需要,体现了政治的控制,制约着体育的目的和性质。在阶级社会里,社会需要集中体现统治阶级的利益、愿望和要求,因而使体育的目的、性质带有鲜明的阶级烙印和时代特点。体育的领导管理机构控制在统治阶级手中,并通过一定的具体政策,组织、管理和措施来实现这种控制。

政治制度也规定着体育制度的类型,体育制度是政治制度的一部分,也可以说是政治的缩影,不同的政治制度便形成不同类型的体育制度。资本主义

---

① 李龙、苏睿:《现代竞技体育功利价值观泛化的社会成因及其矫正》,《武汉体育学院学报》2008 年第 42 卷第 11 期,第 29—32 页。

制度是具有高度分散特征的政治管理制度,就形成了以私人控制为基础的体育体制。在我国,体育是国家事业的一部分,在计划经济时期,国家实行高度政府管理的体制,体育实行的就是具有国家集中型特征的举国体制。进入市场经济后,政治体制出现社会分化的趋向,体育的体制也随之出现社会化的趋向,体育的社会团体便活跃了起来。

政治思想意识同样制约着体育的价值观念,西方崇尚的是个人主义,我国崇尚的是集体主义,还有爱国主义、民族精神等常常以不同的形式在体育运动中体现出来。政治与体育最直接的联结方式就是宣扬民族主义和爱国主义。[①] 运动员都是以国家为单位参加国际竞赛活动的。因此他们的成败胜负就有着特殊的政治含义,他们的道德素质也体现了我国对外的政治形象。体育的一些社会问题,如球场暴力、滥用兴奋剂等就会损害国家形象。

优化体育道德的政治环境建设,要进一步建立和完善社会主义的政治制度,下大力气整治腐败现象,完善法律法规,使社会主义政治制度日益完善。要营造出能抵制西方腐化思想的政治环境,在全国范围内强化爱国主义意识,提高中国人的民族自尊心和自豪感,社会主义精神文明建设要重点抓住政治文明建设,推动政治文明发展。在体育工作者当中开展弘扬和培育民族精神教育,让体育工作者在开放的社会经济环境条件下,保证政治的坚定性,自觉维护祖国的尊严和利益。体育工作者要逐步树立正确的政治信念,提高自身的政治意识和参与能力,做好为社会主义现代化建设作贡献的准备。

3. 社会文化环境与体育道德建设

文化是人类特有的社会现象,它反映着社会的客观存在;文化是人类进入文明社会后通过自身本质力量创造出来的所有物质财富和精神财富的总和。文化环境是指影响人的思想行为的文化发展的水平与状况,它包括国家的统治思想、民族的文化传统、社会的道德面貌、舆论导向、社会风气以及教育科技文化事业的发展水平等因素。文化环境的核心是社会占主导地位的价值观和世界观,良好的文化环境是提高社会文明程度,推动改革开放和现代化建设的重要条件。人的思想和行为具有一种无声的感染力,它通过大众传媒、社会舆

---

① 卢元镇:《中国体育社会学》,北京体育大学出版社 2000 年版。

论让体育工作者接受正确、科学的信息,使他们树立正确的道德观。

社会文化环境引导体育工作者的思想发展。文化环境从本质上说是引导人、塑造人,提高人的科学文化、思想道德素质,为社会发展提供精神动力和智力支持。中国特色文化建设是根据社会的需要,通过文化事业和文化设施建设、文化产业发展文化市场建设和开展社区文化及群众文化建设,扩大和发挥社会主义优秀文化的作用,弘扬高尚的道德情操和民族精神,为人的素质完善和发展奠定基础。社会文化环境建设的重点是思想道德建设,营造良好的文化环境对促进体育工作者的思想水平的提高具有积极的作用,民族精神、传统文化将不断激发体育工作者的斗志,为社会发展提供强大的精神动力,能使体育工作者在思想观念上与社会经济关系相适应,行为准则上与社会道德规范相协调,精神状态上与社会主导精神相结合。要不断坚持优化社会文化环境,培养良好的文明的道德风尚,弘扬中国特色的先进文化,营造社会主义良好的文化氛围,促进社会协调发展。

时任国家体育总局局长刘鹏在全国体育局长会议上说:"要深刻挖掘体育的文化内涵,塑造国民体育精神,培育社会体育文化,让体育成为社会主义先进文化的传播者和创造者,成为时代精神的倡导者和先行者,这是中国体育保持强大生命力的重要根基。"[①]失去体育精神的体育伦理文化如同无源之水、无本之木。面对精神迷失现状,仅仅依靠制度的变革和创新以及体制的反思与改革是远远不够的。因为文化意识的缺失,制度就难以建立,即使建立也难以执行。制度不是万能的,无法救赎丢失的精神。因而,要构建以"体育精神"为核心价值的体育伦理文化体系:首先,在体育文化领域中,要让体育精神引领体育物质文化与体育制度文化的共同发展,使得三者间围绕体育精神的核心价值形成有机联系的统一整体。其次,要将体育精神充分融入体育物质文化与体育制度文化建设之中,在各自相对独立的体系中发挥其引导功效,使体育精神中积极健康的价值观念在体育物质文化中得到充分的外化与物化,在体育制度文化中形成体育改革与创新的思想基础。可以说,体育精神的

---

① 刘鹏:《2012 年在全国体育局长会议上的讲话》,国家体育总局政府网站,2012 年 12 月 26 日,http://www.sport.gov.cn/n16/n1077/n1392/n2590312/n2590332/2635182.html。

培育是体育文化、体育文明得以健康延续的基础,同时也是治疗体育道德失范顽疾的一剂良方。

(二)社会软环境与体育道德建设

1.媒体环境与体育道德建设

大众媒体主要是指报纸、书籍、电影、广播、电视、网络等,网络媒体被称为"第四媒体"。现代传媒技术发展迅速,媒体向人们传递各类信息不断提速,在信息化社会里,大众传媒的迅速发展,已经成为人们获取信息、接受信息的重要工具。媒体是传播知识,丰富精神生活,开展思想政治教育的重要渠道,它对营造良好的舆论环境,抨击社会不良现象,有不可替代的作用。媒体具有强烈的时效性和敏感性,媒体拓宽了体育工作者思想道德建设的工作渠道,提高了体育工作者思想道德建设的效果。大众传媒的发展,使人们教育的起点高了,思想道德建设借用媒体的手段,扩大了信息量改变教育方法,以生动形象的方式让体育工作者接受。

社会调查结果表明:看电视中体育节目越多的人,其体育的参与比例越高。根据中央电视台所做的《中国电视观众现状报告》:"对体育节目的兴趣随年龄的增长而递增,青年观众的收视兴趣较浓;男性观众的收视兴趣高于女性观众;城市观众兴趣高于农村观众;经济状况好的观众兴趣高于经济状况较差的观众;随文化程度的增高,观众对体育节目的收视兴趣也渐渐浓厚。"这一情况与我国体育人口的分布基本相符,说明媒体环境对人们的体育参与是有价值的。但是媒体环境会挤掉人们参与体育运动的时间,大量的体育竞赛节目也会造成体育价值观念的偏差,使体育价值观念向功利化靠近,麻痹一部分观众的体育意识。

大众传媒已使体育行业成为公众行业,这使得体育行业道德建设成为公民道德建设中的重点。2004年8月,国家新闻出版广电总局对主持人上岗做出新规定,要求主持人必须道德合格,才能办理职业资格注册手续。优化媒体环境、发挥媒体对体育工作者思想道德建设中的作用,首先媒体要树立正确的思想,发挥宣传党的路线、方针和政策职能,坚持新闻媒体的党性原则,利用各种方式开展积极道德观念的宣传教育工作。其次媒体要端正竞争意识,提高受众面,扩大收视率、收听率。应把高尚的道德思想和人的精神需求相结合,例如利用媒体树立积极向上的体育人物和事件形象,在提高受众面的同时,提高人的思想道德水平。文化监督部门要加强对媒体的监管,坚持打击不良行为,要严格审查内容,可以建立媒体内容分级制度,同时还有提高媒体从业人员的职业道德素质,让他们牢固树立社会责任感。

2. 舆论环境与体育道德建设

舆论是指群众的议论、群众的意见;社会舆论环境是指在一定的社会空间中形成的人们关于某一观念、认识、情感和意志的舆论氛围。舆论环境是思想政治工作实施过程的外部条件,任何组织和单位的思想政治工作都必须在一定的社会舆论环境中进行。① 社会舆论环境是社会环境中的主要方面,重视舆论、优化舆论这对增强思想道德建设的效果具有重要的作用。

社会舆论环境有一种无形的力量,对处在此环境中个体的思想、行为有一定的权威性和隐蔽性的约束,这种约束力是潜移默化形成的。消极的社会舆论会削弱思想道德建设的作用,具有腐蚀个体、群体灵魂的因素。健康、进步的舆论环境使处于其中的人容易接受健康、有益思想的熏陶和刺激,有利于保持良好的精神状态和积极的思维定势。体育道德建设中体育工作者的道德观念的形成需要有个良好的舆论环境,舆论对于体育工作者的判断是非能力、认知能力都有影响,颠倒是非、混淆黑白的舆论环境需要大力净化,创造积极、健康、团结、进取的舆论环境,使人在良好的环境中愉快地工作、学习和生活。

社会要加强对正面舆论的宣传,大力提倡符合社会发展规律的思想。大众传媒要加强媒体对体育工作者的世界观、人生观和价值观的正确引导,强化媒体的舆论导向功能。体育工作者之间也要形成积极的舆论环境,要以健康的生活、工作为主,相互间积极促进,以形成正确的体育道德观。

(三) 社会小环境与体育道德建设

1. 学习教育环境与体育道德建设

学校是有目的、有计划、有组织地向受教育者传播社会规范、知识、技能,使之符合一定阶级需要的人才场所;学校是对体育工作者在参与工作前进行思想道德建设的主阵地和主渠道。学校有经过培训的师资队伍,教师有高尚

---

① 马安林:《重视舆论环境,优化舆论环境》,《贵州教育》2004 年第 6 期,第 4—5 页。

的师德,在学校发挥了教书育人的作用;学校是传播知识文化的重要平台,知识文化的教育能促进德育的发展,随着知识的积累、认识能力和创新能力的提高,德育也能得到相应的提高。素质教育的核心就是德育,素质教育的进一步发展能逐步改变当前重智轻德的现状。学校多年培养的校园文化营造着良好育人环境,学校不断建设的班风、学风、教风和校风,有力地促进了学生思想道德水平的提高;学校有健全完善的组织形式、各项制度、文化氛围、活动设施、基础设备等,为学生思想道德建设创造了良好条件,形成了良好的学校育人环境。而学生就是以后从事体育工作的重要组成人群,学生在学校形成的良好的道德观,也为体育道德建设发挥积极作用。

体育道德教育工作是通过多元化的思想道德教育形式,将体育道德标准、规范从外在输入到体育活动行为主体的思想意识中,逐渐养成行为主体的思想道德良知、信念,让体育道德规范成为其自身的约束力与推动力,进而树立起正确的思想道德观念,可以让行为主体实行自我监督,时刻调整自己的体育行为,并且可以参与到社会行为的调整过程中,对其他参与者提出体育道德要求与进行相关的道德评判,进而让体育道德建设在体育事业中发挥出真正的作用。

2.社区环境与体育道德建设

社区是指聚集在一定地域中相互关联的人的社会生活共同体。社区可以称为小社会,完善体育道德建设体系要落实在社区里,而社区文明建设是社会思想道德建设最基本的体现和载体。大多数人生活在一定的社区中,社区内体育工作者和爱好者思想道德的教育和培养有赖于社区环境建设的加强。社区环境的优化有利于居民素质的提高,有利于文明社区的形成。通过整合社区环境中的资源,可以不断教育体育工作者及爱好者,使其价值观念进行适当调整。

在对社区环境的优化上,要从思想上重视社区教育,转变观念,积极面向群众开展各种各样的活动,规范社区建设内容,选择恰当的教育方式,形成积极向上的社区环境。要加强与卫生、治安、教育等部门的联系,给社区群众带来健康、安定、和谐的环境,促进社会环境的优化,实现居民思想道德建设与社区环境建设的互动。要重点推进文明社区的建设,完善文明社区的评价体系,突出文明社区的育人功能,发挥文明社区对居民的道德教育作用,形成和谐的人际环境和社区秩序。

总之,要更好地完成体育道德建设,就要不断坚持优化社会经济环境,大力发展社会主义市场经济,推进经济改革,建立良好的市场经济制度;要不断坚持优化社会政治环境,积极推进政治改革,树立以人为本的观念,实行社会主义民主和法制,形成良好的政治环境;要不断坚持优化社会文化环境,培养良好的文明的道德风尚,弘扬中国特色的先进文化,营造社会主义良好的文化氛围,促进社会协调发展;要不断坚持优化社会软环境与小环境,发挥社会媒体环境、社会教育环境的正面体育价值观的宣传教育工作,积极营造正确的社会舆论环境和社区环境。

第五章　体育道德与社会主义
核心价值观建设[①]

中共十八大最新概括的"倡导富强、民主、文明、和谐，倡导自由、平等、公正、法治，倡导爱国、敬业、诚信、友善，积极培育和践行社会主义核心价值观"成为了中国共产党在大力弘扬中国梦的时代契机下最直接的精神助推力。社会主义核心价值观是社会主义核心价值体系最核心的体现。其坚持以马克思主义为指导思想，以实现中国特色社会主义共同理想为目标，坚持以爱国主义为核心的民族精神和改革创新为核心的时代精神相结合，坚持实现社会主义荣辱观。其旨在坚定不移地走中国特色社会主义道路，为实现中华民族的伟大复兴而不懈奋斗。

随着社会主义核心价值观的培育及践行，体育道德建设也越来越受到国人的重视。我们要敢于正视在社会主义核心价值观建设中体育道德方面所存在的问题，要在社会主义核心价值观的指导下理性分析原因，积极探讨对策，这对体育道德建设起着积极的促进作用，同时也对社会稳定、提高全民族的道德水平有着深远的意义，进而促进社会主义核心价值观更快更好建设。

第一节　社会主义核心价值观

2012 年 11 月 8 日，党的十八大首次提出以富强、民主、文明、和谐、自由、

---

① 本章核心观点和部分内容来源于曹景川：《社会主义核心价值观视角下体育道德建设的路径探索》，《沈阳体育学院学报》2014 年第 3 期。

平等、公正、法治、爱国、敬业、诚信、友善24个字为基本内容的社会主义核心价值观。2013年12月23日,中共中央办公厅印发的《关于培育和践行社会主义核心价值观的意见》将其分为三个层面。其中富强、民主、文明、和谐为国家层面的价值目标;自由、平等、公正、法治为社会层面的价值取向;爱国、敬业、诚信、友善为公民个人层面的价值准则,这24个字是社会主义核心价值观的基本内容。社会主义核心价值观是社会主义核心价值体系的内核,体现社会主义核心价值体系的根本性质和基本特征,反映社会主义核心价值体系的丰富内涵和实践要求,是社会主义核心价值体系的高度凝练和集中表达。①

一、社会主义核心价值观的提出

随着新中国的建立,逐步确立了以马克思主义思想为指导的社会主义意识形态,为社会主义核心价值观的提出及相关体系建设奠定了基本的文化条件。改革开放以来,中国在社会主义意识形态建设方面不断进行新的探索,提出了从建设社会主义核心价值体系到以"三个倡导"为基本内容,积极培育和践行社会主义核心价值观的重要论断和战略任务。因此,社会主义核心价值观作为社会主义核心价值体系最本质的精神所在,深刻阐释了社会主义核心价值体系的精要内容。该理念在党的十八大中提出,注重倡导富强、民主、文明、和谐,倡导自由、平等、公正、法治,倡导爱国、敬业、诚信、友善,积极培育和践行社会主义核心价值观。其中富强、民主、文明、和谐是国家层面的价值目标,自由、平等、公正、法治是社会层面的价值取向,爱国、敬业、诚信、友善是公民个人层面的价值准则,这24个字是社会主义核心价值观的基本内容。该观念的提出并不是一蹴而就的,而是经历了长时间的实践过程。

2006年10月,党的十六届六中全会审议并通过了《中共中央关于构建社会主义和谐社会若干重大问题的决定》。该决定第一次明确提出了"建设社会主义核心价值体系"的重大命题和战略任务,明确提出了社会主义核心价值体系的内容,并指出社会主义核心价值观是社会主义核心价值体系的内核,

① 中共中央办公厅:《关于培育和践行社会主义核心价值观的意见》,《人民日报》2013年12月24日。

把构建社会主义和谐社会摆在更加突出的地位。至此,学界对社会主义核心价值观的概括开始深入探讨。

2011年10月,党的十七届六中全会首次明确提出了关于社会主义核心价值体系的科学命题。指出社会主义核心价值体系包括四个方面的基本内容,即马克思主义指导思想、中国特色社会主义共同理想、以爱国主义为核心的民族精神和以改革创新为核心的时代精神、以"八荣八耻"为主要内容的社会主义荣辱观。会上强调社会主义核心价值体系是"兴国之魂",其在中国整体社会价值体系中居于核心地位,发挥着主导作用,决定着整个价值体系的基本特征和基本方向。建设社会主义核心价值体系是推动文化大发展大繁荣的根本任务。提炼和概括出简明扼要、便于传播践行的社会主义核心价值观,对于建设社会主义核心价值体系具有重要意义。

2012年11月,中共十八大报告强调要加强社会主义核心价值观建设,深入开展社会主义核心价值观学习教育,用社会主义核心价值观引领社会思潮、凝聚社会共识。推进马克思主义中国化、时代化、大众化,坚持不懈用中国特色社会主义理论体系武装全党,教育人民,广泛开展理想信念教育,把广大人民团结凝聚在中国特色社会主义伟大旗帜之下。大力弘扬民族精神和时代精神,深入开展爱国主义、集体主义、社会主义教育。倡导富强、民主、文明、和谐,倡导自由、平等、公正、法治,倡导爱国、敬业、诚信、友善,积极培育社会主义核心价值观,这"三个倡导"是对社会主义核心价值观的最新概括。

2013年12月,中共中央办公厅印发《关于培育和践行社会主义核心价值观的意见》,明确提出,以"倡导富强、民主、文明、和谐;自由、平等、公正、法治;爱国、敬业、诚信、友善"为基本内容的社会主义核心价值观,与中国特色社会主义发展要求相契合,与中华优秀传统文化和人类文明优秀成果相承接,是我们党凝聚全党全社会价值共识作出的重要论断。

综上所述,社会主义核心价值观的发展变化经历了长时期的实践与检验,证明了培育和践行社会主义核心价值观是推进中国特色社会主义伟大事业、实现中华民族伟大复兴中国梦的战略任务。中国将继续用社会主义核心价值观指导实践,使社会主义核心价值观融入人们的生产生活和精神世界,激励全体人民为夺取中国特色社会主义新胜利而不懈奋斗。

二、社会主义核心价值观的内涵

党的十八大为积极适应当代社会的发展需要与满足广大群众的共同期盼,与时俱进,深入创新,明确提出了以社会主义核心价值体系为基础的核心价值观。社会主义核心价值观以"三个倡导"为主要内容,从三个不同层面规范了我们国家、社会和公民的核心价值追求。

(一) 从国家层面追求价值目标:富强、民主、文明、和谐

富强,简单来讲,即富足而强盛。中国自古以来就在不断的追求富强,也随着历史的发展不断地刷新着对于富强的认识。但是古代对富强的理解较为单一,认为富强即国富兵强,如管仲在《管子·形势解》中说:"主之所以为功者,富强也。故国富兵强,则诸侯服其政,邻敌畏其威。"①因此,他们看到只有富强才能统一天下,却并没有看到称霸之后如何继续富强。中国近代以来的教训更是告诉我们,国家不谈富强那发展之路便举步维艰。时代发展到信息技术化的今天,尤其是改革开放以来,中国一直致力于建设富强、民主、文明、和谐的社会主义现代化国家。"富强"二字也被赋予了越来越多新的内涵。富强,已不仅仅代表经济的发展水平,更内含了人民群众精神上的满足感和幸福感。同时,如今中国努力发展经济实现共同富裕并不是为了侵略和战争,而是为了满足自身的发展需求和实现人民的幸福而去富强。这是新的时代背景下富强所具有的新的内涵。国家极力于实现国富民强是社会主义现代化国家经济建设的应然状态,是中华民族梦寐以求的美好夙愿,也是国家繁荣昌盛、人民幸福安康的物质基础。因此,"富强"价值观的提出是实现了中国特色社会主义现代化经济目标的需要。

中国古代最早出现的"民主"记载于古籍《尚书》,书中记叙周公时说:"天惟时求民主,乃大降显休命于成汤。"此"民主"非人民大众的民主,其意指之民之君主,是最高统治者作民之主。这与西方关于民主是"人民统治"的含义截然相反。中国的民主制度建设自中共十二大将民主列为现代化目标之后有了快速发展。中国的民主是社会主义民主,是人类历史上一种崭新的民主形态,是自人类进入阶级社会以来实现的第一个非剥削制度下的国家民主。

---

① 《管子》,李山译注,中华书局 2009 年版。

《中共中央关于加强党的执政能力建设的决定》就明确提出："推进社会主义民主的制度化、规范化和程序化,保证人民当家作主。健全民主制度,丰富民主形式,扩大公民有序的政治参与,保证人民依法实行民主选举、民主决策、民主管理、民主监督。支持人民通过人民代表大会行使国家权力,支持人民代表大会及其常委会依法履行职能,密切人大代表同人民群众的联系,是国家的立法、决策、执行、监督等工作更好地体现人民的意志,维护人民的利益。尊重和保障人权,保证人民依法享有广泛的权利和自由。"①党中央关于人民民主权力内容的概括,集中反映了中国是人民当家作主的民主法治国家。人民当家作主是社会主义民主政治的本质要求,党的领导就是要代表中国最广大人民的根本利益,组织和支持人民依照宪法和法律管理国家和社会事务、管理经济和文化事业,实现人民当家作主。社会主义核心价值观把"民主"列入其中,是完善和发展社会主义民主政治,从各层次各领域扩大公民有序政治参与,是全面深化改革的重大任务。国民要想实现民主政治建设的快速发展,就需要自觉、努力的培育及践行正确的民主观念和意识,积极支持国家的政治体制改革,这不仅有利于社会主义核心价值观的践行和社会主义核心价值体系的建设,更能实现发展更加广泛、充分、健全的人民民主。

文明是中华民族千百年来不断追求的文化价值目标。"文明"一词,最早出自《易经》,"见龙在田,天下文明。"意为对未来社会的美好期盼与展望。17世纪中后期,清代戏曲理论家李渔在《闲情偶寄》中说过:"辟草昧而致文明。"这里的"文明"的含义与"野蛮"相对立,表明了社会的进步程度。而在现代汉语中,文明是指一种更为进步的社会状态,是人类所创造的各类财富的总和。其中物质财富和经济财富,体现为物质文明,如国家经济的发展和物质生产方式就属于物质文明;精神财富和文化财富,体现为精神文明,其主要包括社会的政治思想、道德面貌、社会风尚和人们的世界观、理想、情操、觉悟、信念以及组织性、纪律性的状况;改造自然和改造社会所获得的全部政治成果的总和属于政治文明,其主要涉及政治制度和思想的确立、法律制度的建设等。社会主

---

① 《中共中央关于加强党的执政能力建设的决定》(2004 年 9 月 19 日中国共产党第十六届中央委员会第四次全体会议通过),《人民日报》2004 年 9 月 27 日。

义核心价值观将文明列为国家层面的建设,所指首先是从国家这个宏观意义上出发,进而再兼俱到每个公民的文明素养。从国家层面来讲,文明是指国家健康稳步发展的状态,即国家创造的物质财富与精神财富的总和。马克思说:"文明的一切发展,或者换句话说,是社会生产力的发展。"在他看来,文明推动一切可推动的物质及精神发展最终会促进社会生产力的发展。从个人层面来讲,作为个体的国人应尽自身之责任,积极寻求一个茂盛的文明家园,一个个小家文明建设的繁盛最后会使国家这个大森林焕发出更加蓬勃的生命力。应大势所趋而提出的文明观念,是一种能促进人类进步的精神文明,其意在通过加强思想道德方面的建设来充盈人们缺失的精神文明,引导国人追求共同的价值取向,提升国家文化软实力和国民素质,为实现中华民族伟大复兴的中国梦而奋斗。

"和谐"二字,内含着马克思主义关于和谐的深刻价值理念。追求和谐是人类社会发展的重要价值。自古以来中国对和谐就有了深刻而不同的阐释,形成了"以和为贵""和而不同""己所不欲,勿施于人""天下大同"等和谐思想。追求和谐不单单是中国传统社会的理想,更是当代社会主义发展对和谐价值的理性追求。习近平同志曾说:构建社会主义和谐社会,是我们党从中国特色社会主义事业总体布局和全面建设小康社会全局出发提出的重大战略任务,适应了我国改革发展进入关键时期的客观形势,反映了建设富强民主文明和谐社会主义现代化国家的内在要求,体现了全党全国各民族人民的共同愿望。① 党的十八大将和谐列入国家层面的价值目标,旨在通过价值观的培育和践行促进个人自身的和谐,人与人之间的和谐,社会各系统、各阶层之间的和谐,个人、社会与自然之间的和谐,最后是整个国家与外部世界的和谐,该观念的提出及建构符合整个人类社会的发展规律。在此基础上,中国为构建和谐社会积极出台各项相关制度,但由于中国还处在社会主义发展的初级阶段,社会生产力还不发达,各项法律制度建设并不完善,社会仍充满诸多不和谐的因素。如国家东西部经济发展不平衡、环境破坏与可持续发展的要求不和谐、医疗及教育资源的分配不和谐等都是影响构建和谐社会的重要因素。改革开

---

① 习近平:《加强基层基础工作　夯实社会和谐之基》,《求是》2006年第21期。

放以来,中国经济发展取得了巨大成就,但人们的幸福感却没有同步提升。因此,我们要把培育及践行社会主义和谐观念贯穿于建设中国特色社会主义伟大事业的全过程,贯穿到经济、政治、生态文明建设等各个领域中来,通过和谐理念的传播,最终促进人与人、人与社会、人与自然的和谐共处。

（二）从社会层面规范价值取向:自由、平等、公正、法治

在社会主义核心价值观中,自由作为社会层面核心价值观建设的首要一条,统领着社会平等、公正和法治。自由一词具有很宽泛的定义。第一,自由是指由宪法或根本法所保障的一种权利或自由权,能够确保人民免于遭受某一专制政权的奴役、监禁或控制,或是确保人民能获得解放。第二,自由是有度的,是自律下的自由。第三,自由是任意的自由,随心所欲,不受拘束。以上谈到关于自由的定义与社会主义核心价值观中的自由有所不同。首先,从国家这一大的方面来深入了解自由,在一定程度上,国家主要是以自由来促民主,这一理念是对马克思自由理论的继承和发展。马克思主义自由理论中提倡的自由是全体社会成员真正能够享有的人民的自由。在现实社会生活中,马克思始终强调人民大多数人的自由,而不是少数富人的自由。自由不仅是一种精神存在,同时也是一种物质的存在,从哲学意义来讲,自由具有客观实在性。也就是说,人的自由状态是一种受人的社会存在状态决定制约的一种人的生存状态,总是与一定的经济社会发展水平相适应的。因为人的权利永远不可能超出经济社会发展的限制,自由永远离不开一定的物质基础和精神条件。只有社会不断进步,人的自由才能不断展开和丰富。因此实现人的自由就必须把解放生产力和发展生产力作为第一要务,推动经济的持续发展和社会的不断进步。另外,社会主义核心价值观中的自由是以人为中心的社会全面自由,是涉及人社会生活的方方面面的自由。当然,社会主义核心价值观中的自由并不是放肆而没有约束的自由,这种自由是必须在国家法律法规限定下的自由,而这种自由观的建设最终会提升人民群众的幸福感,有利于社会主义核心价值体系的进一步建设。

平等,是社会主义核心价值观中社会层面的第二个价值取向,是社会主义社会的重要准则。平等主要是指人们在经济、政治、文化等方面享有同等的权利,其主要包括权利平等、机会平等以及结果平等。社会主义核心价值观所倡

导的"平等",一是在政治上,人们平等地享有政治、法律权利以及承担相应的政治、法律义务;二是社会主义生产资料的公有制,人民平等地占有生产资料;三是实行按劳分配为主体,多种分配方式并存的分配制度;四是坚持法律面前人人平等,任何组织和个人都没有超越宪法和法律的特权。社会主义核心价值观中所说平等的价值取向是在公民已有平等的基础上实现更多的平等。如东西部经济发展不平等、教育资源投入的差异等各方面的不平等。社会主义核心价值观平等的意义在于在更好地完善已实现的平等基础上,去为人民群众谋取更多的平等,这是当代中国共产党人坚持科学发展、坚持以人为本、坚持执政为民、坚持依法治国伟大实践的集中价值体现,也是我们坚持和发展中国特色社会主义的核心价值追求。习近平总书记说:"生活在我们伟大祖国和伟大时代的中国人民,共同享有人生出彩的机会,共同享有梦想成真的机会,共同享有同祖国和时代一起成长与进步的机会。"这与社会主义核心价值观的内涵一致,最终实现人民有尊严的活着。

公正,是社会主义核心价值观在社会层面提出的第三个价值取向。该二字可理解为"公平正义"的简称。"公平"主要指权利公平、机会公平、规则公平以及分配公平等,"正义"主要指制度正义、形式正义以及程序正义等。社会主义核心价值观所倡导的"公正",是加快建立以权利公正、机会公正、规则公正为主要内容的社会公平正义保障体系,努力营造公平正义的社会环境,从而在更加公平正义的基点上造福全体人民。中国共产党自诞生之日起,就将实现公平正义作为一项重要任务。党的十八大报告指出,要在全体人民共同奋斗、经济社会发展的基础之上,加紧建设对保障社会公平正义具有重大作用的制度。逐步建立以权力公平、机会公平、规则公平为主要内容的社会公平保障体系,努力营造公平的社会环境,保证人民平等参与、平等发展权利。习近平总书记在2014年新年贺词里指出:"我们推进改革的根本目的,是要让国家变得更加富强、让社会变得更加公平正义、让人民生活得更加美好。"①因此,公正作为凝聚全体人民实现中国梦的社会主义核心价值观,能充分调动起国民的积极性和创造性,使人民致力于国家改革和经济建设,最终在维护自己利

① 《国家主席习近平发表二〇一四年新年贺词》,《人民日报》2014年1月1日。

益的同时实现中国梦。

法治，即法的统治，强调"以法治国"，主张法律至上，并与"以人治国"和"以德治国"的思想观念相对立。"法"的理念并不是近代才产生的，诸子百家之一的法家早在春秋战国时期就出现富国强兵、以法治国的理念。韩非子在当时就提出了较为先进的法治理念："法不阿贵，刑过不避大臣，赏善不遗匹夫"①，主张法律不分贵贱，人人平等。法家提出的以法治为中心，法、术、势相结合和进化论等思想为后世的法治建设提供了有效的理论依据，在中国历史上有一定的进步意义。但是法家的法治思想发展还是极不完善的，其根本是建立在中央集权之上，靠君主自上而下的实行法治，没有民主可言，同时更不是以经济发展为基础的法治，所以古代的法治思想与社会主义核心价值观中的法治存在本质上的不同。社会主义核心价值观所倡导的"法治"，是立足国情，坚持党的领导、人民当家作主和依法治国三者的统一，是社会主义核心价值观社会层面其他三者得以实现的重要保证。同时坚持和不断完善社会主义市场经济的基本经济制度，以民为本，有效实现人民民主，坚决维护广大人民群众在依法治国中的主体地位，充分体现最广大人民群众的意志，发展和维护好最广大人民的根本利益。最后，法治观念的贯彻落实有助于建立健全全社会学习、遵守、维护、运用宪法法律的制度，始终坚持法律面前人人平等，让遵法守法成为一种良好的社会风气和自觉的行为习惯，让人民群众在法治社会中享受到自由、平等和公正。

（三）从个人层面践行价值准则：爱国、敬业、诚信、友善

爱国，顾名思义，是热爱自己的祖国，是个人或集体对自己的祖国呈现出的一种积极和支持的态度，是一个民族赖以生存和发展的精神支柱。社会主义核心价值观将爱国置于个人层面的首要位置，其重要性不言而喻。爱国是一个公民应有的道德，也是中华民族几千年来的优良传统。中国历史上就有文天祥、精忠报国的岳飞、铮铮铁骨的林则徐等无数爱国英雄。今天，随着中国经济的发展和人们对物质财富的狂热追求，人们的精神追求日益被金钱腐蚀和削弱，人们的爱国情感薄弱到岌岌可危。党的十八大将"爱国"作为公民

---

① 《韩非子》，高华平、王齐洲、张三夕译注，中华书局2015年版。

层面的首个核心价值观念来倡导,说明这是一个公民最基本的价值准则,更是社会主义核心价值体系中的精髓。所以,社会主义核心价值观把爱国作为一项内容是有着重大的现实意义的,而且是极其必要的。社会主义核心价值观指导我们要适应时代发展的要求,正确认识祖国的历史和现实,增强爱国的情感和振兴祖国的责任感,树立民族自尊心与自信心,致力于弘扬伟大的中华民族精神,高举爱国主义旗帜,自强不息,艰苦奋斗,顽强拼搏,真正把爱国之志实现为报国之行。

敬业,同爱国一样,也是一种道德范畴。在党的十八大报告所倡导的社会主义核心价值观中,敬业是一个针对公民个人行为的重要价值要求。敬业是一种基于挚爱基础上的对工作对事业全身心忘我投入的精神境界,其本质就是奉献的精神。当前,观照中国的社会现实,大多数人在敬业方面存在很大问题。比如:职业技能的滞后、人员流失周期性较快等。这些现象的发生发展对中国市场机制的有机进行和相关信用体系的建设造成极大困扰,根本无敬业二字可言。所以社会主义核心价值观提出敬业的理念具有强烈的现实性。习近平总书记参观《复兴之路》展览时强调"空谈误国,实干兴邦",并最终指出:"幸福不会从天而降,梦想不会自动成真。实现我们的奋斗目标,开创我们的美好未来,必须紧紧依靠人民、始终为了人民,必须依靠辛勤劳动、诚实劳动、创造性劳动。"因此,把敬业作为一项核心价值观,其具有深刻的现实意义。敬业观念的提出及践行,有利于培养人民大众的敬业奉献精神、树立牢固的职业理想、强化本职责任意识、不断优化职业作风、全面提高职业技能,促进社会敬业精神的全面发展,最终成为实现中国梦的动力源泉。

诚信,"诚"即诚实诚恳,主要指主体真诚的内在道德品质;"信"即信用信任,主要指主体"内诚"的外化。"诚"更多地指"内诚于心","信"则侧重于"外信于人"。"诚"与"信"一组合,就形成了一个内外兼备,具有丰富内涵的词汇,其基本含义是指诚实无欺,讲求信用。千百年来,诚信被中华民族视为自身的行为规范和道德修养,形成具有丰富内涵的诚信观。这其中不乏类似曾子杀猪教子、季札赠剑、一诺千金的故事。但反观中国社会诚信现状,诚信缺失现象已不容乐观。社会诚信主要包括政府诚信、企业诚信和个人诚信三个方面。首先,政府诚信缺失主要表现为一些地区和部门出台的相关政策多变、不守承诺、随意性及变动性大,同时还兼有暗箱操作。其次,企业诚信的缺失主要体现在一些经济活动中,如企业不守信用、恶意逃废银行债务、相互之间拖欠货款、利用合同漏洞进行故意欺诈、企业财务信息严重失真、假冒伪劣产品盛行,制假贩假现象猖獗。这些行为严重影响了企业间的信誉发展。最后,个人的诚信缺失现象也尤为恶劣,反映在人们生活的方方面面。如说假话、假文凭、假证件、假发票、假彩票、考试作弊、偷逃税款、骗取保险、虚假广告、假球黑哨、假医假药等,严重影响中国社会主义核心价值体系的建设。因此,社会主义诚信价值观的践行已迫在眉睫。践行诚信的价值观,有利于促进中国市场经济的健康运行,稳定市场机制和完善市场规则、同时还有利于转变社会风气,促进社会诚信新风尚的形成。最终在诚信价值观的指导下建立及完善相关信用体系机制,促进社会的发展。

友善,"友"是友好、友爱,表现友好,这是一个浅层次的要求;"善"是善良,心怀善意,这是一个深层次的心理要求。如果只强调表层的友好而不顾内心真情实感,就容易沦为伪善;而如果只强调内部的善心而不谈如何外化于行,就容易产生隔阂误解。所以,以善意为基础的友好才是"友善"这个词对于人际关系的完美诠释。同时,友善既是处理人际关系的基本准则,又是公民的一项基本道德规范。在社会主义核心价值观中,其意还扩大指公民友好善意的行为及秩序。所以,友善不仅仅是对父母、朋友、同学的情感,更是对许许多多陌生人的善意的情感。可以说,友善是渗透到人们生活的方方面面。如人与人之间产生摩擦之后该怎么解决?暴力还是善意?老人摔倒之后扶还是不扶?这也是一个问题。同样的,诸如此类的问题还有很多。不单是人与人存在矛盾,人与自然界也存在很多问题,如环境污染、为了暴利虐杀濒危动物,更有甚者,只是为了发泄情绪而虐待小动物。以上种种这些不友善的行为对个人价值观的建设极为不利。所以社会主义友善观的践行有利于树立友善的道德人格、能调节社会人民矛盾心态,创建良好的社会环境。在社会层面建立正义的道德回馈机制、充分保障道德主体的合理权利。今天,社会主义核心价值观处于中国社会文化的顶端,作为核心价值观的"友善"不能仅仅停留在道德约束的层面,而应该上升为一种开放的、积极的道德境界,努力成为人们和谐相处的根基。

三、培育及践行社会主义核心价值观的意义

（一）培育及践行社会主义核心价值观是实现中华民族伟大复兴中国梦的强力助推剂

中国梦，是中国共产党召开第十八次全国人民代表大会以来，习近平总书记所提出的重要指导思想和执政理念。其意为"实现中华民族伟大复兴，是近代以来中国人民最伟大的梦想"。其基本内涵包括国家富强、民族振兴、人民幸福三个方面。中国梦致力于追求到 2020 年国内生产总值和城乡居民人均收入在 2010 年的基础上翻一番，全面建成小康社会；到本世纪中叶建成富强民主文明和谐的社会主义现代化国家，实现中华民族伟大复兴的中国梦。这与社会主义核心价值观国家层面的富强、民主、文明、和谐的追求是有机统一的整体。同时，习近平总书记还强调指出，要实现中国梦，就必须走中国道路、弘扬中国精神、凝聚中国力量。这里所提到的"中国道路""中国精神""中国力量"，其本质内核就是社会主义核心价值观，并与社会主义核心价值观相承接。因此，要正确认识中国道路的前进方向、铸造中国精神的灵魂、激发中国力量的精神动力，就离不开社会主义核心价值观的引领。

与此同时，经济全球化发展背景下的思想文化相互碰撞所带来的价值观方面的挑战及中国改革开放以来社会主义市场经济条件下思想日益开放及多元化的新态势需要我们积极培育及践行社会主义核心价值观。除此之外，社会主义核心价值观的培育及践行还能够激发社会主义国家经济、政治、文化、社会的发展；促进人的全面发展，引领社会全面进步；更能使中国在激烈的国际竞争中维护国家和民族的利益，进一步推进改革开放和社会主义现代化建设。由此看来，以"三个倡导"为基本内容的社会主义核心价值观的提出，是实现中华民族伟大复兴中国梦的重要理论支撑和强大精神助推力。

（二）培育及践行社会主义核心价值观是巩固马克思主义的指导地位、巩固全党全国人民团结奋斗的思想基础

现阶段，中国已进入全面深化改革、加快推进社会主义现代化建设新时期。经济体制深刻变革，社会结构深刻变动，利益格局深刻调整，生活方式深刻变化，这给人们的价值观念和思想活动带来了巨大冲击，人们在思想认识上的多样性、多变性日益增强，各种价值观念和社会思潮多彩纷呈。面对世界范

围思想文化交流交融交锋形势下价值观较量的新态势,面对改革开放和发展社会主义市场经济条件下思想意识多元多样多变的新特点,只有大力培育和践行社会主义核心价值观,以此凝聚全党和全国人民的共同价值追求,才能真正巩固马克思主义在意识形态领域的指导地位、巩固全党全国人民团结奋斗的共同思想基础,进而在全社会形成巨大的价值共识和思想共鸣,保证中国特色社会主义发展的正确方向。

（三）培育和践行社会主义核心价值观是强基固本、生生不息的战略任务,是提升国家文化软实力的核心内容

如今,随着全球化势力对人类社会影响层面的扩张,全球化已不单单是经济贸易的相互融合与竞争,不同国家之间的文化也相互影响和借鉴。在未来国际的发展大趋势下,文化将会扮演起日益重要的角色。因此,中国共产党倡导的社会主义核心价值观是科学的文化发展方向及战略,积极顺应时势,把提高国家文化事业的发展摆在了更加突出的重要位置。

社会主义核心价值观是社会主义核心价值体系的核心内容,社会主义核心价值体系是与中国的政治体制相适应的,对人民群众的思想建设和行为约束起着指导作用。社会主义核心价值体系这面思想大旗昭示我们,不管经济的发展会给人们的思想带来多少选择,不论人们的价值取向有多大的变化,中国特色社会主义下道路上的核心价值体系大旗绝不动摇。因此积极培育及践行社会主义核心价值观在提高国家文化软实力上就有了举足轻重的作用。首先,培育和践行社会主义核心价值观,能够增强中国人民的凝聚力。社会主义核心价值观会唤起人们对核心观念的强烈认同和追求。这些一致的价值取向会把追求相同目标的人积极凝聚在一起,继而把全国各族人民凝聚起来,增强对中华民族大家庭的向心力和归属感,最终形成实现中华民族伟大复兴的强大合力。二是培育和践行社会主义核心价值观,能够继承中华传统文化的精华。文化影响力的强弱,是衡量一个国家文化软实力的重要标志。中华传统文化自古以来就富有举世无双的独特魅力,是世界文化百花园中的一朵盛放的奇葩。今天,随着经济全球化的发展,世界日益成为一个联系紧密的整体,中华文化得到了更广泛的传播,孔子学院在多国得以建立并传授中国优秀的文化。但与此同时,西方文化对中国的渗透和影响也在不断加剧,以致中国青

年人过分的崇拜洋节而忽略中国的传统节日。所以,培育和践行社会主义核心价值观,可引起人民群众对传统文化的重视,有利于我们的文化从时代的变化发展中汲取有利于自身发展的新鲜养分,充分体现传统文化的民族性、时代性和先进性。更重要的是传统文化的时代变革有利于抵御西方资产阶级腐朽思想的文化渗透,击碎其试图以文化当做武器来对中国进行进攻,有效维护了中国文化安全及切身利益;有利于推动中华文化更好地走向世界,增强中国的综合国力。三是培育和践行社会主义核心价值观,能够提高中华民族的创新力。创新是一个民族进步的灵魂,是一个国家兴旺发达的不竭动力。创新力的不断发展最终会促进国家经济、科技等水平的提高。一个国家如果没有创新力,就不可能在综合国力竞争中占取有利地位。因此,在建设创新型国家的今天,要想把中国制造改为中国创造,必须积极培育和践行社会主义核心价值观,弘扬以改革创新为核心的时代精神,树立创新型理念,使中华民族的创新力引领时代潮流,在激烈的国际竞争中始终占据制高点。

(四)培育及践行社会主义核心价值观,是全面建成小康社会,坚定不移地走中国特色社会主义道路的内在要求

自邓小平在 20 世纪 70 年代末提出"小康社会"这一伟大的战略目标之后,这一概念随着社会经济的向前发展得到了丰富的内涵。2002 年 11 月,中共十六大报告提出了"全面建设小康社会"的命题。随后,党的十八大报告在十六大、十七大的建设基础上首次提出"全面建成小康社会"这一构想。从"建设"到"建成",是中国共产党向全国人民作出的庄严承诺。当前,中国已进入全面建成小康社会的关键时期,经济和政治正步入新的发展阶段,中国积极顺应时代发展大势,用社会主义核心价值观来倡导培育社会文明新风尚,凝聚全党全国人民的意志和努力为"全面建成小康社会"奉献自己的力量。社会主义核心价值观是社会主义核心价值体系的精神内核。社会主义核心价值观中"三个倡导""24 个字"都对全面建设小康社会起着重要的引领作用。国家层面的四个价值目标、社会层面的四个价值取向、个人层面的四个价值准则,分别对应小康社会的经济、政治、文明、和谐社会等各个发展方向并为其提供了具体的指导。社会主义核心价值观可增强发展协调性,努力实现经济又好又快发展;有效地扩大社会主义民主,更好地保障人民权益和社会公平正

义;加强文化建设,明显提高全民族文明素质,努力成为和谐社会主义国家,最终实现"全面建成小康社会"的伟大蓝图。

（五）培育及践行社会主义核心价值观,是抵御西方资本主义价值观的必然要求,是强化和巩固社会主义意识形态的需要

社会主义意识形态是反映无产阶级的根本经济政治利益的、自觉的、系统化的思想观念体系,是人类社会迄今为止最先进的社会意识形态。马克思从唯物史观的角度对意识形态的形成过程进行了深入的探索及哲学批判。同时通过对资产阶级意识形态的本质进行剖析并指出:"你们的观念本身是资产阶级的生产关系和所有制关系的产物,正像你们的法不过是奉为法律的你们这个阶级的意志一样,而这种意志的内容是由你们这个阶级的物质生活条件来决定的。"之后,马克思对经济、政治意识形态和封建、资本主义意识形态进行了批判研究,

这些研究最终推动马克思无产阶级意识形态的逐步形成。马克思的关于无产阶级意识形态的论断代表着广大人民的利益和愿望,其极具前瞻性的通过对资产阶级的丑恶现象及劣根性分析后得出社会主义才是意识形态领域的最高层,人类社会发展的终极目标是实现共同富裕。因此,我党始终坚持马克思主义指导思想来武装全党,造福人民。美国学者舒曼曾说道:"共产党、中国犹如一栋由不同的砖石砌成的大楼,她被糅合在一起站立着,而把她糅合在一起的就是意识形态和组织。"基于此,我们更要认识到意识形态的重要性,坚持中国社会主义的发展方向,坚定不移地走中国特色社会主义道路。

自进入到 21 世纪新的发展阶段以来,中国生产力有了极大的解放,经济得以迅猛发展,并积极顺应国际形势,进入到经济全球化的改革浪潮中。正如马克思所说,事物是相互联系的,世界是一个相互联系的整体。因此,经济的全球化必然会带动更多物质的全球化,如科技、信息等的全球化。全球化促进中国经济、科技等快速发展。但众所周知,事物有其两面性的,全球化趋势不仅为中国发展带来了机遇,更带来了挑战。这使中国现代化建设及发展在全球化快速发展变化、追求利益的浪潮中滋生了许多问题。如人民的贫富差距拉大、人心冷漠淡薄、崇洋媚外等,其中尤为严重的是西方意识形态思想在中国得以蔓延,一些人开始质疑原本正确的价值观,最终选择了非主流的价值评

判和行为价值准则,出现了反共、反社会主义意识形态的言论和各种恐怖袭击事件,这严重阻碍了中国特色社会主义道路的顺利进行。在这种背景下,培育及践行社会主义核心价值观就显得极为迫切和重要。

培育及践行社会主义核心价值观,能使人民群众认清并坚持主流社会主义意识形态的性质和方向,自觉抵制西方资产阶级意识形态的干扰和侵袭,积极反对西方的拜金主义及思想渗透,坚持弘扬中国的优秀传统文化,为筑就中国特色社会主义大楼添砖加瓦。同时,社会主义核心价值观的培育及践行能为社会主义意识形态提供适应新时代发展的指导,使之保持先进性、科学性和时代性,更好地强化和巩固社会主义意识形态的基础地位不动摇。

第二节　体育道德对构建社会主义核心价值观的意义

自改革开放以来,中国的市场经济体制得以逐步确立和完善。经济的大发展为中国的体育事业提供了动力和机遇的同时也带来了严峻的挑战。体育道德作为社会道德的一个重要组成部分,不仅体现在体育活动中参与者的素养上,更在一定程度上反映了国家和社会整体的道德风貌。更为重要的是,意识形态对生产实践的巨大反作用使体育道德方面的思考及建设对构建社会主义核心价值观也有着重要的意义。

一、体育道德是构建社会主义和谐社会的需要

当前,随着世界多极化和经济全球化趋势的深入发展,合作与发展已成为时代的发展潮流。一些具有市场基础的竞技体育项目进入到中国市场,使中国的体育事业有了较大发展,并随着体育事业的深入发展和国家相关政策的完善,使体育道德价值观不断深入人心,体育活动中所体现的中华体育精神已日渐成为构建社会主义和谐社会的一笔宝贵财富。但中国体育事业的发展并不是一帆风顺的。在改革开放的浪潮中,人民群众的物质生活有了明显的转变,人们的生活方式与思想观念随之也逐步发生着改变。旧有的道德价值观

受到严重冲击,不能满足当前社会发展的需要,而新的价值观正处于萌芽、成长阶段,在这个特定的时期内,人们缺少价值观的引领,新旧价值观在矛盾中更迭,从而引发了一些道德层面的危机。具体到体育领域,主要表现为:在20世纪的计划经济体制下,国家与政府参与中国体育事业发展过程的始终,坚持国家利益和荣誉高于一切,个人的利益不受重视,甚至部分参与者的生计都难以维持。然而,改革开放后,市场开始在资源配置中发挥基础性作用,国家的主导地位及利益开始逐渐弱化,个人的正当利益日益得到重视,并给予充分的保证。在竞技体育走向职业化、市场化和商业化的过程中,由于传统的体育道德价值观受到功利主义、金钱至上主义和享乐主义的冲击,而相关管理者对体育从业人员的道德价值观教育又没有给予足够的重视。因此,造成了他们在利益的驱动下偏离了公认的体育伦理道德规范,少数人利用自身优势,采取不公平手段,欺诈性地操纵体育事业的发展,如体育赛场上的"黑哨""假球"、赛场暴力等一系列体育失范现象。因此,国家为维持体育事业的可持续发展,将体育道德建设提上日程。中央和各级政府出台颁布了大量法律法规以促进和规范体育事业的良性发展,主要包括:《中华人民共和国体育法》(1995年)、《关于加强体育法制建设的决定》(1997年)、《关于加快体育俱乐部发展和加强体育俱乐部管理的意见》(1999年)、《2001—2010年体育改革与发展纲要》(2000年)、《反兴奋剂条例》(2003年)、《体育事业发展"十二五"规划》(2011年)等。用民主法治的理念保证了体育活动中的公平正义和诚信发展,促使体育活动的发展更加充满活力和安定有序,最终对促进社会主义和谐社会的发展有着重要建构意义。

众所周知,中国目前竞技体育运动员在正常退役、伤病意外导致的退役之后,只有一部分运动员可以选择职业教练、出国深造、娱乐事业等,更多的是由于文化水平低造成的择业难,个人生计难以得到保障;而另一方面,在职、在训的运动员受功利主义影响,过分追求名利而出现的体育失范行为的发生。这些都是从事体育事业的人员在从业活动中的负面行为,但也是不可忽视的一部分。因而为了体育运动员、体育事业的良性发展,在保证体育运动员退役再就业技能培训的同时,也要加强体育道德的教育,防止各种不必要的悲剧发生。

对于主要从事体育事业的运动员而言,教育、宣传、引导运动员培养体育道德的精神具有重要意义。主要表现为:发挥优秀运动员的模范带头作用,借鉴 NBA 自 1995 年以来的美国职业篮球联赛体育道德风尚奖的评选和美国网球公开赛的体育道德风尚奖的设立、评选等一系列的经验,使优秀运动员的带头作用影响一般运动员和普通社会大众。因为受"晕轮"效应的影响,优秀运动员或者说是运动明星在社会大众眼中的形象会因为其某个个体行为的执行而放大,说明在积极引导的情况下,运动明星的行为会影响普通社会大众的行为。而皮格马利翁效应告诉我们,人们往往更期待成为他们所期望的那个样子,而非想要成为的样子。当受到运动明星个体行为的激励影响时,社会大众往往会期望自己向明星看齐,自然而然的采取相应的行为动作。因而对于体育道德的培养,首先应对准运动员,尤其是运动明星,在保证基本体育道德的"底线"的基础上发挥他们的模范带头作用,积极激励普通社会大众。在社会主义核心价值观的引领下,在广大体育从业人员中间形成正确的体育道德价值观,养成良好的职业道德规范,从而促进中国体育事业健康、有序的良性发展,并为推动社会主义道德建设的积极发展发挥重要的作用。

而对于普通社会大众而言,体育道德的培养更加注重的是将体育道德的思想理念内化为社会个体的自然行为。随着社会经济的发展、生活水平的提高,人们的思想观念和生活方式发生重大变化,体育锻炼成为我们日常生活的重要组成部分。在进行体育锻炼的过程中,我们会接触不同类型的其他个体,可能会发生肢体碰撞的冲突,也可能会发生不可预知的危险。而在冲突发生之后,我们将采取什么样的态度去面对,取决于我们对事件处理的普遍认知,取决于个体内心的素质形成,也取决于体育道德在体育知识的学习过程中所占比重。体育道德教育的成功反射出的是社会大众在体育锻炼的过程中更多的体悟出一项运动所包含的体育精神、运动精神,用宽容的态度、"友谊第一、比赛第二"的精神处理问题;而相反的体育道德教育的失败则会表现为用暴力、武力解决争端,甚至发生社会极端事件。总之,在社会大众中间加强体育道德教育,培养体育道德精神,用道德约束社会大众的行为,对于社会主义和谐社会的构建同样发挥着重要作用。

二、体育道德是形成推进社会主义核心价值观落地生根的合力

培育及践行社会主义核心价值观是一项宏大的社会工程,需要社会各个方面的参与和积极配合。体育道德作为社会文化的一部分,自然要把体育道德的培养及建设融入社会主义核心价值观建设的全过程。首先,就国家层面而言,在体育活动,尤其是国家间的竞技比赛中,参赛者在考虑自身利益的同时,更应该把国家荣誉放在首位,国家的荣誉和利益应大于个人的利益。另外,在比赛过程中,要保持自身素养,坚持社会主义核心价值观的文明、和谐理念,在比赛中赛出人格和自我。其次,就社会层面来讲,国家应完善各项政策,保证参与者参赛的平等性和公正性。最后,从个人层面来看,体育活动的参与者应杜绝服用兴奋剂、违纪肇事、弄虚作假等道德失范现象的发生,保证体育的竞争秩序,遵守诚信比赛的道德规则。因此,体育道德教育从国家政策、社会引导、个人践行等多方面支撑社会社会核心价值观,形成培育及践行社会主义核心价值观的强大合力。

作为体育核心价值的重要组成部分,体育道德是社会主义核心价值观和体育具体发展相结合的结果。无论是体育从业人员,尤其是体育运动员在比赛中体现的公平、公正、公开,还是体育志愿者们助人为乐所体现出的"奉献、有爱、互助、进步",还是普通观众在体赛过程中的摇旗呐喊,在观赛氛围中感受的爱国主义精神,都足以说明体育道德与社会主义核心价值在内在含义上的高度契合。以各项体育活动为载体,注重体育活动的道德塑造和教育价值,对于社会主义核心价值观的落地生根起着强有力的推动作用。

而另一方面,中国大力提倡建设公平正义的社会,极力促进社会主义和谐社会的建设,而公平、正义正是各项体育活动的根本要义,它指导着人们通过体育锻炼,体会其中的体育精神,向着更加正义的方向前进。体育裁判的裁决仅仅与体育规则相关,无关人种、国籍、技能高低等,这也充分体现了体育面前人人平等,尊重规则,追求公平、合理。通过参与体育活动,增强团队协作能力,表达个体对团队价值的普遍认同,这也正是社会主义价值观所要努力实现的。

其次,诚如胡锦涛同志在北京奥运会、残奥会总结表彰大会上指出:"大力培育和弘扬了为国争光的爱国精神、艰苦奋斗的奉献精神、精益求精的敬业

精神、勇攀高峰的创新精神、团结协作的团队精神"。① 其中所传递的体育精神,全面细致地体现了社会主义核心价值观所倡导的富强、民主、文明、和谐、自由、平等、公正、法治、爱国、敬业、诚信、友善 24 个字,不管是在国家层面、社会层面,还是公民个人层面。在这方面的例子举不胜举,在各类奥运比赛项目上,运动健儿们表现出勇于拼搏、为国争光的意念总是那么振奋人心、令人鼓舞,这也已然成为我们中华儿女共有的精神财富,为当前的中华民族伟大复兴奠定基石,提供着源源不断的精神动力。

三、体育道德有助于深化对培育社会主义核心价值观的理论研究

首先,体育道德追溯到社会主义核心价值观的理论渊源。体育是以人为本、为了人的存在和发展而进行的身体教育活动,它不仅能够促进人的身心健康,而且能够促进人的全面发展。国家体育总局颁布的《体育事业发展"十二五"规划》明确指出:发展体育事业要"坚持以人为本、服务民生",要"把增强人民体质、提高全民族身体素质和生活质量、促进人的全面发展作为出发点和落脚点"。② 发展体育事业的最终目的是为了人民的全面提高,而体育道德建设更是为了规范体育参与者在体育活动中的失范行为,最终的目的是为人民服务,这与马克思主义指导思想一脉相承。因此,体育道德建设不仅是延续,更是对马克思主义指导思想的深化,强调为全人类谋取利益的价值取向,满足人对物质、精神财富的需求,实现人的自由全面的发展。体育道德借助社会主义核心价值观来推进体育事业的健康发展,将马克思主义理念融入体育道德建设中,坚持体育运动的公平与正义,最终求得人性的回归与解放,极大地丰富和发展了社会主义核心价值观的内涵,坚定了中国特色社会主义道路。

其次,体育道德继承和弘扬了中国优秀传统文化。中国体育道德建设内含了文明、和谐、公正、法治、爱国等中国优秀传统文化中合理的价值观念,进一步深化了对社会主义价值观的认识。如就"和谐"这一观念来说,其是中国

---

① 胡锦涛:《在北京奥运会、残奥会总结表彰大会上的讲话》,新华网,2008 年 9 月 30 日。
② 国家体育总局:《体育事业发展"十二五"规划》,《中国体育报》2014 年 4 月 1 日。

古代多少平凡百姓和能人志士的价值追求,古人一方面讲求"人法地,地法天,天法道,道法自然",执着于人与自然的和谐相处,另一方面追求"老吾老以及人之老,幼吾幼以及人之幼"的大同社会,崇尚人与人之间的和谐状态。因此,可以说体育活动是人与自然界、人与人的和谐相处的一个媒介。体育道德中力主和谐不仅仅是为促进体育事业的良好发展,更是培育及践行社会主义核心价值观和建设和谐社会的必然要求。国家重视体育道德建设并借助相关法律来增强人们的"和谐"观念,使体育活动在和谐愉悦的氛围中进行,这不仅有利于体育事业的繁荣发展,更有助于社会主义核心价值观的深入落实。

因此,体育道德及其建设对社会主义核心价值观的培育及践行有着巨大的反作用力,会进一步推动社会主义核心价值观的贯彻与落实。同时,体育道德建设是中国体育事业持续发展之不竭动力,对促进中国体育事业健康、有序的良性发展和加强社会主义道德建设有着重要作用,并将推动构建社会主义和谐社会的总进程,最终实现中华民族的伟大复兴。

第三节　体育道德建设与社会主义核心价值体系

习近平总书记在中央政治局第十三次集体学习时强调,把培育和弘扬社会主义核心价值观作为凝魂聚气、强基固本的基础工程,继承和发扬中华优秀传统文化和传统美德,广泛开展社会主义核心价值观宣传教育,积极引导人们讲道德、尊道德、守道德,追求高尚的道德理想,不断夯实中国特色社会主义的思想道德基础。强调社会主义核心价值观要贯彻落实到人民群众生活的方方面面。体育道德及其建设作为社会道德建设的重要环节,对构建社会主义核心价值观起着重要的推动作用。体育道德从来就不是作为一个独立体而存在,它与公民道德、社会主义核心价值观相互影响、相互渗透、相互促进,对促进体育事业的良好健康发展和建设社会主义核心价值观以及最终实现社会主义精神文明建设有着重要的现实意义。

一、体育道德与公民道德

公民道德不同于法律,它是人们共同生活及行为所约定俗成的准则与规范,不受法律的限制与约束,主要依靠大众舆论、风俗习惯等特有形式来引导,经过人民群众长期的生活实践而形成。其积极引导社会公民追求至善至美,用道德手段来判定是非善恶,指导和纠正人们的行为,使人与人、人与社会之间的关系趋于完善与和谐。公民道德涵盖了社会生活的各个领域,适用于不同社会群体,是每一个公民都应该遵守的行为准则。

体育道德作为公民道德的一部分,其既是职业的,更是全民的。2008年北京奥运会之后体育已成为一场全民共享的盛宴,可随之而来的道德失范问题也日渐增多。第一,就裁判员来讲,弄虚作假、营私舞弊等现象层出不穷,易受经济利诱、人情干扰等因素的影响,从而影响竞赛的公平。第二,运动员自身心理容易受到社会经济利益的影响,崇尚金钱至上,被利益蒙蔽了双眼,才会出现使用兴奋剂、金钱交易换取比赛结果等现象屡禁不止。第三,就人民大众而言,他们在进行一些体育活动的时候容易忽略别人的感受,甚至影响其他人的身心健康,最终产生不必要的冲突。如近几年来风靡全国的广场舞,人们跳广场舞也是为了使身体健康,心情愉悦。可是,有时他们在公共场所跳舞就会影响其他人的工作生活,甚至产生冲突,这也是一种道德失范现象。尤其是冬奥会成功申办以来,国家更是以冬奥会为契机,掀起全民健身活动的新高潮。这种举世瞩目的奥林匹克运动对公民有更高的道德要求和标准。首先,需要继续坚持集体主义的价值导向,不能任凭竞技体育商业化的特点而动摇应有的价值取向。其次,需要正确理解敬业奉献的含义,正确处理利益与奉献之间的关系。最后,需要公民继承优良传统和弘扬时代精神,在享有个人的合法权益时要承担相应的社会责任。由此可见,体育道德虽然只是公民道德的一部分,却对公民道德中的爱国守法,明礼诚信,团结友善,勤俭自强,敬业奉献有着重要的培育作用。通过体育道德建设不断完善公民道德建设,并使其日益得到深化和拓展。这对弘扬民族精神和时代精神,发扬中华民族传统美德,形成良好的社会道德风尚,使得物质文明与精神文明建设齐头并进,全面推进建设和谐社会的总体进程,具有十分重要的意义。

二、社会主义核心价值体系中的体育道德建设

"富强、民主、文明、和谐、自由、平等、公正、法治、爱国、敬业、诚信、友善" 24字社会主义核心价值观深刻揭示了社会主义核心价值体系的根本性质和基本特征，国家要求社会主义核心价值观要在全社会范围内培育和践行，是实现中华民族伟大复兴，实现"中国梦"的重要举措。习近平总书记在强调社会主义核心价值观建设时曾指出：一种价值观要真正发挥作用，必须融入社会生活，让人们在实践中感知它、领悟它。要注意把我们所提倡的与人们日常生活紧密联系起来，在落细、落小、落实上下工夫。体育运动作为人民群众平常生活的一部分，其相关价值观念的建设对社会主义核心价值观的培育及践行有着重要的推动作用。

首先，从国家层面入手，体育道德建设坚持依法治体和以德治体相结合，以实现体育事业的健康发展为出发点，改善一系列道德失范现象，提高全民族的思想道德素质，促进良好道德风尚的形成。体育道德建设对解决体育运动中存在的各种矛盾和冲突具有重要的指引作用。除此之外，从竞技体育到全民运动是国家经济和制度发展逐步深入的过程，体育道德的逐步建设已明显地体现出全面发展的倾向。精神文明正在更高的阶段演进，终将在实现中华民族伟大复兴中国梦的进程中留下浓墨重彩的一笔。

其次，进入到社会层面，体育活动虽不是社会发展的核心，却与社会主义核心价值观的培育及践行、和谐社会的全面建成息息相关。中国对体育发展过程中存在的公正偏离、平等失衡等问题予以理性思考和实践指引。积极顺应中国体育发展之情势，积极建构体育公平机制和推进体育平等观念。对体育领域中存在的公平缺失现象给予合理的解释和政策纠正，力求用法律制度来实现体育领域的自由、平等及公正。体育事业的健康发展将日益完善马克思主义指导思想和中国特色社会主义共同理想，充分继承和发展中华民族的优良传统，最终促进社会主义核心价值观的培育及践行。

最后，具体到个人层面，体育事业的发展是由众多的个体组成，如裁判员、教练员、运动员以及千千万万个热爱体育运动的人民群众。就竞技体育来说，一些职业运动员在比赛中已经与"善"背离，使体育活动中充斥着金钱主义和商业化气息，同时运动员使用兴奋剂之风也愈演愈烈，以这种方式来赢取比赛

并不是爱国和敬业的表现,而是以爱国为幌子和筹码来满足自己的私欲,同时体育的商业化不仅攻破了一些运动员的心理防线,更对不少裁判员进行了攻城略地的腐蚀,他们为了一己私利而行贿受贿、徇私舞弊,在比赛中还时常伴有狭隘的地方主义,严重阻碍着中国体育事业的健康发展。因此,为保证体育的纯洁性,体育道德建设是极其必要和紧要的。加强体育道德建设是对改善目前体育道德缺失现状,力争使体育事业健康良好发展的理性价值诉求。体育道德建设注重转变参与者的比赛观念,使其养成正确的体育理念和良知,时刻监督和约束自己的道德及行为,在比赛中以真正的诚信与友善去赢得比赛的胜利才不失为真正的爱国。体育道德建设使参与主义树立起正确的体育道德观念,使竞技体育和全民运动在新形势下具有更美好的发展愿景,并且在全民健身的契机下促进社会主义核心价值观得以全面而深入的贯彻与落实。

因此,体育道德立足弘扬民族优秀传统文化与传统美德,把体育道德融入文化建设中,成为当代文化生活中的一种重要的"无形资产",对于公民道德的培养、社会主义核心价值观的实现和构建有着重要的推动和促进作用,在社会主义核心价值体系中占据举足轻重的地位,对深化社会主义精神文明建设具有重要的现实意义。

第四节 以社会主义核心价值观
引领体育道德建设

体育道德建设是一项长期坚持不懈的任务,抓住机遇,审时度势,以适应社会发展需要为根本,做好对优秀成果的传承与发展,全面提升体育道德建设水平。社会主义市场经济的到来,既为中国体育道德建设带来了全新的发展机遇,又使其面临着严峻的挑战。中国体育道德建设当前所面临着来自社会道德环境的消极影响、体育自身发展水平较低、体育从业人员的人文素养较差、体育法律法规建设不完善等诸多问题,上述因素对体育道德失范现象的形成有着不可摆脱的干系。而党的十八大确立的社会主义核心价值观,以及中共中央办公厅印发的《关于培育和践行社会主义核心价值观的意见》,与国家体育总局《关于加强体育道德建设的意见》,均为中国当前的体育道德建设指出了明确的方向,提供了具体的指导。以社会主义核心价值观引领体育道德建设是时代所需,只有在社会主义核心价值观的引领下,统一道德建设才更具有实效性。

一、体育道德价值观的建构要以马克思主义思想为指导,坚持中国特色社会主义共同理想

体育道德建设,要以马克思主义思想为指导,坚持中国特色社会主义共同理想。首先,要明确体育发展的目的与标准是人,要把人视作为体育事业工作的根本出发点;其次,使体育的发展是为了人的尊严和利益,应优先重视运动员的尊严和人性。① 在新时期,我们应该依据市场经济体制和体育事业健康发展的客观要求,以社会主义核心价值体系为指导,"坚持以人为本,尊重群众主体地位,关注人们利益诉求和价值愿望",既要承认价值取向多元化的现实合理性,又要强化社会主义核心价值体系的主导性;既要倡导建立和形成全社会统一的一元价值取向,也要注意兼顾和满足不同利益主体的不同价值取向需求,使二者有机结合起来,努力构建一种富有时代特征的体育价值观导向体系。②

体育道德价值观的形成不是短时间内可以完成的,它必须经历长期的社会化与体育参与者的内化过程才能逐步体现于体育活动中。具体而言,体育道德价值观的形成与培育,离不开相应的体育道德规范来体现并践行它。为此,国家体育总局在《关于加强体育道德建设的意见》中,就对运动员、教练员、裁判员、体育管理者、体育科技工作者和体育教育工作者提出了与社会主义市场经济相适应、与中华民族传统美德相承接、与公民基本道德规范相融合的体育职业道德规范,来具体指导体育活动参与者的体育行为,以促使新时期

---

① 于英、戴红磊:《体育道德失范的表现及伦理救援》,《体育学刊》2013 年第 20 卷第 3 期,第 33—36 页。

② 林锋、宋君毅:《社会转型期我国竞技体育道德的失范与重建》,《搏击(体育论坛)》2012 年第 4 卷第 1 期,第 6—8 页。

的体育道德价值观内化为他们的体育道德素养。①

二、以民族精神和时代精神为指引，将教育与实践相结合，增强体育道德教育的实效性

良好的体育道德价值观和职业道德规范，需要通过恰当的体育道德教育传输给体育从业人员的思想意识中，内化为自觉自愿的道德信念与良知，以民族精神和时代精神为指引，从而使体育道德价值观与体育道德规范成为其内在的约束力和推动力，真正发挥体育道德在体育活动中的有效作用。正是基于此，当前的体育道德教育必须及时更新和改革自身的内容与方式，以适应新时期的需要。首先，在德育内容方面，在宣扬传统道德价值观的同时，应更多地弘扬与市场经济条件相适宜的价值观，对体育从业人员进行正当的竞争观、义利观、荣辱观、公私观、胜负观、苦乐观和金钱观的教育，使其树立正确的体育道德价值观，自觉规范自身的体育行为。其次，在德育方式上，要摒弃传统的形式主义说教，将理论教育与实践活动相结合，增强体育道德教育的针对性和实效性。如何培育和践行社会主义核心价值观，为我们提供了这方面的一些有益启发与参考。《关于培育和践行社会主义核心价值观的意见》明确指出，一方面，要将培育和践行社会主义核心价值观融入国民教育的全过程，形成课堂教学、社会实践、校园文化多位一体的育人机制，推动社会主义核心价值观进教材、进课堂、进学生头脑；另一方面，要广泛开展涵养社会主义核心价值观的实践活动，推动社会主义核心价值观进入人们的日常生活，从而形成修身律己、崇德向善、礼让宽容的良好社会风尚。②

三、树立社会主义荣辱观，坚持依法治体和以德治体相结合，实现体育事业的健康发展

培育和践行社会主义核心价值观，需要树立社会主义荣辱观，以法律法规

---

① 国家体育总局：《关于加强体育道德建设的意见》，2002 年 11 月 18 日。
② 中共中央办公厅：《关于培育和践行社会主义核心价值观的意见》，《人民日报》2013 年12 月 24 日。

为保证。因为只有树立社会主义荣辱观，才能增强自身培育与践行社会主义核心价值观的主体意识，从根本上发挥作用；只有把社会主义核心价值观与法律法规相互结合，才能借助相关法律的权威增强人们培育和践行社会主义核心价值观的自觉性，在一定程度上以一种强制性的手段将社会主义核心价值观贯彻到依法治国、依法执政、依法行政的实践中。新时期体育道德价值观和职业道德规范的推广与普及，同样也需要完善的体育法律法规为其提供强有力的保障。凡体育道德坚持和倡导的行为，应当从体育法规制度上予以支持、鼓励和保证；凡是违背体育道德的行为，要善于运用体育法规制度进行约束。① 事实上，体育道德与体育法作为体育领域的两种重要规范机制，其价值取向和最终目的是一致的，二者相辅相成，共同发挥作用，都是为了维护体育活动的正常秩序，促进体育事业的良性发展。当然，体育道德与体育法也存在诸多差异，二者是不可替代的。只有建构与社会主义市场经济相符合、与体育事业新发展相一致的体育道德和体育法律法规，自律与他律相结合，才能惩恶扬善，逐步杜绝体育道德失范现象的发生。这就要求我们在加强体育道德建设的同时，不仅要完善现有的体育法律法规，还要制定一些新的合时宜的体育法律法规，从而真正实现依法治体与以德治体的有机结合。

总之，在社会主义核心价值观的引领下，通过体育道德和体育法律法规建设同步发展，广大体育从业人员一定能够形成正确的体育道德价值观，养成良好的职业道德规范，从而促进中国体育事业健康、有序地发展，并为推动社会主义道德建设的积极发展发挥重要的作用。

---

① 国家体育总局：《关于加强体育道德建设的意见》，2002 年 11 月 18 日。

第六章　体育道德建设的畅想与展望

　　道德作为一种影响社会生产力的精神力量,通过调整人们之间的关系来维护社会秩序和稳定,同时对经济基础产生一定的反作用。中国是拥有五千年灿烂文明的古老国家,"太上立德"是两千多年前的先秦儒家就高度认同的个体人生诉求,这种以德为先的思想影响了华夏几千年。体育道德作为社会道德的一个方面,在促进体育事业发展中起到了不可忽视的作用。中国一向都很重视体育道德建设,将体育道德的发展作为体育事业发展的一个重要环节,不断努力创新,力图培养出大量德才兼备,成绩一流的运动员,从而巩固中国的体育强国地位。

第一节　国家政策的大力支持

　　纵观全球,现代各国的体育事业大都有国家层面的管理组织机构,通过政府投资、政策制定、日常事务管理、体育赛事申办等方式促进体育事业的发展。作为现代综合性竞技体育运动盛会的奥运会则是最能显示国家对体育事业的调控管理的舞台,在今天,奥运会已经成为全球各国体育竞技的重要场所。国家对于奥运会的重视,一方面固然不乏政治、经济乃至文化交流等方面的考虑,但同时,奥运会在某种程度上本身已经成为竞技体育,乃至整个现代体育事业的一个重要的缩影。对于奥运会的重视,其实也就是国家层面对于体育事业的态度、调控方法、方式的重要表现。从体育道德的建设而言,国家层面的关注和支撑,自然是不可忽视的一种力量,在公有制的社会主义国家,国家在资源调配、文化宣传组织方面更具有不可替代的作用,国家对于道德建设的意义和价值就更显得重要和直接。而在道德内涵方面,国家性质的影响更为直接。

现代体育事业的发展与奥林匹克运动会的开展是密不可分的,古代奥运会"必须寻求一种特殊的社会力量的支持,这就是有信仰的具有一定组织形式的社会群体,其模式便是宗教"。顾拜旦在创立奥林匹克运动会之初就充分考虑到了这一点,他设想奥林匹克运动会的宗旨是世界性的,没有歧视的,民主的,公平竞争的人类共同理想。"运动员可以在他们自己国家的旗帜前,同时也面对其他国家的旗帜庄严宣誓。"[①]他将古代奥运会的宗教精神与现代奥运会的爱国主义精神结合在一起,产生了现代奥林匹克运动精神。与脱胎于宗教的早期现代奥运会精神相比,中国是人民民主专政的社会主义国家,坚持马列主义,毛泽东思想,邓小平理论,三个代表重要思想以及科学发展观,尊重宗教信仰自由,坚持"无神论"。所以形成了中国特有的体育道德标准:中国体育运动以增强人民体质,力争在世界体坛赢得荣誉为宗旨。它的基本道德规范是:热爱体育事业,勇攀世界高峰;刻苦训练,钻研技术;不伤对手,公平竞争,尊重裁判;对教练工作认真负责,做好日常训练、临场指挥和赛后总结;裁判执法公正等。

一、十八大精神与体育道德建设

道德是人类社会在漫长的历史进化中衍生出来的一套处理人与人、个体与集体、个人与社会之间关系的一整套的意识形态系统,在相当的意义上,在我们所了解的世界中,道德是属人的,也即只有人类社会才拥有道德体系。道德不仅关乎个体的气质、精神,同样关乎社会文化取向,关乎国家形象,并通过这些,同政治、文化、法律等因素一道实质的影响人类社会的生产力和经济基础。也正由于此,构建怎样的社会道德,如何形成时代的"核心价值观",已经成为现代国家不约而同的关注焦点。

党的十八大报告重点阐述了社会主义核心价值观的基本内容,并将之概

---

① 顾拜旦:《现代奥林匹克精神的初创宗旨》,《体育与科学》1990 年第 2 期,第 10—11 页。

括为:"富强、民主、文明、和谐、自由、平等、公正、法治、爱国、敬业、诚信、友善"这二十四个字。2014年2月,新一届中共中央政治局第十三次集体学习就将培育和弘扬社会主义核心价值观、弘扬中华传统美德列为专项。

习近平同志在中央政治局第十三次集体学习时指出:"历史和现实都表明,构建具有强大感召力的核心价值观,关系社会和谐稳定,关系国家长治久安。"不难发现,对道德的重视,将道德建设视作"基础工程",是以习近平同志为核心的党中央领导集体的共同选择。道德建设不是软性、柔性的,而直接的就是关系国家命运、走向的基础。

2014年9月26日,习近平同志会见第四届全国道德模范及提名奖获得者,并发表讲话,他指出:精神的力量是无穷的,道德的力量也是无穷的……自强不息、厚德载物的思想,支撑着中华民族生生不息、薪火相传,今天依然是我们推进改革开放和社会主义现代化建设的强大精神力量。当前,全国各族人民正在为实现中华民族伟大复兴的中国梦而奋斗。我们要按照党的十八大提出的培育和践行社会主义核心价值观的要求,高度重视和切实加强道德建设,推进社会公德、职业道德、家庭美德、个人品德教育,倡导爱国、敬业、诚信、友善等基本道德规范,培育知荣辱、讲正气、作奉献、促和谐的良好风尚。刘云山在座谈会上说:道德是社会关系的基石,是人际和谐的基础,要始终把弘扬中华民族传统美德、加强社会主义思想道德建设作为极为重要的战略任务来抓,为实现中华民族伟大复兴的中国梦提供强大精神力量和有力道德支撑。①

2015年10月13日,第五届全国道德模范座谈会在京召开,习近平同志作出重要批示,向受表彰的全国道德模范致以热烈祝贺和崇高敬意,习近平指出,隆重表彰全国道德模范,对展示社会主义思想道德建设的丰硕成果,彰显中华民族昂扬向上的精神风貌,凝聚全国各族人民团结奋进的力量,具有重要意义。他强调,道德模范是道德实践的榜样。要深入开展宣传学习活动,创新形式、注重实效,把道德模范的榜样力量转化为亿万群众的生动实践,在全社会形成崇德向善、见贤思齐、德行天下的浓厚氛围。要持续深化社会主义思想道德建设,弘扬中华传统美德,弘扬时代新风,用社会主义核心价值观凝魂聚

---

① 《崇德向善　明德惟馨》,《人民日报海外版》2013年9月27日。

力,构筑中国精神、中国价值、中国力量,为中国特色社会主义事业提供源源不断的精神动力和道德滋养。①

如果说,两次道德模范表彰活动的高规格,彰显出党和国家对于道德建设工作的重视,那么,习近平同志的讲话则清晰而准确地阐明了道德建设对于党的事业,对于社会主义现代化建设,对于民族复兴,对于"中国梦"的实现等宏观叙事的基础性意义。体育道德作为社会道德的有机组成部分,不仅关乎体育从业者自身的风神气度,同样直接关乎社会主义道德体系建设的兴衰成败。

其实,早在2002年,国家体育总局就明确提出了《关于加强体育道德建设的意见》,其中讲道:加强体育道德建设是发展先进文化和社会主义思想道德建设的必然要求,是保证体育事业健康发展的客观要求,是开创体育工作新局面的客观要求。

此后,为贯彻执行意见内容,体育总局陆续出台了一系列政策和法律法规,对体育竞技比赛中可能出现的违反职业道德的行为进行了规范。并在资金和人力上给予了极大的支持,加强运动员以及其他体育工作者的体育道德教育,从根本上为体育工作者确立公平公正的竞技理念,以及职业道德至上的思想原则。对违背体育道德的行为进行严肃处理,情节严重者追究其法律责任。经过十多年的发展,中国的体育道德建设工作取得了明显作用,体育工作者的体育道德水平有了明显改观,随着道德水平的提高,一定程度上促进了中国体育竞技能力的不断增强,客观上推动了中国体育事业的蓬勃发展。

但是,对于我国体育事业的整体发展,以习近平同志为总书记的中央领导集体是有着清醒的认识的。2014年2月,习近平同志在看望索契冬奥会中国体育代表团时发表讲话。在讲话中,习近平同志提出了"我们每个人的梦想、体育强国梦都与中国梦紧密相连"的重要命题。他强调,长期以来,我国体育取得了长足发展,在一些项目上长期保持优势,增光添彩,在冰雪等一些项目上取得了突破,可喜可贺。同时,我们也要看到,在一些人民群众十分关注的项目上,同国际先进水平相比,我们还有不小差距。② "体育强国"依然是我们

---

① 《习近平对全国道德模范表彰活动做出重要批示》,新华网,2015年10月13日,http://news.xinhuanet.com/politics/2015-10/13/c_1116812676.htm。
② 《个人梦体育强国梦中国梦紧密相连》,《解放日报》2014年2月8日。

需要为之奋斗的目标。

而对于体育强国的理解,习近平同样有着精辟的说明。2013 年,习近平同志在沈阳会见了出席全国群众体育先进单位和先进个人表彰会、全国体育系统先进集体和先进工作者代表,并发表讲话。在讲话中,习近平高度肯定了体育运动对于"全面建成小康社会"的重要意义,他强调,全民健身是全体人民增强体魄、健康生活的基础和保障,人民身体健康是全面建成小康社会的重要内涵,是每一个人成长和实现幸福生活的重要基础。我们要广泛开展全民健身运动,促进群众体育和竞技体育全面发展。各级党委和政府要高度重视体育工作,把体育工作放在重要位置,切实抓紧抓好。①

就此,我们可以较为清晰地得出一个结论:全民健身、群众体育同竞技体育作为"体育工作"的有机整体,已经是一个得到全社会认同的基本共识,并且已经成为党委、政府制定相关方针、政策的基本出发点。这一点的确认看似平淡无奇,实则干系重大。众所周知,迄今为止,我国的体育,特别是竞技体育领域,在人才培养、赛制模式等方面,举国体制还是一个基本的特性。这一机制的优势和不足学界乃至政治领域关注甚多,论述极多,此处不再赘述。但这种机制意味着国家、政府在相当程度上具有影响甚至左右体育事业发展方向、规模、特质的巨大力量。而由于一系列可以想到的原因,政府对于竞技体育的投入,特别是重点项目(如三大球)以及全国(全运会)、国际性(奥运会)赛事给予了包括但不陷入高额资金经济投入在内的高度的重视,但除此之外的体育项目和领域,就显得捉襟见肘。应当承认,21 世纪以来,以全民健身为核心的群众体育事业已经获得了长足的发展,举国体制自身在应对不同情况、局面时也在不断调整。对这些问题的追问和梳理并非本书的题旨,但对本书而言,指出这一切并非毫无意义。

体育不仅仅是职业运动员、职业联赛的从业人员的事,自然,体育道德的主体也就不可能仅仅是涵盖上述人员,而是覆盖全体公民。在这个意义上说,体育道德不仅仅是道德在体育领域的体现,同时也是每一个个体的道德系统

---

① 《习近平:发展体育运动增强人民体质,促进群众体育和竞技体育全面发展》,《人民日报》2013 年 9 月 1 日。

中的有机组成。换句话说,体育道德不仅仅是整个道德范畴中的一部分,从主体而言,体育道德同道德是一致的,只要参与体育活动,只要受道德的制约,也就必然的具有体育道德。

既然如此,那么体育道德又该将如何架构呢? 其实,习近平同志的讲话中已经为体育道德建设指出了一条颇具实践性的道路。在会见第五次全国道德模范代表时,习近平强调,道德模范是道德实践的榜样。要深入开展宣传学习活动,创新形式、注重实效,把道德模范的榜样力量转化为亿万群众的生动实践,在全社会形成崇德向善、见贤思齐、德行天下的浓厚氛围。道德如此,体育道德亦复如是,要在全社会树立起一批堪为体育道德模范的个人和集体。在国内各大型体育赛事中,虽然存在着体育道德风尚奖的设置,但客观而言,这一奖项往往沦为"聊胜于无"的鸡肋。强化道德风尚奖,将体育道德风尚列为体育赛事综合评选的重要指标,甚至"乱世用重典",在体育道德风尚存在争议甚至被认定为有损体育道德的个人和集体,可以采取降分甚至取消资格、成绩的策略。加大对体育道德模范的宣传,把体育道德模范的榜样力量转化为万千体育从业人员,乃至亿万群众的生动实践。不失为一条有效的途径。

2014 年 5 月,习近平同志在河南考察时指出,事靠人为,事在人为。建设一支德才兼备的高素质执政骨干队伍,是我们事业成功的根本保证。面对纷繁复杂的社会现实,党员干部特别是领导干部务必把加强道德修养作为十分重要的人生必修课,自觉从中华优秀传统文化中汲取营养,老老实实向人民群众学习,时时处处见贤思齐,以严格标准加强自律、接受他律,努力以道德的力量去赢得人心、赢得事业成就。各级党组织要加强对党员干部的教育、管理、监督,用好选人用人考德这根杠杆,引导党员干部堂堂正正做人、老老实实干事、清清白白为官。①

这一重要论述其实同样适用于体育领域,当然,要指出的是,体育事业的管理人员要加强道德修养,在体育领域要打造一支以体育道德模范为代表的、具有高度体育道德修养的骨干队伍,"事靠人为,事在人为",通过努力,良好的体育道德风尚的形成绝非不可想象。

---

① 《习近平视察河南:党员干部要用道德赢人心》,《京华时报》2014 年 5 月 10 日。

二、"十三五"规划与体育道德建设

2016年,《中华人民共和国国民经济和社会发展第十三个五年规划纲要》(下文简称《纲要》)正式出台,值得注意的是,《纲要》就文化、道德这些"软实力"的建设提出了一系列颇为精当的表述:"国民素质和社会文明程度显著提高。中国梦和社会主义核心价值观更加深入人心,爱国主义、集体主义、社会主义思想广泛弘扬,向上向善、诚信互助的社会风尚更加浓厚,国民思想道德素质、科学文化素质、健康素质明显提高,全社会法治意识不断增强。公共文化服务体系基本建成,文化产业成为国民经济支柱性产业。中华文化影响持续扩大。"被列为《纲要》的七大目标之一。在这一表述中,"思想道德素养""健康素质"同"科学文化素质"共同列为"国民素质"的基本内涵。

可以说,体育道德是"思想道德素养""健康素质"交叉融合的结果,国民健康素质的提升,除了医疗、卫生领域的提升,同样离不开包括群众体育、学校体育乃至竞技体育的发展。此外,更为直接的是,《纲要》在道德问题上有着更为明确和直接的界定:要提升国民文明素质,以社会主义核心价值观为引领,加强思想道德建设和社会诚信建设,弘扬中华传统美德和时代新风,倡导科学精神和人文精神,全面提高国民素质和社会文明程度。培育和践行社会主义核心价值观,推进哲学社会科学创新,传承发展优秀传统文化,深化群众性精神文明创建活动。

前文已经指出,体育道德不仅仅是道德在体育领域的体现,同时也是每一个个体的道德系统中的有机组成。在这个意义上,体育道德自身必然的从属地位,与同时代的道德诉求有其高度的一致性。换句话说,《纲要》对道德问题的诉求本身就内在地包含着对于体育道德建设的需求。这不仅仅是因为,体育道德本身就是构成"国民文明素质""社会文明程度"的重要构成要件,同时也是社会主义核心价值观的有机构成。

从某种意义上说更为重要的是《纲要》明确提出要"深化群众性的精神文明活动",体育活动在群众性的精神文明活动中具有重要的地位。从体育的本意而言,physical education 意义上的"体育"自身即内在的包含"教育"的含义,教育自身同样包含着群众性、精神性的内在含义,而从 sport 意义上来审视"体育"的话,《柯林斯英汉双解大词典》对于 sport 的解释是"Sports are games such as football and basketball and other competitive leisure activities which need physical effort and skill",直译过来大概是说:体育是例如足球、篮球和其他需要身体努力和技巧的有竞争性的闲暇的运动,"competitive leisure activities"是sport 的内在属性,而竞争、闲暇、运动这几个关键词其实莫不与群众性、精神性相关。姑且不论竞技体育和群众体育项目天然具有的群众性,即便从这个意义上说,群众性也构成了体育的一个根本属性。

包括体育在内的群众性精神文化活动同"哲学社会科学""优秀传统文化"一道成为"培育和践行社会主义核心价值观"的重要方式和手段。就道德而言,固然,学术的研讨,理论的突破,对于时代道德文化的形成、塑造乃至引领有着积极的价值,但是,一个社会、一个人的道德观念的形成不可能脱离实践,不可能脱离群众,这是由道德的非强制性的概念内在规定了的。道德准则不是抽象的概念法则,不是空洞的语录号召,道德就体现在人与人之间的交往、行为、实践之中。体育道德亦复如是。

此外,《纲要》中"广泛开展全民健身运动"列为专节,其内容包括:"实施全民健身战略。发展体育事业,加强群众健身活动场地和设施建设,推行公共体育设施免费或低收费开放。实施青少年体育活动促进计划,培育青少年体育爱好和运动技能,推广普及足球、篮球、排球、冰雪等运动,完善青少年体质健康监测体系。发展群众健身休闲项目,鼓励实行工间健身制度,实行科学健身指导。促进群众体育与竞技体育全面协调发展。鼓励社会力量发展体育产业。做好北京 2022 年冬季奥运会筹办工作。"体育道德的提法虽然没有出现在这段文字中,但值得注意的是,《纲要》提出要将群众体育和竞技体育"全面协调发展",同时"鼓励社会力量发展体育产业"。这意味着《纲要》为十三五期间体育产业的整体提升和群众体育的全面拓展作出了规划,而这些活动的发展过程中,如果体育道德缺失,不仅影响思想道德素质的提升,更将对体育事业本身产生巨大的负面影响。可以说,体育道德的提法虽然没有出现在《纲要》之中,但体育道德建设的必要性和迫切性已经内在地包含于纲要之中。

在我们看来,《纲要》对于"实施全民健身战略",虽然没有明确提到体育道德的提法,但是,在我们看来,"全民健身"的"身"不能仅仅理解为"身体"(body),同样具有精神层面的含义。简言之,身体不仅仅是生物学意义上的体质,同样"全民健身"的目的不仅仅是让全民有一个健康的身体,同时,或许更为重要的是,通过这个健康的身体,拥有一个健康、向上的生活态度、精神面貌,而所有这些综合起来,才是真正意义上的"全民健身"。

除了政策的支持和约束以外,还要加强体育道德教育,德育是学校教育的灵魂,它渗透于各科教学。体育教学与德育的关系又有它的特别优势。因此在体育教学中德育的渗透显得尤为重要,它彰显了一个人的爱国主义情感、集体主义情感和个人的思想道德品质等。它是中国学校体育的目标要求,能够从根本上克服现实体育竞技中出现的不文明、不道德现象的新要求,彰显奥运精神和宗旨。

在加强体育道德教育的同时,也应加大体育道德的法制建设。在道德教育的基础上强化体育道德法制,才能更有效地弘扬体育道德,保障体育道德规范的实施,巩固体育道德教育的成果。因而,加强体育道德的制度和法规建设是体育道德制度保障的关键。在国家的大力支持下,中国的体育法制建设将取得重大的进展和成就,与国家整体的法治进程的需要相匹配,体育立法将更加完善,良好地解决滞后问题,实现各方面体育工作的法制管理和全国各个地方的体育法制建设的发展平衡,为中国体育事业的进一步发展贡献力量。

第二节　社会公众与大众传媒

2011年冬奥会短道速滑四金得主王濛打架,2008年国家篮球队主力王治郅斗殴,2014年奥运会游泳冠军孙杨酒驾。近年来体育明星违法的事件屡有发生,引起了社会的广泛关注,对于体育道德的质问和要求越来越高,出于对平等、公平的体育竞技的不断追求,加强体育道德建设的呼声也越来越高,而这种公众的参与和重视在很大程度上也对运动员的行为起到了监督作用。这也是体育事业组织社会化、支持社会化和导向社会化不断加强的表现和结果,是全民参与体育事业所产生的积极作用,很大程度上保障了体育赛事的公平公正。

大众传媒的发展日新月异,在带来丰富的资讯、快捷的沟通的同时,大众传媒本身也是一柄双刃剑。电子媒介时代,影像传媒深入至体育赛事的介绍、转播、直播,这种以影像为媒介的传播方式极大地改变了纸质和广播传媒时代间接"想象"体育现场的信息隔断,虽然电子传媒同样会通过镜头剪辑、机位移动等技术手段,甚至用艺术准则对体育现场进行筛选、加工,但比之于传统媒介,其对于现场的还原程度是空前的,电子传媒在推广和普及体育运动,扩大体育的影响、传播体育知识乃至基本体育道德准则等方面所发挥的重要作用不容低估。

举例而言,在一些诸如网球、斯诺克等源于西方的体育赛事中,由于这些赛事自身具有一些源自传统而形成的特有的礼仪,对于这些礼仪的遵守本身就是体育道德的一种内在要求,而由于种种历史和文化的原因,这些外在于竞技本身的礼仪往往不被普通爱好者所熟知,尽管传统媒体也可以通过文字、语音的形式来介绍相关的知识,但所有这些永远比不上在真正欣赏比赛过程中现场的直观感受,而当这种直观呈现再配以专家的点评,就使得观众对于体育赛事自身所负载的道德价值信息的领会要深刻和完整的多。

但是,电子媒体除了为体育文化传播乃至于对体育道德塑造产生深刻的良性影响之外,还需警醒的是,电子传媒中的体育新闻、体育节目已经出现了一种较为普遍的"娱乐化"倾向,所谓娱乐化,大略可以从广义、狭义两个层面来理解:"一是关于内容偏软的赛事花边、人物故事、明星绯闻、趣味体育的狭义概念;二是对体育报道的传统外延进行延伸,着重于对与体育相关的人、故事、文化、精神的传播挖掘。在表现形式上,强调故事性、情节性、趣味性;在内容上,强调文化和娱乐含量;在传播符号的运用上,抛弃新闻八股文,追求语言符号的轻松诙谐,突出面部表情、肢体语言等非语言符号的夸张、软化和娱乐特征。这是广义概念。"

这一转化自然有其内在的合理性,但与此同时,对于"趣味"的热衷,对于"娱乐"的过分凸显,却也带来了一些不无危险的尴尬。作为现代传播学的重要代表人物,麦克卢汉曾经提出"媒介即信息"这一著名的理论。媒介并不仅仅是信息的承载者,媒介自身就构成信息,甚至媒介本身才是真正有意义的信息,媒介将"影响我们理解和思考的习惯"。关于这一点,已经成为当代传播学的基础知识,无须作出太多的说明。但此外,麦克卢汉还有另一个知名度略逊的观点:"媒介即按摩。"(the medium is massage)麦克卢汉巧妙地将 message 置换为 massage 这个看似文字游戏的更改却包含了麦氏对于媒介的深刻反思。恰如同名著作的策划人阿尔吉所言,所以取名为按摩,暗示"媒介不是中性的东西,它拽住人,摩擦人的肌肤,按摩人的肉体,把人撞击得团团转"。"享受媒介就同享受按摩。大众在享受按摩的过程中,被大众传播媒介没收了一样最宝贵的东西——大众中每个人的自我,即人性。"①初听起来似乎有些危言耸听,但当我们进入互联网,打开电视机、翻开朋友圈,扑面而来的娱乐八卦、明星绯闻、小道谣传、看似头头是道的"伪科学"……我们将会意识到,媒介正在以一种让人颇为享受的"按摩"方式,缓缓地改变着我们对于世界的看法,影响着我们的世界观,甚至塑造着我们的意识形态。

美国哈佛大学肯尼迪学院约瑟夫·奈把传媒称为"软力量",传媒对于人类社会的影响力,几乎可以与经济基础并驾齐驱。我们或许不了解、不清楚甚至不关心美国、韩国、日本的人均 GDP 是多少,我们甚至无法理性地理解人均 GDP 到底意味着什么,但是,好莱坞的电影、网络流传的美剧、韩剧却在实实在在地影响着我们对于美韩的想象,甚至影响着我们对于整个世界的看法。

从体育活动而言,比之于传统的纸质传媒,影像传媒消除了文字、广播自身的局限,现场直播将比赛直接地呈现在观众面前,给人以巨大的真实感、客观感。大众媒介在推广体育知识、推动体育事业的发展,乃至增加人们对于体育运动的兴趣等方面,功不可没。然而,一个常常被人忽视,但却是基本常识的是:"从某种程度上说,传媒对于竞技运动的认识,其实就是大众对于竞技运动的认识。信息的传递借助媒体的信息编制和受众对这些信息的解读来完成","传媒作为信息的'把关人'和'筛选者',传递出来的信息带有一定的主观意志,它们并不直接等同于客观事实本身"②。就体育道德领域而言,在网络甚至传统纸媒、新闻中经常可以看到这样的事例:赛场出现群殴的恶性事件,双方各执一词,让人疑惑的是,各自公布出来的影像记录却又都支持各自

---

① 唐圣平:《媒介与人:数字化时代我们需要什么样的媒介?》,《自然辩证法研究》2001 年第 23 卷第 3 期,第 52—57 页。

② 郭讲用:《我国体育大众传播的娱乐化倾向及其异化》,《上海体育学院学报》2004 年第 28 卷第 6 期,第 30—33 页。

的观点。在大众媒介发达之前,一个具有客观立场的仲裁机构的介入,或许就会平息争端。但在大众媒介铺天盖地的渲染之后,争议双方各自的拥趸造成巨大的压力,仲裁机构在介入之前能在多大程度上保证客观,或者更严谨一些,在保持客观的过程中是否,以及在多大程度上需要顾及媒体的传播,本身就已经成为一个重要的衡量标准。一旦争议双方在媒介影响力出现巨大不匹配时,这种矛盾就会更加尖锐。几乎一切公众事件的背后总会出现媒体的身影,而媒体自身在多大程度上能够保证其客观、中立,本身就已经成为媒介时代的一个巨大的问题。

在这样的背景之下,比起具有强制性,有成文法可以依据的法律而言,主要依赖舆论监督的体育道德遭遇着更为严峻的挑战。在进入这一问题之前,不妨先来看一组数字:2015 年,全国共出版图书、期刊、报纸、音像制品和电子出版物 550.6 亿册(份、盒、张),较 2014 年降低 5.6%。其中,出版图书 86.6 亿册(张),增长 5.8%,占全部数量的 15.7%;期刊 28.8 亿册,降低 7.0%,占 5.2%;报纸 430.1 亿份,降低 7.3%,占 78.1%;音像制品 2.9 亿盒(张),降低 10.4%,占 0.5%;电子出版物 2.1 亿张,降低 38.8%,占 0.4%。全国出版图书、期刊、报纸总印张数为 2467.03 亿印张,折合用纸量 570.75 万吨,较 2014 年降低 12.21%,其中:图书用纸量占总量的 30.62%,提高 5.17 个百分点;期刊用纸占总量的 6.69%,提高 0.15 个百分点;报纸用纸占总量的 62.69%,降低 5.32 个百分点。

从这些数字来看,纸质、电子出版物虽然呈现较为明显的下降态势,但是其总量仍然是惊人的,而传统媒体下降的一个重要原因是网络媒体的强势兴起。

据中国互联网信息中心 2003 年 1 月发布的第 11 次《中国互联网发展状况统计报告》显示,截至 2002 年年底,我国上网计算机达 2083 万台,www 站点已达 371600 个,互联网用户已达 5910 万人,而且呈不断增长的趋势。在这些用户中,青少年是主体,18 岁以下的青少年占 37.3%,18—24 岁的用户占 37.3%,25—30 岁的用户占 17%,学生占 28%,教师占 6.0%,公务人员占 8.0%。

截至 2016 年 6 月,我国网民规模达 7.10 亿人,上半年新增网民 2132 万人,增长率为 3.1%。我国互联网普及率达到 51.7%,与 2015 年年底相比提高 1.3 个百分点,超过全球平均水平 3.1 个百分点,超过亚洲平均水平 8.1 个百分点。我国手机网民规模达 6.56 亿人,网民中使用手机上网的人群占比由 2015 年年底的 90.1% 提升至 92.5%,仅通过手机上网的网民占比就达到 24.5%,网民上网设备进一步向移动端集中。随着移动通信网络环境的不断完善以及智能手机的进一步普及,移动互联网应用向用户各类生活需求渗透,促进手机上网使用率的增长。①

可以看出,2003 年互联网用户 5910 万人,到 2016 年为 7.10 亿人,十余年间,这个数字翻了十余倍,按我国第六次人口普查的数据,我国人口总数为 13.3 亿人,也就意味着,到 2016 年,全国有 53.4% 的人上网。与纸质、广播、电影、电视等传统媒介相比,网络传媒的一个重要的特征就在于反馈速度加快,一个热点事件几乎在瞬间就可以"点燃"网民的"激情",从而形成不可小视的舆论反应。值得注意的是,到 2016 年,手机网民的规模也接近人口总数的一半,其普及速度之快,令人惊讶。比之于计算机上网,手机上网的时间性、空间性限制更小,而随着移动网络覆盖率的增长,移动网络技术的革新,手机上网几乎可以达到随时随地,这意味着上网更加便利,获取资讯的速度更快,同时也意味着表达意见更为迅捷。但由于手机自身的硬件特性,在迅捷的同时,当下性也就更强。曾经专属手机的微博、微信所以称之为"微",一个重要的原因就是其表达的精粹。虽然从技术角度,目前在手机平台上,字数的限制几乎已经不再是问题,但快速传播的内在需要已经成为一代网民的习惯,表现在阅读上,标题式阅读、读图式阅读已经成为一个普遍的现象。通俗点说,网络传媒的特性使得舆论表达快捷的同时,非理性的意气用事更为普遍。热点不断形成,不断消失,缺少持续追踪和全面了解的主观意图,偏执、片面等现象层出不穷。

更为重要的是,网民的构成中,青少年占据了相当大的比重,根据 CNNIC 发布的《2015 年中国青少年上网行为研究报告》的统计,截至 2015 年 12 月,中国青少年网民规模达到 2.87 亿人,占中国青少年人口总数的 85.3%,远高于 2015 年全国整体网民互联网普及率(50.3%)。也就是说,在我国,25 周岁

---

① 《CNNIC 发布第 38 次〈中国互联网络发展状况统计报告〉》,人民网,2016 年 8 月 3 日,http://tc.people.com.cn/n1/2016/0803/c183008-28606650.html。

以下的人口中,有85.3%是网民,其中,18周岁以下的未成年网民规模为1.34亿人,占青少年网民的46.6%,而根据第六次人口普查数据,我国18周岁以下总人口为2.8亿人,未成年网民占比接近一半,如果再减去0—5岁的幼儿,这个比例还要扩大。

青少年是网民的主体,对于传媒时代的体育道德塑造是一个必须引起高度关注的基本事实。青少年世界观、人生观尚未得到确立,容易受到外界信息的影响,这是一个被心理学反复证明的基本事实。与此同时,青少年有热情、有激情,习惯于表达,却又容易感性用事,缺少全面审视的习惯甚至能力。由于网民中青少年比例高,所有这些特征,在网络时代又将被放大,热点事件中的情绪化的表达通过网络平台继续放大,所产生的价值判断又将反过来影响青少年的人生观、世界观、道德观。

在这样的背景下,就体育道德而言,一方面,体育道德丑闻往往容易在瞬间引爆,形成人人喊打的舆论,这固然是一种良性的道德诉求;另一方面,缺少对于体育道德丑闻背后的原因,甚至事件自身的全面了解而形成的"打杀",极易造成"棒杀"。而随着时间的沉淀,一些更加全面的信息被披露,甚至"反转"出现之后,极易造成波动。

在了解了这些之后,反观"媒介即按摩"的观点,不得不佩服麦氏的精准理论概括力。就在一种正常甚至自然的情感宣泄的过程中,以网络为代表的媒介就将逐渐形成一种强大的舆论场,陷入这一场景之中的个人在面对由网络塑造而成的意识形态时,恰如按摩,在不知不觉,甚至在一种愉快的氛围中就逐渐接受着网络传达而来的观念、价值选择,乃至道德标尺。

恰如有学者指出的那样,"商业化的传播区域导致青少年道德空间真空化。由于年龄、社会阅历等方面的限制,青少年并未形成强烈的自我伦理道德约束,当他们接触到网络、电子文本、短信息等另一个陌生的世界时,责任和义务在'真空化'面前变得软弱无力,社会传统、主流意识形态的影响在这个传播和交流区域中摇摇欲坠,以为'掌握了信息就掌握了世界'的青少年们在个性追逐中极易迷失自我。"[①]作为备受社会公众关注的体育节目、赛事,如果通

---

① 黄进:《传媒商业化对青少年道德伦理的影响》,《传媒观察》2009年第2期,第34—35页。

过一种歪曲的虚拟道德观呈现出来，其杀伤力是巨大的。

譬如竞技体育中不时出现的"让球""默契比赛"等，这些现象都在规则框架内运行，表面看来似乎并无不妥，如果更关涉国家荣誉等宏大叙事的支撑，这些行为似乎更容易得到公众的理解甚至同情。而在当代体育的另一个领域，电子竞技赛场，以胜利、积分等为唯一诉求的电子游戏中，玩家大可使用规则尺度所允许的主动攻击来达到胜利的目的，甚至可以通过购买"外挂"设施达到更直接的目的。我们无意指责陷入这些事件、现象之中的运动员、教练员、裁判、玩家，但是当所有这一切通过巨大影响的媒介被播放、传播开来之后，"为了胜利可以不择手段"、竞技体育就是以"竞技"甚至"竞技结果"为最终目的的体育道德观念就将大行其道。而电子游戏中所设置的虚拟世界中的虚拟伦理也将对玩家，特别是青少年的道德观念产生直接的影响。既然游戏可以"作弊"，为什么现实中的体育比赛不能作弊，都是为了胜利。"正面的、积极的虚拟伦理，可以对现实伦理的提高产生推动作用；而负面的、消极的虚拟伦理，则可能对现实伦理的进步产生阻碍的作用。更严重的一些负面的、消极的虚拟伦理，还可能破坏、消解现实伦理存在的条件。"①这一警醒，绝非危言耸听。

基于这一现实，体育道德建设绝不可忽略新媒体的建设问题，不仅要留意包括网络新媒体在内的舆情状况，警惕在"媒介即按摩"中丧失道德建设的基本目标，更要对"虚拟伦理"积极引导。与此同时，还应当留意的是，对于道德的引导，法律手段的使用要谨慎，一旦法律过多的僭越，深入到道德伦理的方方面面，伦理自身的有效性也将面临巨大的挑战。道德尺度内的问题，更多的应当依赖于社会正能量的弘扬，要让正能量在网络舆情中占据主导地位，要大幅、公开地宣传运动员中献身体育、为国争光；勤学苦练、勇攀高峰；团结互助、顽强拼搏；尊重对手、尊重教练；严守规则、公平竞争；恪守礼仪、服从裁判；胜不骄傲、败不气馁等道德规范；宣传教练员科学训练、勇于创新；严格要求、传技育人；爱岗敬业，为人师表等道德规范；宣传裁判员严肃认真、忠于职守；精通业务、公正准确；秉公执法、不徇私情等道德规范；宣

---

① 吕耀怀：《信息伦理学》，中南大学出版社 2002 年版。

传体育管理者以勤政廉洁为重点,体育科技工作者以求实创新为重点,体育教育工作者以教书育人为重点,自觉履行具有本行业特点属性的职业道德规范。

通过这些职业道德规范的宣传、弘扬,形成诚实信用的风气,在发挥现代媒体的监督作用的同时,对虚假报道,道德立场模糊的现象和报道,不姑息,在监督和舆论空间中形成坚定、有力的,以社会主义核心价值观为根本的道德立场。

从根本上说,社会公众的重视和参与是体育道德建设完善和不断发展的不竭动力,但也要充分意识到,社会公众本身也需要积极的引导,媒体自身一旦丧失道德尺度,其对公众的影响同样是巨大的,在这个意义上,社会公众除了要作为体育道德建设不可或缺的监督者,认真履行自身的监督职责外,还需要积极投身到体育道德建设中,争做一名践行社会主义特色体育道德的实践者,努力营造全民参与、共建和谐的良好的体育道德社会氛围。

第三节 确立个人全面发展的目标

由于种种历史原因,我国的运动员培养选择了举国体制路线,由国家、高校和业余体校等几种方式培养,这种体制基本上是沿袭了苏联的运动员培养模式,在运动员少年时代就被挑选出来进行专业系统的训练。从选材开始到早期训练、正规训练,配套成龙,整个训练脱离基础教育和高等教育。这一模式为中国体育,特别是竞技体育的腾飞,发挥了极其重要的作用。但也应当承认,随着社会的发展,这一体制的弊端也开始浮现,而以网球运动为代表的运动员"单飞"也是对这一体制的重要突破。这里并不尝试对举国体制本身进行理论的探究,仅仅尝试从体育道德的养成角度,展开反思。

美国哈佛大学心理学教授加登纳提出了一种独特的并且能够表达道德特殊意味的范畴。其中最核心的,一是尊重,主要是指尊重生命,包括尊重自己的生命、他人的生命以及其他物种的生命;二是公正,因为人在社会生活中要过得美好和幸福,必须依赖制度安排和其他社会条件是否有益于个人生活和成长。①

加登纳的这个观点,同样适用于体育道德范畴。最近几年,一些前世界冠军、奥运会冠军、全运会冠军在退役后的遭际备受媒体关注。2006 年中国前举重冠军邹春兰在大众浴池为顾客搓澡,每月收入不到 500 元;曾获得世界长跑冠军的艾冬梅,退役后一家三口租住在北京一个 10 多平方米的小屋里,2007 年她声称要变卖金牌,以缓解家庭生活困难;曾获得两枚大运会金牌的体操运动员张尚武,由于得了跟刘翔差不多的伤病——跟腱断裂,在 2005 年无奈退役。几年后,有网友发现他在北京的地铁里卖艺,由于生活窘迫,他还把自己的金牌以 150 元的价格卖掉。这些都只是冰山一角,还有更多的没有在重大赛事上拿到名次的运动员,他们在退役之后的生活,更是无人问津了。

对于这样一些令人痛心的事件,媒体和大众的关注点往往在于对他们的窘迫的同情以及对我国竞技体育举国体制的批评和反思。从体育道德的眼光来看,首先要检讨的恰恰是媒体自身,我们是否给予他们足够的"尊重",我们是否"公正"的对待了他们和他们的生活。

体育运动,特别是竞技性体育本身有其内在的规律,以体育作为职业的运动员们天然地面临着一个"退役",即重新规划人生的考验,在这种考验面前,转型成功者有之,诸如李宁、姚明等人所共知的典型,转型"失败"者有之,譬如上文中提到的诸位。但是,问题在于,这种所谓的"失败"只是在媒体,甚至大众心目中的那种"成功"的标准下的"失败"。对于当事人,他们是否愿意其他人"打扰"甚至"关注"他们的生活,这种所谓的"关注"对于他们是否"公正"?

对于个体的尊重和公正是社会道德的基础,同样也是体育道德的基础。就体育道德而言,所谓尊重和公正,在对生命的尊重之外,还有对于体育自身的尊重,和对体育人的公正。不容否认,举国体制存在一定的弊端,上文提及的运动员退役后的艰难生活就是一些具有典型意义的事件。但是,这些事件同国有体制改革所带来的阵痛,其本质是一样的,只是因为体育视野的改革整体落后于国有经济改革,而体育明星的光环在现时代更具有话题性,才使得这

---

① 许宁:《体育传媒报道偏失对道德生活的影响》,《体育文化导刊》2006 年第 8 期,第 28—30 页。

些事件得到了更多的关注,也产生了更多的非议。在我们看来,体育有其自身的规律,竞技体育同样有其内在的规律,以"更高、更快、更强"为诉求的竞技体育,是人类对于自身极限的一种挑战和超越,这本身是一件极其崇高的事业,职业运动员们是一批代表整个人类从事这一伟大事业的群体,在投身这一事业的同时,他们享有着人们的尊崇和丰厚的物质回报,但当这一职业完结之后,他们也带着他们的光环和伤痛回到更加现实的世界之中。曾经的辉煌是否意味着他们应当继续享有曾经的优越,这并非一个不言自明的问题。具体到现阶段的中国,举国体制是否意味着在运动员退役之后,应当继续提供相应的物质保障? 如果这样做,是对体育自身的一种尊重吗? 是否会造成更大范围的不公正?

　　问题的纠结之处,正是我们理论研究的起点。公正、公平、尊重是社会道德的基本内涵,也是体育事业自身孜孜以求的对象。我们之所以对竞技赛场上的兴奋剂、"黑哨"采取零容忍的态度,就是因为它破坏了公平、公正的同时,败坏了人们对于体育和体育人的尊重。甚至于兴奋剂所引发和关涉的不仅是运动员个人的道德水准问题,更是体育道德建设和社会主义和谐社会构建的重要问题①。在另一个更为宏大的场景之中,职业化的竞技体育本身同社会的其他行业、职业其本质是一样的,所不同的是,体育这个行业中的核心:运动员的从业时间更短,"退休"年龄更早。从某种意义上说,也正因如此,职业体育运动员们也收获了较之其他行业更为优厚的物质回报。仅仅从这个角度说,职业体育运动员们退役之后的人生选择与遭际,能否适应其他职业和社会角色的转换,在角色转换过程中,个体是否适应相应转化以及社会舆论是否认同这一转化,二者之间是否一致,凡此种种,同整个社会其他行业并无不同。过度凸显和强调运动员的人生转折是否顺畅,对于体育和体育人而言,并非公正,也不是应有的尊重。

　　就此,不妨假设,在一个体育职业化、市场化足够完善的社会系统内,对于体育和体育从业人员的尊重和公正,同其他行业并无根本性差异,也不应有根

---

　　①　曹景川、常乃军:《从反兴奋剂看诚信道德与和谐体育之构建》,《上海体育学院学报》2010 年第 34 卷第 2 期,第 85—87 页。

本性差异,恰如官员下海,学者从政,成功转型者有之,功败垂成者有之,不论成败,从社会道德层面而言,唯有一视同仁,才是真正的尊重和公正的实现,才是良好的社会道德的体现。

但道德从来就是一个具有历史性意义的范畴。在假象的历史时空中抽象和孤立的讨论体育道德,不是马克思主义的态度。具体到我国现阶段,不容否认的事实是,体育市场化的程度远难称发达,民众乃至政府、传媒对于竞技体育的关注仍然主要集中在国际赛事上,这样,运动员"为国争光"成了某种程度上较之"更高、更快、更强"的体育自身价值尺度更为重要的目标和荣誉,也成为当前体育道德的核心价值之一。和平年代在国际赛场上斩金夺银的体育健儿,被赋予了战争年代"民族英雄"般的崇敬。世界冠军退役后的惨淡生活,同样被置换成了对"民族英雄"被人遗忘的伤痛。舆论对于体育领域中的"叛国者"的近乎口诛笔伐的攻击,也是这种"国家至上"观念的一种较为偏执的反应。这种现象的出现,具有一定的历史合理性,但也应当看到,随着人们对于体育运动、职业体育的了解越来越深入和全面,体育从业者的个人选择,也越来越得到媒体和大众的理解与认同。

另外,竞技体育中的举国体制本身,也是舆论在对"转型失败"的运动员关注中时常出现的一个关键词。以各级体校、各级训练队直至国家队的选拔过程中,对于竞技能力的过度强化导致运动员缺少足够的知识储备来应对转型,往往也成为公众甚至媒体的重要批评。与此相应的另一个极端是,某些国家投入巨大的项目,未能取得预期的成绩,同样会引发公众的愤怒。

在我们看来,在马克思主义的视野中,劳动是道德生成的基本场所,道德的形成同人对自我的认识、对人与人之间的关系、人同自然的关系的认识有一定的联系。但是从另一个角度来看,道德的形成又具有其独立性。简单地说,道德同认识有关,但后者并不构成前者的充分、必要、充要条件。认知水平高、智力水平高并不意味着道德素养一定高,反之亦然。从这个意义上说,由举国体制下的运动员们接受的教育程度,特别是知识结构的缺失作为分析体育道德水准、状貌的根据其实并无太大的说服力。

举国体制下的体育人才培养和选拔机制对于运动员体育道德养成的根本性影响在于,在这总机制下,运动员们的培养目标极其明确和单一:进入国家队、成为冠军、为国争光。这个目标本身并没有错误,但问题在于,单一的目标导向在相当程度上制约甚至扭曲了人性的丰富和可能性。与此同时,体育自身也被异化为一种人的异己力量。具体而言,体育活动作为人自身的一种生活活动,体育道德本身也就是从这种具体的生活活动中逐渐形成和确立起来的。体育活动本身,从其起源看,本就是人的全面发展,人自身全面的本质力量的对象化的重要组成部分。但当这种人类活动本身变成一种以冠军、胜利、金牌为诉求的活动时,这种人类活动就不再是人的自由活动了,而成为了对人的一种束缚和压抑。换句话说,本来彰显着人的个性、特质的体育活动反倒成为对人性自身的一种戕害。

从人类活动的丰富性和可能性的角度看,目标本身的高尚与否并非衡量其价值属性的必要条件,不管其初衷如何,目标一旦单一化、绝对化,都极有可能走向人的反面和对立面。从我国的体育,特别是竞技体育的状况来看,正是由于国家对体育事业的重视,地方各级政府、体育管理部门也才将体育视作重要的"政绩",一方面使得在投入上有了根本性的保障,体育设施、体育场馆等硬件设施不断强化,政策导向方面,体育产业也渐成蓬勃之势,但不容否认的是事物的另一面。重视同样导致了"政绩"蜕变为"政绩工程",再加上不恰当的过度量化的"政绩"标准,以"唯金牌论"为代表的功利主义大行其道,在某种意义上来说,具有必然性。

从人的自身发展而言,体育是一种生活方式,和教育一样,其终极目的是为了培养人,它既是人的全面发展的内在要求,也是人的全面发展的根本。体育是人的身体,换句话说,体育是直接作用于人的物质属性的承载物,体育的缺失,对于个体的全面发展,对于一个集体,乃至人类的发展而言,是不可想象的。

不难发现,从"尊重、公正"的道德标尺出发,体育道德的建设同样离不开对于个体的尊重和对于体育从业人员的公正。仅就体育道德而言,举国体制框架内,以体育为中心的体校、各级训练队模式的教育本身也具有一定的历史合法性。问题的症结并不在于否定举国体制本身,而是我们在可能的范围内,在体育的过程中,能够以个体的全面发展而非以"金牌"为唯一诉求的教育目标的调整,同时,"个体的全面发展"本身也会对体育成绩、体育文化的形成、体育道德素养的提升等起到直接的作用。具体而言,有如下一些方面。

首先,人文修养的提高有利于提高运动员的心理素质,使运动员发挥更加稳定,取得更好的成绩。人文素养是一个较为宽泛的概念,其中心理素质的训练对于运动员,特别是世界级的运动员尤为关键和重要。这已经是为无数实践证明了的事实。中国射击运动员许海峰,在 23 届奥运会实现了"零"的突破,夺冠后,他说:"当时我脑子里只有我和枪,只要打好每一枪,胜利就会属于我。"据有关资料表明,运动员比赛失常时,80%以上是心理因素,只有 10%是技术准备不足。马修·埃蒙斯或许是奥运历史上最悲情的运动员了。在2004 年雅典奥运会和 2008 年北京奥运会上,埃蒙斯本已经将金牌放进自己的口袋,但是都因为最后一枪居然只打出了 4.4 环,而埃蒙斯的妻子卡特琳娜在看台上观战,在看到 4.4 环之后已经惊讶得几乎喊出来。全场也都被这不可思议的一枪惊呆了,这种成绩只有业余选手才会打出,埃蒙斯本人也再次陷入深深的自责,这是最典型的心理素质不稳定导致的比赛失误。运动员的心理素质在现代体育竞技中起着重要的作用,心理素质的培养和训练、大赛经验、实践训练固然是一个较为直接和有效的途径,但是,强化人文修养,使得运动员们有着更为开阔的胸襟与情怀,真正从观念上认同体育自身的价值诉求,胜不骄、败不馁,确立正确的体育道德观念,增强取胜信心才是根本。

其次,具备基本的文化素养有利于提高运动员的独立思考和处理问题的能力。文化素养的高低反映了一个国家的软实力,从根本上制约着自主创新能力的提高和经济、社会的发展。在《国家中长期科学和技术发展规划纲要(2006—2020)》中提出,"提高全民科学文化素质,营造有利于科技创新的社会环境"。把中国公众培养成具有一定科学知识、科学精神的群体,既是发展的需要,也体现了以人为本的根本。文化素养属于意识范畴,意识是客观事物在人脑中的反映。它是运动员在比赛中对球场内各种情况的思想反映,并支配运动员在整个比赛中行动的思维活动。比赛中运动员的一切行动都和意识相联系,运动员掌握的技术动作、战术组合、身体素质、心理素质等都与场上的意识相结合才能发挥作用。随着科学化训练对运动员的开发进度加快,许多新事物和新现象有力地冲击着他们原有的思维方式和投入的习惯,如果不加强文化学习,提高文化素质,仍坚持老一套,就会被淘汰。同样,随着科学化对运动竞赛的影响越广泛、越深刻,成为科学化竞赛对象——竞赛中的人与科学化竞赛联系越多,越要求运动员开发自己的智力,以适应科学的发展。要从技术、战术理论上进行研究分析,在运动员头脑中建立一个系统的意识概念,再通过运动员的思维理解形成对技术、战术的正确反映,然后通过大量的实际比赛,使之形成一种自觉反映。如果运动员文化程度低,知识贫乏,理论上理解不了,临场比赛反应迟钝甚至错误,就会出现不正确的意识反应,产生不正确的行动,加之比赛场上情况瞬息万变,更需要运动员具备丰富的想象力和创造性。这就必须要求科学素养的提高,了解必要的科学知识,具备科学精神和科学世界观,以及用科学的态度和科学的方法判断各种事物的能力。

在夯实运动员文化素养的基础上,增强运动员体育法律意识,将有力地推动中国的体育道德建设。在体育战线贯彻依法治国的基本方略,对各项体育事务和体育工作实行依法治理,是党和国家在体育领域执政方式的根本性转变,是体育管理模式的重大改革与制度创新。各级体育工作的领导者、管理者和工作者,都要主动适应这一时代发展的客观要求,努力推动中国体育不断取得新的发展。

如果一个运动员的培养能够在拥有高超的竞技能力的同时,具备较好的文化素养和人文修养,在提高个人综合能力方面其意义可想而知,同样,在面临退役、身份转化时,也就有了更多的从容和自信。而所有这些,不仅仅是为了解决被媒体关注的具体的实践性问题,同时从体育道德的建设方面而言,也是对于体育运动员的尊重和公正的内在规定性。全面发展同样是运动员个体的内在诉求,唯有将体育运动员视作完整的人,而不是"掠夺金牌"的工具,唯有运动员将自我认同为一个有着多种可能的"真正的人",而不仅仅是"体育比赛"的角逐者,才是真正的公正与尊重的实现。

综上所述,党的十八大以来,以习近平同志为核心的党中央对于道德建设的高度关注和深刻论述,让道德成为社会主义核心价值观的有机组成部分,其建设方向已经明确,"十三五"规划中更是已经谱就了相当清晰的建设路径。以人的全面发展为基本诉求,尊重体育,公正对待体育和运动员,在高度重视社会舆论的同时,警惕"媒介即按摩"的陷阱,切实履行弘扬正能量的舆论传播,一个适应时代要求的社会主义体育道德体系的降临,并不遥远。

参考文献

【1】赵立军:《体育伦理学》,北京体育大学出版社 2007 年版。

【2】刘铮等:《竞技体育上》,人民体育出版社 2006 年版。

【3】伍绍祖:《中华人民共和国体育史》,北京书籍出版社 1999 年版。

【4】曹守和:《中国体育通史(第七卷)》,人民体育出版社 2008 年版。

【5】朱玲、李后强:《体育道德论》,四川科学技术出版社 2008 年版。

【6】《马克思主义基本原理概论》,高等教育出版社 2013 年版。

【7】罗国杰:《伦理学》,人民出版社 1989 年版。

【8】王正平、周中之:《现代伦理学》,中国社会科学出版社 2001 年版。

【9】杨伯华、缪一德:《西方经济学原理》,西南财经大学出版社 2011 年版。

【10】周洪珍:《竞技体育人才培养投入与产出效益研究》,科学出版社 2011 年版。

【11】卢现祥、朱巧玲:《新制度经济学》,北京大学出版社 2007 年版。

【12】王珂:《经济伦理学》,北京理工大学出版社 2013 年版。

【13】郑杭生:《社会学概论新修》,中国人民大学出版社 1998 年版。

【14】李娜:《独自上场》,中信出版社 2012 年版。

【15】杜灵来:《当代中国道德建设实效性研究》,中国社会科学出版社 2008 年版。

【16】张玉堂:《利益论:关于利益冲突与协调问题的研究》,武汉大学出版社 2001 年版。

【17】[美]A.麦金泰尔(Alasdair MacIntyre):《德性之后》,龚群等译,中国

社会科学出版社 1995 年版。

【18】[英]泰勒:《原始文化》,连树声译,上海艺术出版社 1992 年版。

【19】常乃军、曹景川、曹永林:《现代体育与和谐社会建设研究》,山西教育出版社 2010 年版。

【20】《辞海》,上海辞书出版社 2009 年版。

【21】南怀瑾:《道家神仙修炼的学术思想》,载《南怀瑾选集(第 4 卷)》,复旦大学出版社 2003 年版。

【22】孙振声:《易经今译》,海南人民出版社 1988 年版。

【23】《道德经·能为文子·九守》,载《道藏(第 11 册)》,文物出版社 1986 年版。

【24】陈永品:《庄子通释·外篇·知北游第二十二》,中国社会科学出版社 2006 年版。

【25】高士宗:《黄帝素问直解·宝命全角论第二十五》,科学技术文献出版社 1982 年版。

【26】《管子》,上海古籍出版社 1989 年版。

【27】王明:《太平经合校》,中华书局 1960 年版。

【28】葛洪:《抱朴子·内篇》,载《道藏(第 28 册)》,文物出版社 1986 年版。

【29】僧佑:《弘明集(卷 13)》,上海古籍出版社 1991 年版。

【30】施肩吾:《西山群仙会真记(卷 2)》,载《道藏(第 4 册)》,文物出版社 1986 年版。

【31】吕嵓:《吕祖全书(卷 30)》,载《藏外道书(第 7 册)》,巴蜀书社 1994 年版。

【32】陈葆光:《三洞群仙录序》,载《道藏(第 32 册)》,文物出版社 1986 年版。

【33】邱处机:《大丹直指》,载《道藏(第 4 册)》,文物出版社 1986 年版。

【34】《谷神篇序》,载《道藏(第 28 册)》,文物出版社 1986 年版。

【35】《无上玄元三天玉堂大法(卷 18)》,载《道藏(第 4 册)》,文物出版社 1986 年版。

【36】王常:《真一金丹诀》,载《道藏(第 4 册)》,文物出版社 1986 年版。

【37】《淮南鸿烈解》,载《道藏(第 28 册)》,文物出版社 1986 年版。

【38】司马承祯:《坐忘论·得道七》,载《道藏(第 22 册)》,文物出版社 1986 年版。

【39】《西升经·卷上》,载《道藏(第 11 册)》,文物出版社 1986 年版。

【40】杜光庭:《墉城集仙录(卷 1)》,载《道藏(第 18 册)》,文物出版社 1986 年版。

【41】李道纯:《中和集(卷 4)》,载《道藏(第 4 册)》,文物出版社 1986 年版。

【42】张耀灿等:《现代思想政治教育学》,人民出版社 2001 年版。

【43】戴钢书:《德育环境研究》,人民出版社 2002 年版。

【44】卢元镇:《中国体育社会学》,北京体育大学出版社 2000 年版。

【45】《管子》,李山译注,中华书局 2009 年版。

【46】《韩非子》,高华平、王齐洲、张三夕译注,中华书局 2015 年版。

【47】吕耀怀:《信息伦理学》,中南大学出版社 2002 年版。

【48】中共中央办公厅:《关于培育和践行社会主义核心价值观的意见》,《人民日报》2013 年 12 月 24 日。

【49】陈江旗:《关于道德建设的若干思考》,《高校理论战线》2011 年第 12 期。

【50】王纬:《当代中国社会主义道德建设探析》,新疆师范大学,硕士学位论文,2008 年 6 月。

【51】王冬舟、刘丹:《论中国职业足球认同危机及治理》,《中国体育科技》2009 年第 45 卷第 3 期。

【52】王蒲、仇军:《公平竞赛——欧洲体育伦理纲领》,《体育文史》1996 年第 6 期。

【53】谭华:《论体育道德》,《体育科学》1982 年第 3 期。

【54】荣雪涛、杨玲莉:《体育道德起源的哲学审思》,《体育学刊》1997 年第 4 期。

【55】冯亚平:《试论体育道德的形成与发展》,《内江师范学院学报》2003

年第 18 期。

【56】孟威、张宇燕:《略论运动员体育道德修养及其培养》,《南京体育学院学报》2005 年第 19 卷第 3 期。

【57】孙宇航、张文斌:《浅谈体育道德的涵义与特点》,《吉林商业高等专科学校学报》2006 年第 3 期。

【58】吴赣荣、何蜀伟:《新时期我国体育道德科学内涵探析》,《科技创新导报》2010 年第 35 期。

【59】梁恒:《论竞技体育中的道德选择》,《湖南师范大学社会科学学报》2001 年第 30 期。

【60】刘引:《对社会主义体育道德基本原则的探索》,《哈尔滨体育学院学报》1990 年第 8 卷第 1 期。

【61】马彩丽、金瑛:《刍议体育道德的特殊作用》,《哈尔滨体育学院学报》1992 年第 2 期。

【62】张玉超等:《我国体育道德失范成因及预防对策研究》,《体育文化导刊》2007 年第 6 期。

【63】卓莉:《新世纪竞技运动面临的体育道德问题及对策研究》,《佛山科学技术学院学报(自然科学版)》2009 年第 27 卷第 3 期。

【64】姚春宏、陈小燕:《诚信品质在体育道德建设中的作用》,《武汉体育学院学报》2003 年第 37 卷第 5 期。

【65】吴敏、刘磊:《我国转型期体育道德初探》,《河北旅游职业学院学报》2008 年第 1 期。

【66】徐桂兰、屈孝武:《我国竞技体育道德失范的影响因素研究》,《学理论》2010 年第 20 期。

【67】徐红萍、李江:《运动员体育道德认知与体育道德行为脱节的省思》,《体育科技》2011 年第 32 卷第 1 期。

【68】梁建新、卢存:《试论社会主义市场经济条件下体育道德的建设》,《体育科技》1998 年第 19 卷第 3 期。

【69】李莉、程秀波:《体育道德的现状与体育道德建设》,《河南师范大学(哲学社会科学版)》2001 年第 28 卷第 5 期。

【70】王斌:《对加强和完善我国体育道德建设的思考》,《体育学刊》2006年第 13 卷第 4 期。

【71】游俊、海静:《新时期体育道德建设若干问题研究》,《成都体育学院学报》2008 年第 34 卷第 5 期。

【72】贾文彤:《体育道德建设若干问题研究》,《山东体育学院学报》2006年第 22 卷第 3 期。

【73】那武、何斌:《和谐社会体育法律与体育道德关系之研究》,《泰山学院学报》2009 年第 31 卷第 6 期。

【74】陈勇等:《21 世纪体育法制和体育道德良性互动构建研究》,《全国商情:理论研究》2009 年第 14 期。

【75】丁素文:《体育道德与体育法关系辨析》,《体育文化导刊》2011 年第1 期。

【76】汪伟信:《儒家思想与现代体育教育思想的结合与冲突》,《教育与现代化》2002 年第 1 期。

【77】孙丽丽:《儒家诚信思想与体育道德》,曲阜师范大学,硕士学位论文,2006 年 4 月。

【78】陈华耕:《儒家思想与现代竞技体育道德缺失问题研究》,苏州大学,硕士学位论文,2009 年 9 月。

【79】曹景川、李建英:《走出体育美学的学科定位之困》,《体育科学》2009年第 29 卷第 12 期。

【80】刘思达:《职业化及其批判》,《中国法律评论》2014 年第 3 期。

【81】艾洪涛:《我国秘书工作职业化的现状分析》,《沧州师范专科学校学报》2007 年第 12 期。

【82】钟秉枢等:《我国竞技体育职业化若干问题的研究》,《北京体育大学学报》2002 年第 25 卷第 2 期。

【83】吴合斌、曹景川:《我国竞技体育职业化进程中道德失范现象的表征及应对策略研究》,《北京体育大学学报》2016 年第 39 卷第 8 期。

【84】张子沙、冯德源:《正确认识竞技体育职业化及其在我国实施的可能性》,《福建体育科技》1989 年第 2 期。

【85】赵承磊:《体育职业化、产业化、市场化三概念之辨析》,《首都体育学院学报》2006 年第 18 卷第 2 期。

【86】关朝阳、张战毅:《对我国竞技体育职业化若干问题的思考》,《河北体育学院学报》2005 年第 19 卷第 3 期。

【87】王兵:《我国竞技体育社会化进程中的职业化、院校化发展动因》,《上海体育学院学报》2005 年第 29 卷第 6 期。

【88】方新普、柏慧萍:《从我国社会三大变革与竞技体育发展历程看体育职业化》,《体育与科学》2006 年第 27 卷第 3 期。

【89】姜雨:《我国竞技体育职业化、市场化发展的理性思考》,《沈阳体育学院学报》2011 年第 30 卷第 2 期。

【90】鲍明晓:《关于建立和完善新型举国体制的理论思考》,《天津体育学院学报》2001 年第 16 卷第 4 期。

【91】颜峰、洪兴文:《论职业道德意识的培养》,《清华大学学报(哲学社会科学版)》2008 年第 23 卷第 1 期。

【92】刘吉:《略论社会主义体育道德》,《体育文史》1997 年第 1 期。

【93】高兆明:《简论"道德失范"范畴》,《道德与文明》1996 年第 6 期。

【94】苏荣海、刘长在:《论体育道德的失范与规范》,《吉林体育学院学报》2001 年第 27 卷第 6 期。

【95】曹景川、常乃军:《从反兴奋剂看诚信道德与和谐体育之构建》,《上海体育学院学报》2010 年第 34 卷第 2 期。

【96】马景卫、蔡艺、池斌:《我国竞技体育中的道德失范现象探析》,《伦理学研究》2010 年第 4 卷第 48 期。

【97】魏汉琴、刘宪忠、冯景梅:《体育道德中的公平竞赛原则》,《河北体育学院学报》1999 年第 13 卷第 3 期。

【98】吴灿新:《略论社会主义新时期道德机制》,《哲学研究》1996 年第 5 期。

【99】李艳翎等:《对竞技运动中技术运用的伦理思考》,《北京体育大学学报》2003 年第 26 卷第 6 期。

【100】侯斌:《试论社会主义市场经济条件下体育道德及其制度保障》,

《北京体育大学学报》2002 年第 25 卷第 1 期。

【101】潘靖五:《体育伦理学初探》,《体育科学》1985 年第 2 期。

【102】王斌:《中国传统体育伦理思想之哲学底蕴》,《西安体育学院学报》2002 年第 19 卷第 2 期。

【103】刘湘溶、刘雪丰:《当前竞技体育伦理问题及其实质》,《伦理学研究》2006 年第 3 卷第 23 期。

【104】龚正伟:《当代中国体育伦理建构研究》,湖南师范大学,博士学位论文,2006 年 5 月。

【105】熊文等:《竞技体育道德制度化及其特殊形式——道德契约化》,《上海体育学院学报》2007 年第 31 卷第 2 期。

【106】熊文、田菁:《竞技体育伦理的外在要求》,《山东体育学院学报》2008 年第 24 卷第 4 期。

【107】沈克印:《体育科技与体育伦理理性整合的支点》,《北京体育大学学报》2010 年第 33 卷第 7 期。

【108】曹景川、连小刚:《我国体育职业化进程中的道德环境建设》,《上海体育学院学报》2014 年第 38 卷第 3 期。

【109】"马娇救人事迹",中华人民共和国第十二届全运会官网 http://www.liaoning2013.com.cn。

【110】《李娜获"美国网球公开赛体育道德风尚奖"》,新华网,2013 年 9月 6 日,http://news.xinhuanet.com/sports/2013-09/06/c_125330501.html。

【111】薛岚、叶志良:《论竞技体育的软实力》,《中国体育科技》2008 年第 44 卷第 4 期。

【112】王进:《运动道德的认知与实践:"知"与"行"的省思》,《西安体育学院学报》2009 年第 26 卷第 6 期。

【113】于英、戴红磊:《体育道德失范的表现及伦理救援》,《体育学刊》2013 年第 20 卷第 3 期。

【114】张晓林、何强:《我国"足球十年发展规划"执行失效与实施路径探讨》,《山东体育学院学报》2014 年第 30 卷第 6 期。

【115】杜娟、曹景川:《我国当前职业体育道德建设的路径探索》,《吉林体

育学院学报》2014 年第 30 卷第 4 期。

【116】武旭、曹景川、高旭海:《从仁川亚运会看中国竞技体育职业道德风险及规避》,《南京体育学院学报(自然科学版)》2015 年第 14 卷第 1 期。

【117】秦文宏:《论转型期中国竞技体育风险的性质》,《南京体育学院学报》2011 年第 25 卷第 3 期。

【118】庞永红:《从诺斯意识形态理论看伦理道德的功能作用——诺斯意识形态理论探析》,《道德与文明》2004 年第 2 期。

【119】王红阳:《人性·公正·社会资本:科斯定理伦理意蕴中的误读与缺失》,《安徽行政学院学报》2014 年第 5 卷第 4 期。

【120】Holmstrom B. "Moral hazard and observability", *The Bell Journal of Economics*, 1979.

【121】赵丙军、司虎克:《论信息不对称条件下我国竞技体育道德风险》,《聊城大学学报(自然科学版)》2005 年第 1 期。

【122】黄兴裕:《中国兴奋剂检查工作现状、问题及其对策》,《华东交通大学学报》2008 年第 3 期。

【123】武旭、李铮、曹景川:《全运会"灰色地带"成因及应对策略研究》,《体育研究与教育》2014 年第 29 卷第 3 期。

【124】黄文敏:《关于我国全运会体制的科学反思》,《体育科学研究》2006 年第 10 卷第 4 期。

【125】刘礼国、徐烨:《全运会赛制改革思考》,《体育文化导刊》2008 年第 4 期。

【126】郭权、高玉花、田麦久:《奥运战略视角下全运会竞赛制度改革的成效与期望》,《西安体育学院学报》2010 年第 27 卷第 5 期。

【127】辛琼:《浅析市场经济下运动员职业道德失范》,《科技视界》2013 年第 33 期。

【128】张伟:《全运会金牌"内定"调查》,《共产党员》2009 年第 4 期。

【129】李敏:《当代中国社会道德失范的原因和对策》,《长春理工大学学报》2011 年第 12 期。

【130】中国篮球协会:《CBA 俱乐部球员和教练员工资总额控制暂行管理

办法征求意见稿》,2009 年 9 月 23 日。

【131】李正:《篮协重磅处罚！山西外援威廉姆斯吸大麻,禁赛半年》,《华西都市报》2013 年 1 月 1 日。

【132】吴小凡:《CBA 爆 36 名球员年龄作假》,《解放日报》2008 年 12 月 10 日。

【133】杨年松:《职业竞技体育的经济学分析》,华南师范大学,博士学位论文,2003 年 7 月。

【134】陈思:《中国转型期社会道德失范的原因分析》,《企业导报》2012 年第 3 期。

【135】宋建驷:《关于我国竞技体育商业化问题的探讨》,《集团经济研究》2006 年第 19 期。

【136】陈洪、马瑛、刘春华:《放松规制:竞技体育职业化之肯綮》,《山东体育学院学报》2014 年第 3 期。

【137】刘春华等:《我国体育管理体制改革探索》,《体育文化导刊》2014 年第 3 期。

【138】邓民威、曾庆涛:《竞技体育赛事贿赂行为及防范》,《武汉体育学院学报》2013 年第 6 期。

【139】龙家勇:《体育锦标赛制度的逆向激励研究》,《体育文化导刊》2014 年第 9 期。

【140】李康:《转轨时期我国体育职业化的利弊分析》,《华南理工大学学报(社会科学版)》2011 年第 13 卷第 3 期。

【141】梁晓龙:《当前我国体育职业化(市场化)改革必须明确的几个基本理论问题》,《体育科研》2005 年第 26 卷第 2 期。

【142】靳勇、李永辉:《我国竞技体育职业化发展进程研究》,《体育文化导刊》2008 年第 12 期。

【143】韩国星、曹景川、张爱果等:《我国高校高水平运动队体育道德建设研究》,《体育研究与教育》2013 年第 28 期。

【144】连小刚、曹景川:《公平、公正与透明:中国男子篮球职业联赛裁判员职业道德定位》,《搏击(武术科学)》2014 年第 11 卷第 4 期。

【145】《CBA 呼唤职业裁判》,新华网,2012 年 4 月 1 日,http://news.xin-huanet.com/sports/2012-04/01/c122918336.html。

【146】刘志敏等:《对竞技体育"公平竞争"的哲学阐释》,《体育与科学》2002 年第 23 卷第 1 期。

【147】靳苗:《CBA、WCBA 裁判员裁判执法水平研究》,《首都体育学院学报》2007 年第 19 卷第 1 期。

【148】《CBA 将逐渐放开录像回放 篮协承认硬件难媲美 NBA》,网易体育,2013 年 4 月 8 日,http://Sports.163.com/13/0408/16/8RUVII3800052UUC.html。

【149】国家体育总局:《关于加强体育道德建设的意见》2002 年 11 月 18 日。

【150】张中秋:《法治及其与德治关系论》,《南京大学学报》2002 年第 3 期。

【151】樊云庆、曹景川:《从麦金太尔的德性理论谈新时期我国体育职业道德建设》,《山东体育科技》2016 年第 38 卷第 1 期。

【152】陈玉军、张廷安:《中国运动员道德建设:基于麦金太尔的德性论研究》,《2013 年全国竞技体育科学论文报告会文集》。

【153】何睿洁:《麦金太尔与传统德性理论的复兴》,《西北大学学报(哲学社会科学版)》2007 年第 1 期。

【154】王妍:《麦金太尔的德性论及其对我国道德建设的启示》,《荆楚理工学院学报》2010 年第 4 期。

【155】莫尔高:《中国传统文化与新时期道德建设》,《广西师范学院学报》2005 年第 26 卷第 1 期。

【156】曹景川:《"贵身"与"炼形":道教养生思想中的体育精神》,《体育科学》2013 年第 33 卷第 10 期。

【157】王斌:《对市场经济条件下体育道德失范的探讨》,《成都体育学院学报》2002 年第 28 卷第 2 期。

【158】曹景川:《法治视域下的竞技体育伦理》,《山西日报》2016 年 9 月 20 日。

【159】樊云庆、曹景川:《法治体育视域下运动员非体育道德行为治理途径探索》,《首都体育学院学报》2016 年第 28 卷第 5 期。

【160】《中国共产党第十八届中央委员会第五次全体会议公报》,新华网,2015 年 10 月 30 日,http://news.xinhuanet.com/zgjx/2015-10/30/c_134765061.html。

【161】于善旭、闫成栋:《论深化体育改革对体育现代治理的法治依赖》,《体育学刊》2015 年第 22 卷第 1 期。

【162】于善旭:《论法治体育在推进体育治理现代化中的主导地位》,《上海体育学院学报》2014 年第 38 卷第 6 期。

【163】张奇、李亮:《我国体育纠纷化解机制的法治化路径选择》,《武汉体育学院学报》2015 年第 49 卷第 9 期。

【164】胡伟:《政府购买公共体育服务权法治化的三个维度》,《体育科学》2015 年第 35 卷第 10 期。

【165】罗重谱:《改革开放以来依法治国基本方略的演进轨迹》,《改革》2014 年第 8 期。

【166】关莉、梁殿乙:《对我国青少年男子足球运动员非体育道德行为的研究》,《中国体育科技》2006 年第 42 卷第 1 期。

【167】刘煜、龚正伟、刘周敏:《竞技体育所面临的道德风险及其化解》,《首都体育学院学报》2007 年第 19 卷第 5 期。

【168】兰孝国等:《体育强国建设背景下的法律环境现状与优化研究》,《成都体育学院学报》2013 年第 39 卷第 11 期。

【169】马宏俊、袁钢:《〈中华人民共和国体育法〉修订基本理论研究》,《体育科学》2015 年第 35 卷第 10 期。

【170】龚江泳、常生:《体育法治生长的社会文化渊源与实践路径》,《成都体育学院学报》2014 年第 40 卷第 8 期。

【171】张兵:《转型经济学视角下中国特色职业体育建构理念分析》,《西安体育学院学报》2011 年第 28 卷第 4 期。

【172】邰峰等:《我国专业运动员薪酬制度演进及改制路径》,《成都体育学院学报》2014 年第 6 期。

【173】张建等:《试论我国优秀运动员奖励机制的问题与对策》,《体育文化导刊》2014 年第 6 期。

【174】曹景川:《体育经济如何走出"价值洼地"》,《光明日报》2013 年 1 月 2 日。

【175】李龙、苏睿:《现代竞技体育功利价值观泛化的社会成因及其矫正》,《武汉体育学院学报》2008 年第 42 卷第 11 期。

【176】刘鹏:《2012 年在全国体育局长会议上的讲话》,2012 年 12 月 26 日。

【177】马安林:《重视舆论环境,优化舆论环境》,《贵州教育》2004 年第 6 期。

【178】曹景川、连小刚:《社会主义核心价值观视角下体育道德建设的路径探索》,《沈阳体育学院学报》2014 年第 33 卷第 3 期。

【179】国家体育总局:《体育事业发展"十二五"规划》,《中国体育报》2014 年 4 月 1 日。

【180】林锋、宋君毅:《社会转型期我国竞技体育道德的失范与重建》,《搏击(体育论坛)》2012 年第 4 卷第 1 期。

【181】顾拜旦:《现代奥林匹克精神的初创宗旨》,《体育与科学》1990 年第 2 期。

【182】唐圣平:《媒介与人:数字化时代我们需要什么样的媒介?》,《自然辩证法研究》2001 年第 23 卷第 3 期。

【183】郭讲用:《我国体育大众传播的娱乐化倾向及其异化》,《上海体育学院学报》2004 年第 28 卷第 6 期。

【184】《CNNIC 发布第 38 次〈中国互联网络发展状况统计报告〉》,人民网,2016 年 8 月 3 日,http://tc.people.com.cn/n1/2016/0803/c183008-28606650.html。

【185】黄进:《传媒商业化对青少年道德伦理的影响》,《传媒观察》2009 年第 2 期。

【186】许宁:《体育传媒报道偏失对道德生活的影响》,《体育文化导刊》2006 年第 8 期。

后　记

　　书稿完结，即将付梓，照例应写一个后记，用以总结回顾，清理盘点。然而这本并不算厚的书稿完成后，自己数次循例入手，却一次次罢笔，原因无它，只是这本书于我实有特殊的意义，乃至总觉无从下笔。直至全书校对完成，接近排版之际，才又收拾起数易几稿的片段，于是有了这里的文字。

　　算起来，本书是我的第三本学术著作，2009 年，同我的硕士生导师常乃军教授合作完成了《现代体育与和谐社会建设研究》（第二作者），并获山西省第七次社科优秀成果一等奖；2011 年，在李建英教授指导下完成的博士论文《中国优秀女子三级跳远运动员核心竞技能力特征及训练内容体系研究》修改后出版，并获山西省第八次社科优秀成果二等奖。这两本书凝结这两位恩师的谆谆教诲，也是我自己学术履历中两个重要的节点。

　　获得博士学位之后，我开始将研究重心转向体育道德研究。虽然从走上学术研究道路开始，体育人文就一直是我关注的领域，但从体育专项研究向体育道德这一偏重伦理学、社会学的新学科领域，对我而言，是一个巨大的挑战。自己也曾经踌躇过、犹豫过，但一个热爱体育事业的科研工作者的责任感最终使我坚定地走上了这条于我而言必将荆棘满地的探索之路。本书所记载的就是我学术转轨之后数年间的收获与印记，在某种意义上，它是我走上独立研究的真正开端，是我自己学术道路上一块重要的界石。

　　公正、公平是体育活动，特别是竞技体育与生俱来的一种天然属性，然而，由于种种现实原因，体育精神与伦理道德面临越来越多的考验和挑战，体育道德失范愈演愈烈，已成为制约我国体育职业化进一步深化发展的一个重要因素。如何进行体育道德建设，不仅承载着体育运动本身的道德文化，还在一定程度上代表着中国道德建设的形象,成为重塑中国职业化走向中亟待解决的问题之一。

本书立足于中国体育道德的现状,通过对运动员、裁判员、教练员深度调研,追问体育道德失范的根源,从理论到实践系统梳理体育道德建设的内在机理与外部特征,提出通过多种途径塑造中国体育道德形象。

历经近四个年头,职业化走向中的中国体育道德建设研究暂告一段落,但是对于中国体育伦理的研究才刚刚起步,任重而道远。本书的前期研究成果,先后在《体育科学》《上海体育学院学报》《北京体育大学学报》《沈阳体育学院学报》等刊物发表十余篇相关论文,得到学界一定的认可,产生了较好的社会反响。2015 年,在一系列研究的基础上,以我为主持人的团队成功申报国家社会科学基金项目"法治体育视域下中国竞技体育伦理研究"(15BY076),力求进一步探讨法治体育与竞技体育伦理的关系,探寻法治体育视域下竞技体育伦理的建构策略。

本书的初稿完成之后,曾交付华南师范大学卢元镇先生审阅,先生对后学不吝奖掖,对初稿提出了一系列建设性意见,定稿后又为本书欣然做序,在此特别感谢,先生治学严谨,平易近人,为后学楷模。

感谢我的硕士生导师常乃军教授和博士生导师李建英教授,两位恩师是我走上学术道路的启蒙者和领路人;感谢上海体育学院冉强辉教授、龚正伟教授,成都体育学院王广虎教授,韩国龙仁大学慎承允教授,在我学术成长的道路上,他们给予了我无微不至的关怀,对于他们,我唯有以百倍的努力,以更好的学术成果回报。

感谢人民出版社的刘宏先生、洪琼先生,他们为本书的编辑出版付出了许多心血,对他们的学识和敬业精神,除了感谢,还有诚挚的敬意。

感谢山西师范大学体育学院所有关心我的老师、同事,没有他们的鼓励和支持,没有他们的宽容和理解,我不可能走到今天。

本研究得到了广大运动员、裁判员及教练员的支持,也得到了体育学界多位专家学者的鼓励。同时,在撰写过程中也参考了国内外众多学者的重要文献资料,在此一并表示感谢!

感谢我的几届硕士研究生,他们都以各种方式参与了本课题的研究,薛旗、张立川、蔡壮、高旭海、雷蕾、王世超负责资料的收集,连小刚、武旭、张磊、曹仪卿负责整理和部分撰写工作,李振国、韩国星、李铮承担了书稿的整理和校对工作。

最后,感谢父母和妻子的全力支持和无私奉献,使我能够心无旁骛,专心写作,感谢我可爱的女儿,本书在写作的四年多的时间里,少了许多陪伴她的时间,感谢她的懂事和对我的宽容。

本书的完成得益于教育部人文社会科学研究青年基金(13YJC890004)和山西省2015年青年学术带头人人才经费的支持。

本书虽已定稿完成,但作为体育道德研究领域的一位新人的新作,其间不足、疏漏之处,敬请各位专家、学者和广大读者批评指正。

曹景川

2017 年 3 月于山西师范大学